中小学新手教师培训系列教材

U0646044

中学物理

新手教师教学能力修炼

ZHANWEN JIANGTAI

ZHONGXUE WULI

XINSHOU JIAOSHI JIAOXUE NENGLI XIULIAN

孙章华 ◎ 主编

站稳讲台

北京师范大学出版集团
BEIJING NORMAL UNIVERSITY PUBLISHING GROUP
北京师范大学出版社

图书在版编目（CIP）数据

　　站稳讲台：中学物理新手教师教学能力修炼/孙章华
主编. -- 北京：北京师范大学出版社，2024.8
　　中小学新手教师培训系列教材
　　ISBN 978-7-303-29999-7

　　Ⅰ．G633.72

中国国家版本馆 CIP 数据核字第 2024JV1440 号

图　书　意　见　反　馈　　gaozhifk@bnupg.com　010-58805079
营　销　中　心　电　话　　010-58802755　010-58800035
北师大出版社教师教育分社微信公众号　　京师教师教育

出版发行：北京师范大学出版社　www.bnupg.com
　　　　　北京市西城区新街口外大街 12-3 号
　　　　　邮政编码：100088
印　　刷：鸿博睿特（天津）印刷科技有限公司
经　　销：全国新华书店
开　　本：787 mm×1092 mm　1/16
印　　张：21.5
字　　数：316 千字
版　　次：2024 年 8 月第 1 版
印　　次：2024 年 8 月第 1 次印刷
定　　价：78.00 元

策划编辑：郭　翔　陈红艳　　责任编辑：郭　翔　陈红艳
美术编辑：焦　丽　　　　　　装帧设计：焦　丽
责任校对：陈　民　　　　　　责任印制：马　洁

中小学新手教师培训系列教材编委会

总　　　编：肖韵竹　张永凯

副　总　编：汤丰林

编 委 成 员：（按姓氏笔画排序）

王远美　王钦忠　闫耀东　吴　珊

邸　磊　张金秀　陈　丹　谢志东

潘建芬

本 册 主 编：孙章华

本 册 编 者：孙章华　冯　爽　公维余　丁友福

周　莹　邓靖武　张　芳

► 总　序

强教必先强师。习近平总书记强调，要把加强教师队伍建设作为建设教育强国最重要的基础工作来抓，大力培养造就一支师德高尚、业务精湛、结构合理、充满活力的高素质专业化教师队伍。当前，首都基础教育现代化建设进入快速发展的新阶段。构建高质量基础教育体系，对首都建设首善一流的基础教育教师队伍提出了更加紧迫的要求。在教育强国建设过程中，推进教师教育高质量发展，必须进一步加强战略谋划与顶层设计，基于教师生涯发展与终身学习的视角，对教师职前培养、资格认定与入职教育、在职培训进行系统考量和一体化设计。

新任教师(一般指取得正式合格教师资格之后，任教年限为1～3年的教师)的适应期是教师专业发展中的重要阶段，是教师教育不可或缺的重要环节，是决定教师日后专业发展方向与质量的关键期。新任教师培训在职前培养与在职发展之间起到关键的桥梁作用。因此，我国教师政策对新任教师培训予以高度关注。

教育部明确指出：新任教师培训是"为新任教师在试用期内适应教育教学工作需要而设置的培训。培训时间应不少于120学时"。近年来，为应对首都基础教育发展对教师队伍建设提出的更高要求，北京市新任教师培训政策不断完善。《中共北京市委 北京市人民政府关于全面深化新时代教师队伍建设改革的实施意见》(2018年)、《北京市教师教育振兴行动计划实施办法(2018—2022年)》、《"十四五"时期北京市中小学干部教师培训工作方案》(2021年)等文件相继提出要实施新任教师规范化培训计划，完善新任教师培训制度(后简称"新教师")。2022年7月，市教委印发《北京市中小学新教师规范化培训指导意见》《北京市幼儿园新入职教师规范化培训指导意见》，进一步强化了全市中小学幼儿园新教师培训制度化、规范化建设。新教师规范化培训政策的出台，旨在通过提高培训的针对性和实效性，确保每位新教师都能在专业发展上有均衡的起点、获得高质量指导。

在北京市新教师培训政策逐渐完善的同时，培训的实践探索亦日益深化。自 2015 年开始，北京教育学院根据部分区域提出的需求，开始承担新教师培训工作。为进一步提升培训的专业性和科学性，项目组基于问题导向和需求导向，通过调研了解新教师在入职之初面临的困难与问题，有针对性地设计培训项目。北京教育学院相关专业团队对参加"启航杯"教学风采展示的新教师进行调研，研究数据表明，部分新教师的专业准备不足，主要体现在对所教学科的内容等方面准备相对较好，但在课程思政、理解新课程标准、应用信息技术、班级管理、根据学生个体差异进行教学设计与评价等方面需要进一步学习。

基于新教师专业学习需求的多元特点与课程改革要求，参考借鉴研究领域关于新教师在职业生涯发展早期所呈现的特点，北京教育学院注重以精准培训提升项目的实效性与针对性，以切实帮助新教师解决教育教学工作情境中面临的问题。基于近十年的实践探索，北京教育学院组织实施的新教师培训已形成五个方面的特色经验。一是加强项目顶层设计。根据市教委指导意见，学院注重加强项目整体系统设计，通过制定高标准的培训要求确保培训的专业性。二是强化课程内容设计。聚焦新教师专业发展核心素养和教育教学基本能力，中小学新教师培训内容涵盖思想政治、师德与教育法规、教学基本功与教学实践、学生学习与身心发展、班级管理与班主任工作、教育研究与生涯发展等模块，非师范专业毕业教师增加"教育理论与教师教育"模块，从而完善教师教育专业知识结构。三是优化培训模式。项目采用市区校三级联动的方式，确保培训的实践性与系统推进。在三年递进式培训中，第二年和第三年的培训基于市教委印发的《进一步加强中小学校本研修工作指导意见》，主要采用实践取向的校本研修方式进行，贴近新教师的工作情境，着力解决新教师日常工作情境中面临的实际问题。

四是加强资源共享。在项目实施过程中，通识课、必修课等课程资源实现共建共享，并在"北京教师学习网"上发布新教师教学风采展示活动优秀课例，为教师提供更加丰富多元、可选择的数字学习资源，满足教师个性化发展需求。五是坚持研训一体。学院组织相关专业团队定期对新教师专业学习需求和培训效果进行调研，在组织实施培训的同时，同步进行新教师工作现状与专业成长的追踪研究，为全市新教师培训政策的进一步优化与有效实施提供数据支撑与实证依据。

北京教育学院在新教师规范化培训方面取得了显著的成效，有效提升了新教师的专业素养，受到了相关区域学校及教师的肯定，为首都基础教育质量提升做出了积极贡献。北京市新教师规范化培训作为一项制度创新，亦为全国教师教育改革提供了新的思路和模式。

为帮助新教师从站上讲台到站稳讲台、站好讲台，北京教育学院组织相关专业教师，与各区教师培训机构、一线优秀教师等携手合作，共同编写了"中小学新手教师培训系列教材"。本套教材共计 14 册，除 1 册通识类教材之外，其余 13 册则分别为不同学科和不同学段的新教师提供具体的教育教学指导和实践策略。

本套教材的编写出版，是北京教育学院加强内涵建设、推进培训高质量发展的成果体现，反映了学院在新教师培训实践与研究领域的新举措、新发展。本套教材从新教师的视角出发，以培育新教师须具备的思想政治素养、师德修养、专业知识与能力为主线，严格按照教师教育相关专业标准，以新教师专业发展的基本理论、教育教学问题解决为核心板块，结合当下我国教育改革的重要问题，为新教师等群体进行专业学习和实践研究提供新视角与新思路。本套教材基于问题导向，结构清晰，可操作性强，并强调理论与实践相结合。

本套教材在编写过程中，得到北京市各区教师培训机构及广大中小学校、教师的大力支持，他们为教材贡献了丰富多元的具体案例和实践智慧。

本套教材的出版得到北京师范大学出版社的大力支持，郭翔、陈红艳等编辑团队的专业付出，确保了本套教材高质量出版。期望本套教材为优化新教师培训制度和新教师专业发展有效机制、加强高质量教师队伍建设、推进教育强国建设做出积极贡献。

肖韵竹（北京教育学院党委书记）

张永凯（北京教育学院党委副书记、院长）

2024 年 6 月

▶ 前　言

　　教育的旅程，宛若探索一片未知的海洋，每一位新教师心中涌动着激动与期待的波涛。他们怀揣着对知识的渴望，对教学艺术的无限憧憬，同时也感受着初涉教坛的忐忑与不安。如何在这片充满挑战的海域中稳健航行，上好第一节课，再到逐渐成长为一名受学生爱戴的物理教师，这是每位新教师必须面对的课题。

　　站稳讲台，对于新教师而言，不仅是要战胜初上讲台的紧张，更是要建立起与学生的桥梁，展现自己的专业魅力与教学热情。这要求教师不仅要有扎实的物理知识，还要有灵活运用教学技巧的智慧。新教师的成长是一个不断学习、实践、反思的过程。通过这一过程，新教师能够更深入地理解学生、更有效地传授知识、更科学地进行教学评价。

　　本书通过聚焦教学实践中的典型案例，为新教师提供关键的教学能力修炼指导，包括以下四个方面。

　　1. 教学设计：如何根据教学目标和学生特点精心设计课程，选择适宜的教学资源和方法。

　　2. 教学实施：如何在课堂上巧妙组织教学活动，与学生建立互动，提高教学效率。

　　3. 教学评价：如何评价学生的学习成果，制订评价标准，利用评价结果促进学生学习。

　　4. 教学反思：教学反思的重要性，反思的方法和技巧，助力教师持续成长。

　　本书是北京教育学院物理学科新教师培训项目团队多年智慧的结晶，源自北京市物理学科新教师培训课程讲义的不断更新与完善。在此，我们对北京教育学院对该项目以及出版系列教材的大力支持表示衷心的感谢。本书由孙章华主编，同时负责第一单元第一讲、第二单元的编写，冯爽负责第一单元第二讲的编写，公维余负责第一单元第三讲的编写，丁友福负责第一单元第四讲的编写，周莹负责第三单元第八讲的编写，邓靖武负责第三单元第九讲、第十讲和第四单元第十一讲的编写，张芳负责第四单元第十二讲、第十三讲的编写。

  "路漫漫其修远兮，吾将上下而求索。"物理新教师的专业化成长之路道阻且长。我们希望，本书能够相伴中学物理新教师的教育旅程，帮助他们扬帆起航。愿每一位新教师都能在教育的道路上越走越远，越走越好。

孙章华

2024 年 7 月

第一单元 教学设计

单元学习目标 ·······▶

1. 理解什么是教学设计、教学设计的模式和基本原则。

2. 针对给定的教学内容，制订可操作和可测量的教学目标；会撰写行为表现目标。

3. 能基于教学目标、内容特点、学生情况合理选择教学方法并灵活运用。

4. 能在明确教学目标、确定教学方法的基础上，确定教学主线，设计符合学生认知逻辑的教学过程，设计结构化板书。

5. 设计出一份体现整体性的教学设计方案。

单元导读 ·······▶

教学应该是经过深思熟虑，决定了教什么和如何让学生取得最佳学习效果之后进行的一个有目的的行为。教学设计是教师综合分析后确定"授课内容""授课方法""判断学生学习效果的方法"三大要素的决策过程。[①] 做出这些教学决策是一个富有挑战、消耗时间、承受压力的过程。如果新手教师不愿意在授课内容和授课方法上多花心思，那么他的教学大概率是照本宣科。离开教学设计规范的限制，尽情地发挥自发性和创意性，这对缺少实际授课经验的新手教师来说，往往也是存在很大潜在风险的。

尽管教学设计充满了挑战，但是随着学生学习成绩和满足感的提高，教学设计也会给新教师带来回报。设计要有助于学生开展具体的学习活动，

---

① ［美］唐纳德·R. 克里克山克等：《教师指南》，祝平译，149 页，南京，江苏教育出版社，2007。

纠正学生的学习行为，帮助学生有效达成学习目标，这样新教师才更有可能成为优秀教师。本单元将结合教学设计中教学目标制订、教学方法选择、教学过程设计三个环节的设计策略进行系统阐释，从而帮助新教师熟悉教学设计的各个环节，并且最终形成进行物理教学整体设计的能力。

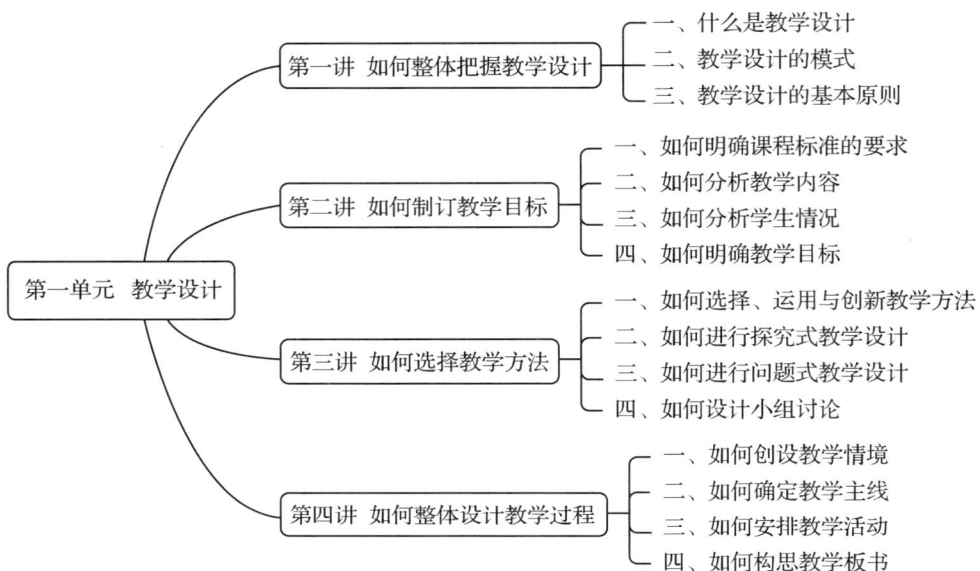

设计工作的复杂性往往被低估。许多人认为自己知道很多关于设计的知识。他们没有意识到想要做出独特、精致和完美的设计，还需要知道更多。

——约翰·麦克林

作为一名刚刚踏上教学岗位的教师，你应当花更多的时间和精力进行教学设计。这是因为：第一，你没有什么教学经验，而且你仅有的教学经验很可能是在教学导师的协助和督促下获得的，现在需要更多地依靠自己了。第二，你会对自己将要面对的教学工作信心不足，担心自己的教学水平不够，而经过深思熟虑制订的教学计划能给你带来安全感、自信心，甚至是教学激情，你会觉得自己做好了准备，很轻松。第三，你可能之前对学生应该学哪些知识、该怎么做一无所知，而现在你既要了解学生的学习目标，又要确保学生可以达成这些目标，只有花时间去思考和精心设计，才能让你的教学顺利开展。

可见，教学设计对于学生取得进步和新教师顺利执教意义重大。它不是装点门面，而是良好教学行为的重要组成部分。修炼好教学设计的基本功是教师职业生涯中永恒的追求。

▶ 第一讲
如何整体把握教学设计

"凡事预则立，不预则废，行成于思，毁于随。"（《礼记·中庸》）这句话告诉我们做任何事情都需要做好计划和准备，深思熟虑才能成功，不做准备、随随便便则会失败。为了提高教学的有效性，我们在教学之前要做好教学设计。

一、什么是教学设计

（一）教学设计的定义

加涅认为，教学是嵌入有目的的活动中的促进人们学习的一系列事件构成的系统，"教学系统设计就是创建教学系统的过程"①。史密斯

---

① ［美］加涅、韦杰、格勒斯、凯勒：《教学设计原理(第五版修订本)》，王小明等译，18页，上海，华东师范大学出版社，2018。

（P. L. Smirch）和拉根（T. J. Raglan）认为教学就是信息的传递及促进学生达成预定的、专门的学习目标的活动，包括学习、训练和讲授等活动。因此，教学是一种有着明确目标的教与学的活动。而设计则是指在进行某件事之前所做的有系统的计划过程或为了解决某个问题而实施的计划。因此，教学设计是运用系统方法分析教学问题和确定教学目标、建立解决方案、评价试行结果和对方案进行修改的计划过程。[①] 教学设计的根本目的是使教学目标的达成成为可能。

（二）教学设计的类型

教学系统包括学习者、教师、教学材料及学习环境，这些成分之间的互动产生了教学目标。为了让这些成分更加有效地互动，确定每一个成分对预期目标发挥的积极作用，必须对这些成分及其互动关系进行设计。由于教学系统的复杂性，并不存在单一的一种教学设计模式，加涅认为，有多少设计者与设计情境，就有多少设计模式。但不同的教学设计模式却存在着共同的成分。

按照设计教学的单位划分，有针对一个课时的教学设计，也有基于单元的设计，甚至还可以按照学期或学段进行设计；按照教学的主题划分，有基于知识技能的教学设计（这一般与课时教学设计相关），也有基于学科素养培育或大概念建构的单元教学设计，还有基于项目式学习的课程教学设计。不同类型的教学设计所达成的教学目标也有较大差异。

二、教学设计的模式

教学设计有多种模式，不同教学设计模式的要素及图形表征各不相同。但大多数的教学设计模式都有类似的成分。下面列举几种比较有代表性的教学设计模式，供新教师从多个角度理解教学设计全貌并尝试着借助某种教学设计模式指导自己的教学设计实践。

---

① 乌美娜：《教学设计》，12 页，北京，高等教育出版社，1994。

（一）ADDIE 模式

ADDIE 模式是 1975 年美国佛罗里达州立大学教学团队为当时陆军内部训练所设计的课程培训模式，体现了教学过程的系统性和完整性。[①] 该模式被广泛运用到教学设计中，不仅被视为一种教学设计的范本，更是一种教学思路和理念的创新。直至今日，ADDIE 模式对教育发展依然有着重要的启示作用。

ADDIE 模式体现了教学设计理论模型的内核和共同特征。设计者提出了最基本的五个阶段或成分，并取模式中五个基本阶段的英文首字母而将其称为教学设计的 ADDIE 模式(图 1-1)。[②] 这五个基本阶段是：分析(Analysis)、设计(Design)、开发(Development)、实施(Implementation)和评价(Evaluation)。模式体现了"分析→设计→开发→实施→评价"的教学设计流程；也体现了在教学设计的每个阶段评价所给予的反馈路径，以帮助人们思考何处需要修改。该模式呈现的是逻辑上的联系而非程序上的联系，在设计过程中，随时可以进入评估阶段，也可随时从评估阶段走向其他阶段。

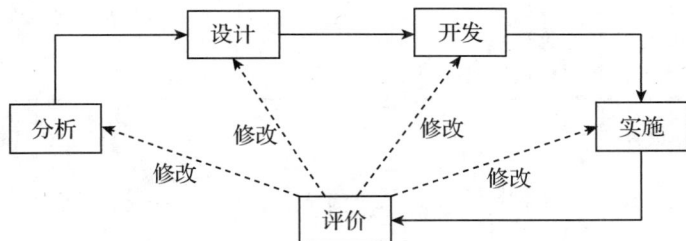

图 1-1　教学设计的 ADDIE 模式

采用 ADDIE 模式作为教学设计的组织框架，并对模式中的每个成分做出内涵解释，框架内部的活动构成了五大成分各自的子成分(表 1-1)。各成分中的子成分会随模式所应用的情境而变化。

[①] 祁卉璇：《论 ADDIE 模型对翻转课堂教学设计的启示》，载《中国成人教育》，2016(17)。

[②] ［美］R. M. 加涅等：《教学设计原理》，王小明、庞维国、陈保华、汪亚利译，21 页，上海，华东师范大学出版社，2018。

表 1-1　ADDIE 模式的构成成分及其子成分[①]

成分	子成分
分析	1. 确定教学需要，即利用教学来解决问题。 2. 进行教学分析，确定课程目标。 3. 确定期望学生需要具备的技能及技能对教学的影响。 4. 分析在期望的时间内可达成的目标。
设计	1. 把课程目标转换成表现性的结果及主要的单元目标。 2. 确定所涵盖的教学主题或单元，以及每个主题或单元所需要的时间。 3. 依据课程目标安排单元顺序。 4. 确定每个单元所要达成的主要目标。 5. 确定每个单元的课程和学习活动。 6. 开发出评价学生已习得内容的具体标准。
开发	1. 确定学习活动和材料的类型。 2. 起草学习材料或者学习活动。 3. 在目的受众中进行材料和活动的试用。 4. 修改、提炼、完善材料和活动。 5. 开发教师培训或附件材料。
实施	1. 购买材料以便为教师或学生使用。 2. 在必要的时候提供帮助与支持。
评价	1. 实施学生评价计划。 2. 实施教学评价计划。 3. 实施课程维护与修改计划。

（二）肯普模式

肯普模式是 J. E. 肯普(J. E. Kemp)在 1977 年提出的教学设计模式中的代表性模式，它的特点是体现了教学设计的连续性。[②]

肯普模式强调了教学设计中的四个基本要素，并基于四个基本要素帮助识别并回答了四个基本问题：①教学设计的对象是谁？（分析学习者特征）②你想让学生学会什么？（确定教学目标）③为达成预期的目标应如何进行教学？（根据教学目标的分析确定教学内容和教学资源，根据学习者的特征分析确定教学起点，并在此基础上确定教学策略、教学方法）④如何确定学习效果的达成程度？（进行教学评价）学习者、教学目标、教学策略、教

---

① ［美］R. M. 加涅等：《教学设计原理》，王小明、庞维国、陈保华、汪亚利译，22 页，上海，华东师范大学出版社，2018。

② 罗冬梅、黄贤立：《基于"肯普模式"的混合教学应用研究》，载《中国教育信息化》，2008（23）。

学评估这四个组成要素构成了系统教学设计的基本框架。[①]

在教学设计基本框架的基础上，肯普总结了十个教学设计环节，根据逻辑结构按顺时针的方式排列，并用双层椭圆形结构系统进行了整体模式描述（图 1-2）。在内层椭圆中列出了十个教学设计环节，外层椭圆包含"评价"和"修改"两个环节，以此体现这两个环节与其他教学设计要素的联系。

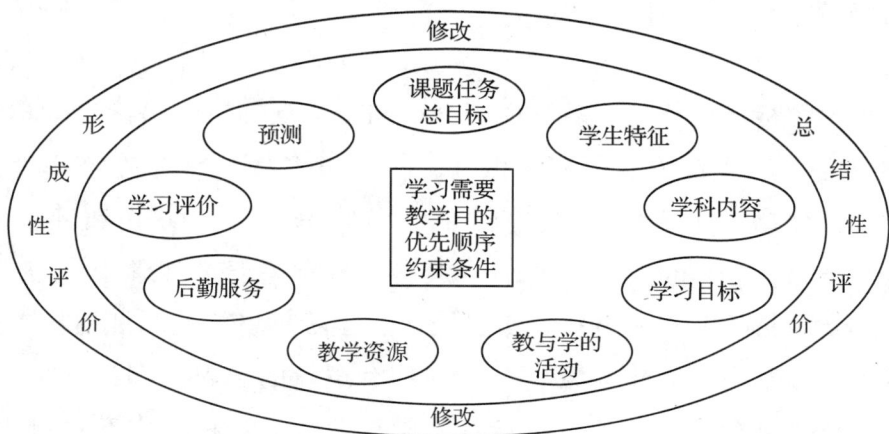

图 1-2　肯普模式

在图 1-2 中可以直观发现肯普模式的优势。首先，该模式的核心是学习需要、教学目的、优先顺序和约束条件，突出了教学过程中以目标为导向的本质；其次，该模式灵活性较大，在其包含的十个环节中，教学者可以根据自己的习惯和需要，选择任意一个为起始点，并将其余环节按照任意逻辑程序进行排列；最后，"评价"和"修改"贯穿每一个环节，表明这一模式附加了"反馈—提高"环节，反映了教学过程最终以提高为目的的特性。[②]

（三）建构主义学习理论下的教学设计

建构主义学习理论强调以学生为中心，认为学生是认知的主体，是知识意义的主动建构者；教师只对学生的意义建构起帮助和促进作用，并不要求

① ［美］莫里森，罗斯，肯普：《设计有效教学》，严玉萍译，7 页，北京，中国轻工业出版社，2007。
② 王昕：《基于"肯普模式"的双语教学改革新思路——以考核体系变革逆推教学效果提高》，载《教学研究》，2014(4)。

教师直接向学生传授和灌输知识。可见，在建构主义学习环境下，教师和学生的地位、作用与传统教学相比已发生了很大的变化。教学设计强调以学生为中心，强调"情境"对意义建构的重要作用，强调"协作学习"对意义建构的关键作用，强调对学习环境（而非教学环境））的设计，强调利用各种信息资源来支持"学"（而非支持"教"），强调学习过程的最终目的是完成意义建构（而非完成教学计划）。[①]

建构主义学习理论下的教学设计的组织逻辑是（图 1-3）：①确定教学目标，根据课程标准的要求、教学内容分析和学生认知需求等确定教学目标，即在学习之后教师希望学生能够做什么；②根据教学目标确定评价标准，即设计出证明教学目标达成的有效的评价内容、评价方式和评价标准；③基于教学目标和评价标准选择教学策略，特别是要设计学生学习、建构所需要的学习情境、学习材料、学习伙伴、学习环境等；④规划教学过程，围绕教学目标和内容要求，设计一系列富有逻辑的学习活动以增加学生的体验并促进其进行意义建构；⑤设计教学评价，设计评价方案检测学生达成教学目标的程度，并根据评价所得到的反馈信息对上述教学设计中的某一个或某几个环节做出必要的修改或调整。

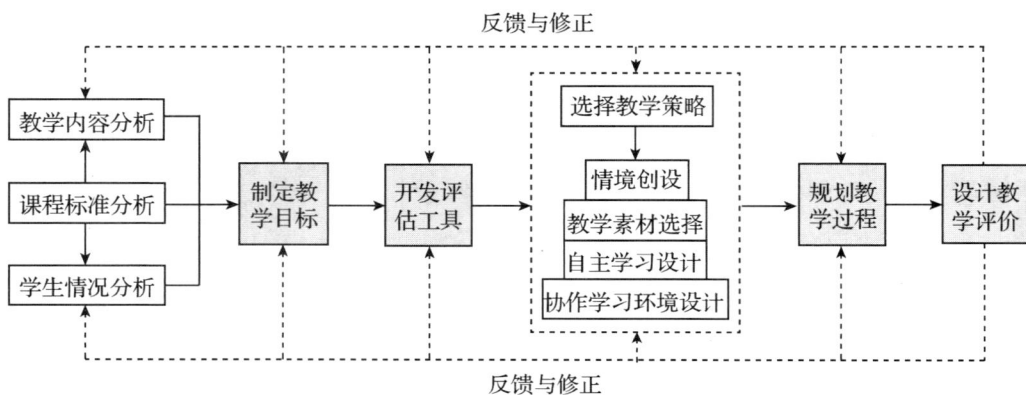

图 1-3　建构主义学习理论下的教学设计及其基本要素

①　何克抗：《建构主义的教学模式、教学方法与教学设计》，载《北京师范大学学报（社会科学版）》，1997（5）。

20 世纪 60 年代，美国教育心理学家罗伯特·加涅提出的"信息加工"学习理论，系统地阐述了学习理论的新体系，其关于学生素质结构构成分析的独特视角对我国教育发展有深远的启迪作用。加涅认为，学习是主体和客体互相作用的结果，已有的知识和能力对将要学习的内容、需要什么条件有着重要影响。他从学习和记忆的信息加工中推出了教学设计的九个重要阶段，俗称"教学九步曲"，也称教学过程中的九大关键事件。

三、教学设计的基本原则

尽管不同的设计者会遵循不同的模式，将自己对影响学习的原理以及如何更好地安排教学活动的理解带进设计过程中，但教学设计仍然有一些共同的原则。

（一）突出学科性原则

任何一门学科都有其各自不同的学科结构特点。因此，教学设计也要遵循学科特点进行设计。教师只有把握物理学科的基本特点，了解物理学科对学生个体发展的价值优势，才能设计出适合本学科特点和规律的课堂教学，才能有效地促进师生共同发展。任何脱离学科特点的教学设计，其有效性都会受到影响。

（二）体现主体性原则

一般来说，教学设计体现的主体性是双主体，教师是主体，学生也是主体。因为教学设计的初心就是为了保证学生的学习效果更好，让学生获得成功，因此，我们更加强调指向学生主体性的教学设计。因此，我们将学生有效参与作为教学设计体现主体性原则的基本内涵。教学设计中的学生主体性主要体现在：一是班级所有层次的学生都能积极主动地参与教学的各个环节；二是学生能够有效地参与到不断发展和变化的学习过程中；三是学习活动设计的质与量关系着学生参与的广度、深度与频率，也关系着学生的学习效果。

（三）遵循系统性原则

教学设计中的系统性主要表现在两个方面：一是把教学设计看成是由

多个因素构成的系统；二是运用系统的方法来设计和处理教学问题。[①]

　　教学系统是由一定数量的相互联系的组成部分有机结合起来的具有某种教学功能的综合体。教学系统有不同的层次，如学校的课程体系、一门特定的课程、一个教学单元、一节课等，都可视为不同层次的教学系统。

　　一个教学系统中至少要有教和学两个要素。教与学两个要素之间的联系与作用形成了教学活动。教与学又是两个子系统，"教"这个子系统包括教师、内容、媒体、方法等要素；"学"这个子系统包括学生、学习态度、学习行为、认知发展程度等要素。各子系统中的各个要素之间相互联系、相互作用构成了一个整体，具有一定功能（图1-4）。

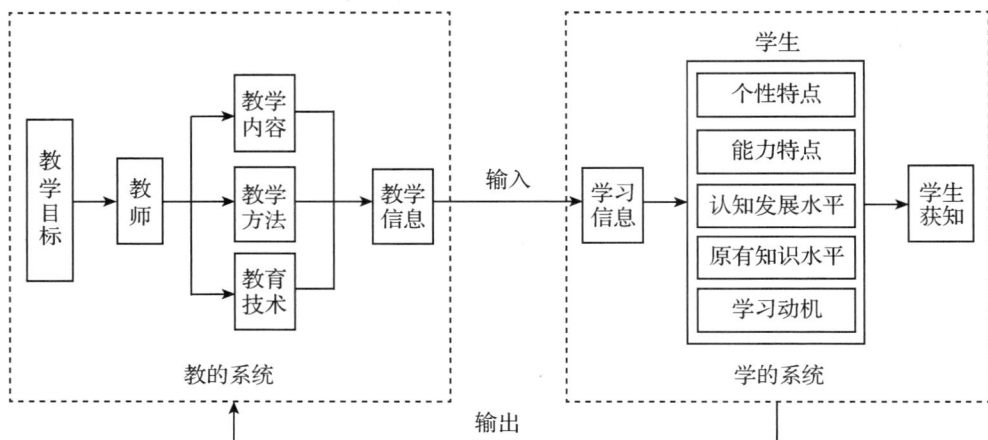

图1-4　教学设计中教与学的系统

　　在"教"的系统中，其构成要素之间相互联系、相互作用的方式不同，就形成了不同的教学过程结构，也就带来了不同的教学功能，产生了不同的教学效果。因此，教学设计的一个重要内容就是根据教学目标设计最优的教学过程方案。

　　在"学"的系统中，学生的学习过程实际上是"教的系统"对"学的系统"进行信息输入，"学的系统"再对"教的系统"做出信息输出反应的过程。因此，学习过程是一个开放的系统，也是一个动态的过程。

————————————

　　①　皮连生：《教学设计——心理学的理论与技术》，33页，北京，高等教育出版社，2000。

教学设计要遵循系统性原则，就是要将教的系统、学的系统都视为一个整体，各个环节相互关联，缺一不可，否则整个系统就不能有效地运转，教学设计也将形同虚设。

教学设计具有不同的构成要素和基本架构，要想做好教学设计，必须了解和把握教学设计中的基本要素和架构问题。接下来的各讲，我们将围绕着教学设计的几个关键要素展开分析和讨论。

▶第二讲
如何制订教学目标

在课程教学中，目标的制定一直是争论的焦点之一，教师应意识到教学目标的重要性。在教育领域，关于目标的术语比较多，比如培养目标、课程目标、教学目标，教师需明确各种目标的内涵。培养目标是对各级各类学校的具体培养要求，是根据国家教育目的和各级各类学校的性质及任务对培养对象提出的特定要求。课程目标是处于一定教育阶段的学校课程力图促进该阶段学生的身心发展所要达到的程度，是特定阶段学校课程所要达到的结果。教学目标是指教师教学和学生学习的目标，是每个单元、每节课甚至每个教学环节、教学活动应该达到的具体目标，是课程目标的进一步具体化。[1]

教学目标，主要功能包含四个方面。第一，为课程内容与教学方法的选择提供依据。第二，为课程与教学的组织提供依据。第三，为课程实施提供依据。第四，为课程评价提供依据。[2]

本讲将会结合案例讨论教学目标制订的依据、方法和程序，以及规范、清晰的教学目标需要遵循的原则和格式等问题。下面我们结合案例进行具体分析。

---

[1] 靳玉乐：《课程论》，168页，北京，人民教育出版社，2015。
[2] 张华：《课程与教学论》，152页，上海，上海教育出版社，2000。

一、如何明确课程标准的要求

培养合格公民关乎国家的未来，对于学生应该学习什么内容以及达到什么要求，国家颁布的课程标准有明确的要求。物理教师应依据物理课程标准的内容要求，从教学内容、教学方法、质量评价等角度去分析教学目标的框架。准确、透彻地理解课程标准的要求是教师制定教学目标的第一步。作为国家课程对物理基础教育教学的指导性文件，《义务教育物理课程标准（2022 年版）》（以下简称《义务教育课标》）和《普通高中物理课程标准（2017 年版 2020 年修订）》（以下简称《高中课标》）对物理课程的课程性质、基本理念、课程设计思路、课程目标和课程内容都有明确的要求，并且给出了实施建议。

案例 1-1

A 老师在牛顿第一定律的课堂中创设情境，向学生展示生活体验，引发了学生关于惯性的思考。她设计了问题情境：联想生活中汽车刹车时的情境，当汽车行驶时速度大，需要踩刹车来使汽车停下来，滑行距离远。学生以汽车滑行距离的长短来断定汽车具有的惯性大小，因为学生观察到如果汽车速度大，那么它停下来前继续向前滑行的距离远，滑行的距离远所以汽车具有的惯性大。如何解释？为什么？教师提出问题后给学生充分的时间进行独立思考，之后学生分组交流自己的想法，有问题或想法可以举手示意教师。A 老师侧重于在课堂中观察和了解学生的想法，引发学生思考并讨论：这个思路是怎么想出来的？有什么问题？大家提出疑问并进一步讨论，教师在这个过程中进行适时的引导，最后 A 老师进行分析和归纳，提炼出牛顿第一定律，并用语言进行表述。

B 老师在讲授牛顿第一定律时是这样设计和教学的。首先她讲述了"亚里士多德观察运动的物体"的情境，并提出了观点"物体运动需要力来维持"。然后讲述了伽利略的理想实验，以及他的观点"力不是维持物体运动的原因"。接着，B 老师提问："你们觉得哪个正确？"学生进行辩论活动，并验证猜想。接下来，B老师提问："为什么亚里士多德之后两千年没有人质疑？而伽利略却进行了质疑？"学生举手，指出因为伽利略使用了科学的方法。之后B老师讲述笛卡儿和牛顿的研究工作，对不同证明方法中的思路的异同进行了分析和归纳，进一步得出牛顿第一定律。B老师巡视指导学生，同学相互交流学习过程中的问题。

问题聚焦

Q1：上面的教学案例中两位教师分别达成了怎样的教学目标？教学目标有哪些不同的类型？

Q2：他们的教学目标符合课程标准的要求吗？如何依据课程标准分析教学目标呢？

（一）从课程总目标中理解物理教学目标

物理课程标准明确了课程的性质、理念和总目标。课程总目标描述了学生从初中到高中各个不同学段所应该学习的内容，它也是物理教师通过教学所应该达成的目标。课程标准中的总目标是学生系统学习物理课程后应该呈现的结果，教师在教学时应该一以贯之地朝着课程目标努力。

随着社会的发展，基础教育的内涵不断拓展，当下我国启动了落实立德树人根本任务，围绕学生发展核心素养体系的基础教育课程改革。《高中课标》在课程目标、课程内容、教学过程等方面做出了全面的规划。[1] 为建立核心素养与课程教学的内在联系，充分挖掘物理课程教学的独特育人价值，物理学科基于学科本质凝练了本学科的核心素养，明确了学生学习物理学科课程后应达成的正确价值观念、必备品格和关键能力。物理学科核心素养是学生在接受物理教育过程中逐步形成的适应个人终身发展和社会发展需要的必备品格和关键能力，是学生通过物理学习内化的带有物理学科特性的品质。物理学科核心素养主要由"物理观念""科学思维""科学探究""科学态度与责任"四个方面的要素构成。

---

[1]　冯爽：《指向核心素养的物理单元教学设计策略研究》，载《物理教学》，2020(7)。

课程总目标是从"物理观念""科学思维""科学探究""科学态度与责任"四个方面进行阐述的。下面我们先来看看高中课程总目标的具体要求。

高中物理课程在义务教育的基础上，进一步促进学生物理学科核心素养的养成和发展。通过高中物理课程的学习，学生应达到如下目标：

1. 形成物质观念、运动与相互作用观念、能量观念等，能用其解释自然现象和解决实际问题。

2. 具有建构模型的意识和能力；能运用科学思维方法，从定性和定量两个方面对相关问题进行科学推理、找出规律、形成结论；具有使用科学证据的意识和评估科学证据的能力，能运用证据对研究的问题进行描述、解释和预测；具有批判性思维的意识，能基于证据大胆质疑，从不同角度思考问题，追求科技创新。

3. 具有科学探究意识，能在观察和实验中发现问题、提出合理猜测与假设；具有设计探究方案和获取证据的能力，能正确实施探究方案，使用各种科技手段和方法收集信息；描述、解释探究结果和变化趋势，具有交流与合作的意愿与能力，能准确表述、评估和反思探究过程与结果。

4. 能正确认识科学的本质；具有学习和研究物理的好奇心与求知欲，能主动与他人合作，尊重他人，能基于证据和逻辑发表自己的见解，实事求是，不迷信权威；关心国内外科技发展现状与趋势，了解物理研究和物理成果的应用应遵循道德规范，认识科学、技术、社会、环境的关系，具有保护环境、节约资源、促进可持续发展的责任感。

仔细研读《高中课标》可以发现，课程总目标是对高中阶段学生应达到的目标的概括性描述，从物理学科核心素养的四个方面给出了详细描述，使用了过程性行为动词和结果性行为动词描述了学生需要经历的过程和达到的标准。课程目标的陈述方式是学生（行为主体）加过程性行为动词（如经历、建立等）和达成的程度，即结果性行为动词（如形成物质观念、运动与相互作用观念、能量观念等）。不管是过程还是结果，课程总目标具有总体性和长期性的特点。

接下来我们再来研读具体内容要求。

例如，必修 1 要求：通过实验，探究物体运动的加速度与物体受力、物体质量的关系。理解牛顿运动定律，能用牛顿运动定律解释生产生活中的有关现象、解决有关问题。通过实验，认识超重和失重现象。

首先，《高中课标》中要求需要通过实验来探究物体运动的加速度与物体受力、质量的关系，这里包含两种情况：一是在物体质量一定的情况下，探究加速度大小与受力大小的关系；二是在物体受力一定的情况下，探究物体运动的加速度大小与物体质量的关系。这里所说的实验，是学生实验，是《高中课标》规定的学生实验项目。[①]

条目中要求"理解牛顿运动定律，能用牛顿运动定律解释生产生活中的有关现象、解决有关问题"，实际包含了能用这三个定律分析、解决现实情境中的有关问题。教师要理解《高中课标》中隐含的意思，准确掌握《高中课标》的要求。在用牛顿运动定律解决问题的教学中（包括超重与失重），要重视让学生体会用牛顿运动定律解决问题的思路，在用牛顿运动定律解决问题的过程中逐步形成运动与相互作用的观念，以牛顿运动定律为知识载体，提升学生的物理素养。《高中课标》提出了教学目标的总方向，或者说是教学的目的。对于总目标，教师需要结合教学内容进行具体化，课程总目标为教师制定教学目标提供了方向和依据。随着教学目标的转变，教学模式也会发生相应的变化和革新，一些教师在实践教学中已做出了探索和尝试，如利用科普名著，将其转化为教学资源培养学生的核心素养等。[②] 教师在教学中可结合《高中课标》要求，进行新的教学模式的探索。

（二）从学段目标中分析教学目标的内容与能力要求

《义务教育课标》和《高中课标》给出了学段目标，并把总目标具体化到了各个学段，并结合学段内容进行了阐述，考虑到了学段内学生的年龄和心理特点，这为教师制订具体的教学目标提供了更为细化的依据。

以惯性内容为例。《义务教育课标》要求：通过实验和科学推理，认识

---

① 廖伯琴：《普通高中物理课程标准（2017 年版）解读》，北京，高等教育出版社，2018。
② 冯爽：《教研员培训的探索与创新——以一次以名著阅读为线的物理教研员培训为例》，载《基础教育课程》，2020(12)。

牛顿第一定律。能运用物体的惯性解释自然界和生活中的有关现象。

根据本内容的学段目标，我们可以制订教学目标——重点培养学生的科学思维和实验探究能力。科学思维是在学生做"阻力对物体运动的影响"的实验时体现出来的，包括引导学生思考力对物体的运动是否有影响，最终通过实验结论来推理得到惯性定律等。实验探究能力体现为在学生设计实验时，要思考如何应用控制变量法来控制变量，如何控制这个变量经历一次完整的实验探究过程，并最终得到实验结论等。

惯性是自然界中的物体所具有的一种性质，这种性质表现为物体总要保持原来的运动状态，即静止或匀速直线运动状态。为达成相关的教学目标，教师可以设计运动物体与静止物体分别保持原来的运动状态或者静止状态不变的实验。例如，运动着的小车突然停止运动，车上的木块还要继续往前运动一段距离；敲打硬纸片，而硬纸片上面的鸡蛋由于具有惯性落入下面的水杯中。利用这样一动和一静的状态让学生理解"任何情况下"的具体含义。教师还可以设计固体、液体和气体都具有惯性的实验，这样更有利于学生理解"一切物体"的含义。例如，前面做的都是固体的实验，液体具有惯性的实验可以以用水盆倒水的实验为例，水盆停止运动，而水盆中的水具有惯性继续往前运动，就倒出去了。关于气体具有惯性的实验，教师也可以演示如下实验：塑料瓶里装有一些烟，迅速左右晃动塑料瓶，塑料瓶停止运动，而里面的烟继续向前运动，所以能够从塑料瓶里冒出来。

学生能够区别惯性、惯性定律。惯性定律描述的是物体的运动规律，惯性定律的成立是有条件的。惯性描述的是物体本身的性质，惯性是任何物体都有的。

比较是物理教学中较为常用的一种思维方法，对既有联系又有区别的不同知识进行比较，可以区别它们的相同点和不同点，使知识系统化，加深理解和记忆的效果。从具体事例中抽象出惯性概念，这只是实现了从感性认识上升为理性认识的第一次飞跃。学习的目的在于应用，教学中应指导学生从理性认识回到实践，实现认识上的第二次飞跃。

教师可以列举一些生活中常见的惯性现象，如……没有立刻停下来或者继续往前运动，诸如此类的语言都可以说明物体具有惯性，或者此现象是惯性现象。生活中，我们经常利用惯性来做一些事，如跳沙坑，助跑利用了人具有惯性；坐车系安全带是为了防止汽车突然刹车人具有惯性所带来的伤害等。在理解惯性定律方面，一般会出现这样的条件字样，如果外力突然消失，情况会怎样，这是为了考查学生运用惯性定律来分析物体最终的运动状态的能力。

学生学习完这节内容后，可能会提出这样的问题：惯性是物体保持原来运动状态的性质，那么，当快速行驶的汽车刹车时，速度越大，滑行距离越远，惯性越大，所以惯性与速度有关。要解决学生这样的疑问，无论是用理论推导或是实验证明都是困难的。教师可以这样引导学生：观察汽车刹车后滑行距离的远近不能判断惯性的大小。只能说明是汽车从运动到静止，运动状态发生改变需要的外力很大，所以才需要驾驶员用力踩刹车，同时也证明了力是改变物体运动状态的原因。

综上，新教师在依据课程标准分析教学目标时可全面了解不同学段课程标准的要求，对知识内容的进阶有所掌握，结合内容，明确希望学生达到什么标准，从而制订准确、可操作的目标。在分析课程目标时，也可以参考相应的课程标准解读和教学参考用书。

（三）案例分析

我们来分析一下案例 1-1 中的两位教师的教学目标。

分析案例 1-1，归纳起来，两位教师都关注到了课程标准的知识技能目标，比如学生理解牛顿第一定律、应用牛顿第一定律解决生活中的问题等。A 老师的教学中设置了很好的情境，在实际的教学过程中，学生的主体性、主动性、创造性可以得到充分发挥，但如何让自主教学探究模式很好地得到实施，是教学的难点。教师还需要关注课程标准中相关的内容要求，如："了解伽利略的实验方法和逻辑方法对牛顿力学诞生的贡献。了解牛顿力学的成就和局限性。""通过史实，初步了解近代实验科学产生的背景，认识实验对物理发展的推动作用。""了解亚里士多德关于力与运动的主要观点和研究方法。了解伽利略的实验研究工作，认识伽利略有关实验的科学思想和方法。"

B老师以物理的发展历史为线索展开教学，对人类认识"运动和力"的关系做了历史的回顾，介绍了四位科学家研究运动和力的关系时的思想方法及卓越贡献，这将有助于学生了解物理学家认识和发现物理定理、定律的基本方法，深入分析各位科学家所提观点的不完善性和局限性，从而更为关注物理思维方法。

二、如何分析教学内容

在分析了课程标准总目标和具体内容要求目标以后，教师仍然需要对教学内容进行深入分析，首先应理解教学内容在物理中的价值，同时应理解教学内容的教育价值，以此制订更为具体、具有可操作性的教学目标。

📎 | 案例 1-2 |

这是一位教师对惯性这节课的教学内容分析[①]：

惯性是运动和力的关系知识中的一个重要概念，又与实践知识紧密相连。明确惯性概念，理解惯性现象，既是学习运动和力的关系乃至整个力学的基础，又是培养学生理论联系实际的重要途径。惯性是一个抽象的科学概念，在教学中还应重视发展学生的思维能力，开发学生的智力。

惯性定律是力学中重要的基本定律之一，也是培养学生分析、概括、推理能力很好的素材。本节课在学习了运动学和力学知识的基础上，首次将力和运动联系起来，研究力和运动的关系与规律的知识。本课内容在物理知识体系中占有重要的地位，为后面平衡力等知识的学习打基础，起到了承前启后的作用。因此，教材比较注意科学地编排内容，理论联系实际，还把物理知识融入生活中，能让学生觉得物理就在身边，从而激发学生继

---

① 案例来自北京市中关村中学李春老师、刘丹红老师。

续学习物理的兴趣。

问题聚焦

Q1：在上面的案例中，教师从哪些方面分析了教学内容？我们得到了什么启示？

Q2：如何分析教学内容？

（一）理解教学内容在物理中的价值

教师应理解教学内容在物理中的价值，将教学内容置于"物理大厦"整个体系中去理解、分析。以牛顿运动定律为例。牛顿提出了三条运动定律，它们构成了动力学的基础，这三条运动定律在中学物理教学中也具有重要的地位和作用。运动和物体相互作用的关系是人类不断探索的问题，以牛顿三条运动定律为标志建立的力学是这一问题的跨时代成果。牛顿第一定律破除了长达近两千年的错误认识，改变了人类的自然观和世界观，伽利略的研究过程蕴含了重要的科学方法，把精心设计的实验和数学的、逻辑的推演相结合。此外，纵观物理史全景，亚里士多德、笛卡儿等科学家的观点为牛顿第一定律的确立也同样做出了不可磨灭的贡献。教学中应引导学生领会牛顿第一定律的含义，充分说明几位科学家在探索运动和力的关系上各自的观点和局限性，以及伽利略"理想实验"的实验基础和推理过程，通过教学让学生明确运动和力的关系，提升对力、惯性、质量等基本概念的理解。追寻牛顿第一定律确立的全过程，有利于教师和学生体会人类认识运动和规律时的思维过程，掌握物理方法。

牛顿第一定律是牛顿力学的基础，它改变和发展了人类的自然观和思维方式，是科学革命性质的发现。它使人类的自然观和思维方式走出了中世纪的阴影，迎来了近代科学的曙光。牛顿第一定律是牛顿定律的基石，它确立了力的观念，惯性和参考系这些极富成果的科学概念成为物理理论的支柱和基石，同时引发两个新的科学问题，导致牛顿第二定律、第三定律的确立。

牛顿第二定律提出的过程没有牛顿第一定律那样复杂和曲折。因为牛顿第一定律是为纠正一个古老的绵延近两千年的错误且顽固的见解而提出的，它必然会经历一个漫长的演进过程。牛顿第二定律可以认为是牛顿在解决自己提出的第一定律中尚未解决而又需要解决且在头脑中有了一定思考的问题后提出的，即要解决力和运动的定量关系的问题，因此它是牛顿第一定律顺理成章的延伸。

应该指出的是，基本物理概念的建立总是同相应的物理定律分不开的。虽然牛顿第二定律在牛顿那里只是牛顿第一定律基础上的一种对力和运动关系的选择，但是牛顿第二定律是具有实验基础的。这表现为，对同一物体，作用力越强，其速度改变得越快；对不同物体，在同一强度力的作用下，它们速度改变的快慢一般有所不同。对于这种实验或事实基础，学生是认可的。

牛顿第三定律进一步描述了力的相互作用的性质。由此，明确了力是物体间的一种相互作用，每一个力都有它的施力者和受力者，有作用力就必有反作用力，两者互相依存，等大而反向，即 $\vec{F} = -\vec{F'}$。

在讲授牛顿第二定律和牛顿第三定律时，都应指出与牛顿第一定律一样，它们都只有在惯性参考系中才是成立的。

牛顿第一定律是动力学的出发点，也就是动力学的基石。然而关于牛顿第一定律，教学中提供给学生的资料和信息较为简单，教师在教学中也常把精力放在牛顿第二定律上，造成学生对牛顿第一定律建立过程的信息缺失，不利于学生打下清晰、扎实的物理基础。

通过以上的知识体系分析，我们可以确定教学内容、组织方式和评价方式，它不仅包含具体的物理知识，还包含研究这些知识的基本思维方法以及与之互相联系的其他知识。这些是教学目标中的内容要求。

（二）理解教学内容的教育价值

仍以牛顿第一定律为例，《高中课标》的相关要求有：了解近代实验科学产生的背景，认识实验对物理学发展的推动作用。

　　这部分内容涉及的几位科学家在探索运动和力的关系上各自的观点和局限性具有重要的教育意义。例如，可培养和提高学生实验设计与操作、现象描述、总结归纳等能力；通过让学生体验牛顿第一定律的得出过程，使学生感受科学成果往往是多人智慧的结晶，培养实事求是的科学态度。

　　这部分内容在初中课本上已有所涉及，所以学生已有一定的基础。但对力和运动的关系，从日常经验出发，人们往往会产生错误的认识，所以使学生建立起运动改变的原因在于物体间的相互作用的观点，不是轻而易举的事情。在对惯性的学习中，这仍是学生难以理解的问题。牛顿第一定律的教学关键是让学生对物理发展的阶段性有清晰的认识。

　　因此，可在理解人类对于运动和力的关系的研究、思考、推理过程方面，以及学习科学研究中常用的理想实验方法方面进行侧重。"以史为鉴"，培养学生以物理学家认识世界本来面目的方式去认识世界。在一定意义上，通过对规律的认识过程进行还原，对学生进行科学思想和科学方法论的教育是培养学生科学素养的有效途径，教师应清晰掌握牛顿第一定律各个发展阶段的教育价值。

　　牛顿的惯性定律并非是对伽利略和笛卡儿论述的简单综合。牛顿的高明之处在于将物体间复杂多样的相互作用抽象为一个力，即把力定义为物体间的相互作用。而伽利略和笛卡儿都未曾建立起力的概念。

　　牛顿确立了惯性定律的准确表述：任何物体都保持静止或匀速直线运动状态，除非作用在它上面的力迫使它改变这种状态（牛顿第一定律）。

　　此外，教师还应理解和认识牛顿第一定律不能通过实验严格验证，伽利略斜面实验也只是一个理想实验，但牛顿第一定律得出的推论得到了证实，因此牛顿第一定律得到了普遍的认可。更为重要的是，它体现了把经验事实和抽象思维结合起来的一种科学思维方法。正如爱因斯坦所说：虽然事件和经验事实是整个科学的根底，但是它们并不构成科学的内容和它的真正的本质，科学的内容和本质还需要理性思维来构造。

　　因此，牛顿第一定律以科学抽象的理性思维深刻地揭示了现象的本质。

（三）案例分析

在惯性这一内容的教学中，可以让学生分组实验、自主探究得到惯性定律，而且在学生实验探究的过程中，还可以帮助学生理解物理观念、建立科学态度与责任意识等。学生可以通过观察教师演示实验和师生共同提问与回答，最终得到惯性这个概念。学生还可以通过自己设计实验等来完成一次科学实验的探究过程，最终在实验结论的基础上归纳、推理得到惯性定律。学生为了完成该学习内容，运用了控制变量法、比较法、分析归纳、推理与运用等思想方法。这是一次很好的、完整的、重要的实验探究过程。惯性是运动和力的关系中的一个重要概念，又与实践知识紧密相连。明确惯性概念，理解惯性现象，既是学习运动和力的关系乃至整个力学的基础，又是培养学生理论联系实际的重要途径。惯性是一个抽象的科学概念，在教学中还应重视发展学生的思维能力，开发学生的智力。

惯性定律是力学中重要的基本定律之一，也是培养学生分析、概括、推理能力很好的素材。这节课在学习了运动学和力学知识的基础上，首次将力和运动联系起来，研究力和运动的关系和规律，这节课的内容在初中物理知识体系中占有重要的地位，可为后面平衡力等知识的学习打下坚实的基础，能起到承前启后的作用。因此，教材比较注意内容的科学编排，理论联系实际，还把物理知识融入生活中，能让学生觉得物理就在身边，从而激发学生继续学习物理的兴趣。

从学生生活经验出发，通过演示实验和提出问题的方式激发学生的认知冲突，接着以探究阻力对物体运动的影响为例来进行实验探究，学生自主设计实验并得到实验结论，最终通过分析、推理得到了惯性定律，最后又回到生活，通过观察和分析生活现象来理解惯性和惯性定律的概念区别。教材关注学生的理解与探究过程，以学生为学习的主体，充分发挥学生的学习主体性，提高课堂的参与度等。

教师可以根据学生分组实验情况提出问题：小车在木板上运动距离最远，在毛巾表面上运动距离最近。其原因是什么？教师引导学生总结：阻力越小，前进的距离越远，若表面越光滑，则小车所受阻力越小，前进的距离更远；若表面非常光滑，则小车所受阻力将非常小，速度减小得也将非常慢。师生一起进一步推理：如果物体不受力，它将以一个恒定的速度永远地运动下去。通过比较推理的结果，让学生思考后用自己的话说出实验结论，得到运动和力的关系，并得到正确的实验结论：力不是维持物体运动的原因，而是改变物体运动状态的原因。教师整合并强调说明，也让学生明确：牛顿第一定律不是实验结论，它是实验加理论推论得出的一个定律，是英国科学家牛顿总结了伽利略等人的研究成果，概括出的一条重要的物理规律（牛顿第一定律），以此来达成目标。

三、如何分析学生情况

学生是学习的主体，新课程改革理念倡导以学生为主体进行学习，因此学生的情况对于教学而言非常重要。教学目标的设计应符合学生的原有知识基础、能力以及心理特点等，这样才能使学生更好地内化、理解教学内容。

案例 1-3

这是一位教师针对"光的直线传播"这节课所做的学生情况分析。[①]

八年级学生思维活跃，求知欲旺盛，对自然界中的很多现象充满好奇心，喜欢动手动脑，但刚学习物理不久，对科学探究的基本环节还不熟练，且他们的逻辑思维还需要经验支持和有效引导，因此应以学生身边的现象引入知识，逐步让学生在发现共性中加深理解和应用。

问题聚焦

Q1：在上面的案例中，教师分析了学生情况的哪些方面？我们得到了什么启示？

Q2：如何分析学生情况？

---

① 案例来自北京市八十中何德强老师。

（一）分析学生原有的知识基础

"光现象"这一章主要研究一些光在传播过程中的简单现象及规律，这些知识与生活、生产实际以及自然现象的联系极为密切，学生在实际生活中也有一定的感性认识。这章教学内容在选择与安排上应体现的教育理念：重视基础知识的学习，符合学生认知特点；强调以学生为主体的探究性学习，渗透物理研究方法教育；密切联系实际，调动学生积极性；注重渗透德育。

"光的传播"是这一章的起始课，包括四个部分：光源、光的直线传播、光的直线传播的应用、光速。光的传播是几何光学的基础，后继的学习，如平面镜成像，光的反射规律、折射规律等都要用到光的直线传播这个基础。光线是一个物理模型，是今后分析和作图的基础，最后应落脚到引导学生学会画光线和光路图。这不仅要理解光的传播特点，而且还需要理解这种物理模型表达的合理性与有效性。

在设计教学目标的过程中，教师不仅应该深刻分析和了解学生关于教学内容结构体系的基础，而且应在具体教学目标中体现出通过教师的穿针引线，使学生在获得知识、技能的同时学会学习和应用，并形成正确的价值观和人生态度的理念。

（二）分析学生的能力基础

在许多教师看来"光的直线传播"这节课的知识结论是很简单的，甚至是司空见惯的，没有多少挖掘的必要，学生应该很容易就能记住这个结论，不需要用 1 课时来讲，还不如做大量练习来强化结论更有效。但我们都明白，学生知道结论并做大量练习难以真正解决下列问题：学生对现象感兴趣吗？学生怀疑过司空见惯的经验吗？学生能真正解决身边的问题吗？学生经得起质疑和追问吗？学生有探究的思路和方案吗？学生在探究中能解决可能遇到的各种问题吗？为什么我们非得用实验去探究光是直线传播的呢？会画光线的学生知道为什么可以这样表示吗？（会画光芒四射的太阳光而不知道这么画的依据与了解依据，可以脱离具体光源而画光线表示光的传播，这其中的差距可能就是素养的差距）……这节课通过师生的交流共享不仅可以回答上述这些问题，而且学生对光直线传播的条件可以得到深刻理解，因为他们至少会对"光沿直线传播"这个辨析过程记忆犹新。哪怕是探究过程中的挫折、错误、弯路，甚至是失败，对学生而言都具有重要的教育价值，"经历冲突"以后学生才能真正发现自己认识的误区与能力的不足，这有利于激发其求知的欲望，培养他们的合作精神和综合能力，因此这也应是这节课的教学目标。物理学科恰恰要从司空见惯的经验入手去探索背后隐含的重要规律和事物本质，只有这样才能让学生真正发现物理的奥秘和魅力，提高在纷繁复杂的现象中明辨是非的能力，培养科学素养，为学生持续学习和终身发展、适应现代社会和未来发展奠定坚实基础。

> 📎 | **理论书签** |
>
> **泰勒对初中学生需要的分类**
>
> 　　美国学者泰勒将初中学生的需要分为以下几个方面：1. 健康；2. 直接的社会关系，包括家庭生活以及亲朋好友的关系；3. 社会公民关系；4. 消费者方面的生活；5. 职业生活；6. 娱乐活动。[①]
>
> **奥利娃对学生需要的分层、分类**
>
> 　　美国学者奥利娃采用分层、分类的方法把学生的需要分为六个层次和四个种类。六个层次是：人类层次、国家层次、地区层次、社区层次、学校层次和个人层次。四个种类是：身体需要、社会心理需要、教育的需要和发展任务的需要。

（三）分析学生的认知风格和年龄心理特点

　　此案例的课堂是借班上课，城区学校的教师和郊区学校的学生是首次见面，彼此比较陌生，需要一定的时间沟通，需要教师适应和了解学生的

---

　　① 靳玉乐：《课程论》，179 页，北京，人民教育出版社，2015。

教学进度和学习习惯。而且光速这个知识点与光的直线传播基本是独立的。所以，为了突出重点，也避免时间仓促，这节课只设置了光的直线传播及其应用这一知识目标。

在实际教学中，为了创设情境和拉近师生距离，增加和补充了许多教学资源去实现目标。例如，为了让学生在该章起始课认识和体验光的重要性，创设了"盲人的自白"；为了培养学生学会辨析归类的方法，引入了对光源的多种分类方法；为了更好地理解和应用光的直线传播，引入了"我们的眼睛是怎么看见物体的、小孔成像"等知识。资源丰富的课堂不仅要求教师在教学设计时深入钻研教材及其外延，多分析学生的感性经验与潜在行为背后的知识内涵，而且还要求教师要敢于和善于在教学中开发适合学生的、适合当时教学环境的资源，从学生的言行和课堂环境中发掘和生成有效的课程资源。只有资源丰富的课堂才能更好地服务于学生的全面发展。在课堂中，教师不仅引导学生对物体进行了分类，而且对光源进行了不同标准的分类，这里看似没有多少必要，实际上是启发学生去主动发现不同外表下事物的共同特点(这恰恰是物理追求的纷繁复杂现象背后的共同本质)，学生亲自看了许多常用光源发出的光后，教师并没有按照常规问："光是怎么传来的?"而是请同学画出常见光源发出的光(光芒四射的太阳和手电发出的光)，这样做：一是教师不愿把讨论的成果仅仅停留在光源及其分类这个层次上，而要引导学生从感性认识出发进一步去描写和研究；二是为了了解学生的经验和常识性认识是怎样的；三是追问所画依据(为什么他们画的都是直线?)，启发学生发现生活经验中正确合理的共性，启发学生从司空见惯的现象中寻找科学的踪迹。学生举出很多生活中利用光沿直线传播的例子，教师提供了两个典型事例，一是直接利用光在空气中沿直线传播的"激光准直"；二是由于空气分层造成我们所观察到的太阳与它的实际位置并不一样，也就是我们看见的是太阳的像。分别从光在同种均匀介质中沿直线传播和光在同种非均匀介质中不是沿直线传播的这两个方面进行了介绍。小孔成像和影子的形成(日、月食)的设计为边做边用，对学生有较高的要求。作业要求利用光在空气中沿直线传播的知识测量操场上旗杆的高度，也与一开始教师"套近乎"的观感遥相呼应。

（四）案例分析

下面我们结合案例进行具体分析。

教学目标：

①了解光源，知道光源的分类。

②理解光沿直线传播的条件及其应用。

③探究光在不同介质中传播，了解科学探究的主要过程和基本方法。

④通过学习和应用光线概念，体验建立物理模型是一种简洁有效的科学方法。

⑤通过亲身的体验和感悟，不仅使学生获得感性认识为继续学习理解做好铺垫，而且引导学生热爱生活、珍惜当下。

⑥通过观察、实验以及探究的学习活动，培养学生勇于探索、实事求是的科学态度。

⑦通过交流与分享，让学生乐于探究、自信进取，并合作共享成功体验。

教学重点：光的直线传播及其应用。教学难点：探究光沿直线传播的条件。

教学方法：启发讲授、实验探究、讨论归纳。

教学资源：激光笔、玻璃砖、白纸板、盛水与洗涤剂的玻璃瓶、烧杯（装适量水）、喷雾器、易拉罐做的小孔成像、手电筒等，多媒体。

在此课程内容中，有些内容与学生生活联系紧密，学生已有一定的经验，教师可以少讲、不讲或让学生自学。例如，学生在下雨天听到打雷和看到闪电现象，经教师稍加引导即可得到光速比声速快的知识。

大部分学生通过观察手电筒的光线特点等生活实例，已具有光沿直线传播的猜想，但是不乏有些学生，通过观察太阳升起之前仍能看到光线这一实例，认为光并不是沿直线传播的。光是否沿直线传播，在什么条件下沿直线传播是学生学习可能出现的困难点。

设计教学目标时，教师有意挖掘了学生可能认为的光并不是沿直线传播的这个错误概念，利用它作为自己的教学资源，在教学时加以应用。课堂上以持两种观点的学生用各自不断辩论的方式，通过学生自己举例论证，让他们认识到光线传播的规律，从而达到更好的教学效果。利用学生的错误观念这种教学资源开发的辩论式教学方式显然比教师灌输知识更吸引学生，既纠正了学生的错误观念，帮助他们树立了正确的物理概念，又很好地保护了学生的学习热情和自尊心，没有让他们因为自己之前有错误观念而受到冷落，从而有效落实了课程目标。

四、如何明确教学目标

接下来我们需要做的是把教学目标书写为外显的行为表现目标。

案例 1-4

"磁场对运动电荷的作用力"一课的教学目标[①]

物理观念：

①通过演示实验，认识洛伦兹力。

②理解洛伦兹力的矢量性，会判断洛伦兹力的方向，建立运动与相互作用观。

科学思维：

①经历由安培力公式推导出洛伦兹力公式的过程，体会模型建构与演绎推理的方法。

②经历一般情况下洛伦兹力表达式的得出过程，进一步体会矢量分析的方法。

---

① 案例来自北京八中王竑老师。

科学探究：

①通过经历"提出问题→猜想与假设→观察实验→分析现象→得出结论"的科学探究过程，引导学生掌握透过宏观现象分析微观本质的科学探究方法。

②通过了解显像管的基本构造，应用所学知识探究显像管工作的基本原理，认识电子束的磁偏转。

科学态度与责任：

①通过安培力与洛伦兹力的实验探究，帮助学生认识科学本质。

②通过阅读材料，使学生了解自然界中的极光现象，应用所学洛伦兹力的知识分析极光现象，培养学生探索自然的内在动力，以及严谨认真、实事求是的科学态度。

③通过课后"科学漫步"阅读材料，使学生了解"正电子的发现"的科学历程，体会科学探索的艰难，学习科学家不畏困难和持之以恒的科学态度。

问题聚焦

Q1：上面的案例中是如何表述教学目标的？

Q2：我们能得到什么启示？

（一）明确教学目标的设置程序

根据前三部分的阐述，确定教学目标主要有以下三个步骤。第一，认真研读《义务教育课标》和《高中课标》，准确掌握教学内容要求。第二，就具体的教学内容，分析学段的特点，结合其他的参考资料(教材、教学参考用书、论文等)，细化对教什么知识、怎么教和教到什么程度的考虑，确定教学的重点和难点。第三，对学生的知识基础、能力水平和学习风格进行分析，以确定教学中的难点及突破难点的教学策略。

（二）明确教学目标的基本原则

在明确教学目标时有以下原则。

①教学目标具有明确的逻辑关系。不同的教学目标之间应存在内在的逻辑关系，它们是围绕核心知识与能力展开的一个有机整体。

②教学目标具有可操作性。教学目标应可操作、可观察、可评价，不应该太笼统，或者设置得过大过高，应结合课时、内容以及学校具体条件来设置可实现的教学目标。

（三）明确教学目标的表述方式

教学目标的表述应简洁、重点突出。马杰（R. F. Mager）提出了三要素行为目标表述方法，为改进教学目标的模糊化提供了有效工具。所谓行为目标包含行为动词、行为条件和行为标准。行为动词是指可观察的外显化的行为表现；行为条件是指行为动词是在什么样的条件下发生的，是教师根据教学内容和学生特点而设计的有针对性的学习过程；行为标准是指学习行为的结果可以达成的最低要求。

（四）案例分析

这节课是人教社2020年版教材选择性必修第二册第一章"安培力与洛伦兹力"第二节"磁场对运动电荷的作用力"的内容。这章在必修第三册介绍磁场知识的基础上，进一步介绍了磁场与通电导线、带电粒子之间的相互作用。在必修第三册中，学生学习了磁现象、磁场的性质以及对磁场的描述。在此基础上，该章学习内容是学生对磁场中作用力认识的再深入，是由定性到定量，由宏观到微观的系统探究学习过程。该章内容还介绍了带电粒子在磁场中的运动规律，并以质谱仪和回旋加速器为例介绍了带电粒子在磁场中运动的实际应用。洛伦兹力以及带电粒子在磁场中的运动这部分内容是该章的核心知识，而对洛伦兹力的理解是研究带电粒子在磁场中的运动规律的基础。

这节内容是该章教学的重点，也是难点。学生在学习安培力知识的基础上，进一步研究磁场对微观运动电荷的作用，是对磁场的认识的进一步完善。从宏观现象到微观本质，对学生的理解能力、抽象思维能力、建构模型能力、知识的迁移能力及运用知识解决问题的能力等都提出了更高的要求。

这节课的学习内容丰富，有大量的培养学生物理学科核心素养的素材。在研究洛伦兹力与带电粒子在磁场中的运动关系时，进一步发展了学生"运动与相互作用"的观念。由已经学习的安培力及电流微观模型的相关知识出发，建立洛伦兹力的概念，通过课堂探究，让学生经历"提出问题→猜想与假设→观察实验→分析现象→得出结论"的科学探究过程，建立宏观和微观之间的联系，建构通电导体中电子运动的微观模型并推导洛伦兹力的表达式。引导学生掌握透过宏观现象分析微观本质的科学探究方法。这一过程也培养了学生的科学推理能力。这节内容还介绍了显像管，它是电子束在磁场中受到洛伦兹力发生偏转的具体应用。此知识的学习，可培养学生用所学知识解决实际问题的能力。在教学中，应引导学生了解显像管的基本构造并探究显像管工作的基本原理，认识电子束的磁偏转。利用"极光的秘密"阅读材料和视频，让学生在课堂上研读和讨论，启发学生分析极光出现在地球两极的原因。同时，引导学生阅读教材中"科学漫步——正电子的发现"栏目，让学生体会科学探索的艰难，学习科学家不畏困难和持之以恒的科学态度；并在此材料中感受如果知道了磁感应强度的方向和粒子的运动方向，根据左手定则就可以确定粒子带电情况的思维方法。

在针对课程内容设计教学目标时，充分考虑了学生学情。学生已经学习了安培力，掌握了使用左手定则判断安培力的方向以及用 $F=ILB$ 计算安培力大小的方法。同时，学生在"恒定电流"一章的学习中，建构了电流强度的微观模型，掌握了电流的微观表达式，对宏观和微观具有了初步认知，为这节课由安培力推导洛伦兹力储备了知识和能力。学生在数学知识的学习中，也具备了一定的空间想象能力以及数学推理能力，为这节课学习洛伦兹力的方向奠定了基础。这节内容的学习，对学生提出了更高的要求。从思维发展的层面，需要学生具有知识的迁移能力，将宏观安培力的知识迁移到微观的洛伦兹力，分析洛伦兹力的方向和大小。对学生而言，此知识是个难点，但对培养他们核心素养的发展作用突出。为了突破这一难点，教学中设计了一个创新实验，即由阴极射线管替代金属棒，与电源、LED 灯、开关组成闭合回路，学生通过观察、实验，发现 LED 灯被点亮，学生可以自然地将微观的阴极射线与宏观金属棒建立联系。在教师搭建的思维台阶下，学生自主完成实验观察、分析讨论、建立联系、建构模型、推理完善、实际应用的学习过程和思维发展过程。学生具有一定的阅读能力，对自然界的现象和科学研究也有一定的兴趣，有能力通过阅读与思考，深化课内知识，延伸课外知识，为终身的自主学习奠定基础。

这节课教学目标的设计，对培养学生的物理观念、科学思维、科学探究以及科学态度与责任等方面的学科素养作用突出。

🖇 | 实践操练 |

1. 针对"力的合成与分解"这一教学内容做课程标准分析、教学内容分析、学生情况分析，并写出教学目标及重点、难点。

2. 针对"密度"这一教学内容做课程标准分析、教学内容分析、学生情况分析，并写出教学目标以及重点、难点。

3. 下面是"电阻、电容和电感在直流电路中的状态分析"这节课的教学目标和教学过程，请阅读并分析此案例中的教学目标的制定情况及其与教学过程的关系。

电阻、电容和电感在直流电路中的状态分析[①]

一、 教学目标

1. 物理观念

①能了解电阻器、电容器和电感器的基本构造及在电子电路中的重要作用。

②能理解电阻、电容和电感的定义式、决定式、单位、物理意义等的内涵。

③通过对电阻、电容和电感在直流电路中的暂态过程分析，培养学生形成场的物质观、电磁运动与相互作用观和做功与能量转化、守恒等能量观。

---

① 案例来自北京昌平区教师进修学校张云莹老师。

2. 科学思维

①通过实验现象演示与理论分析，培养学生理论与实验结合、数形结合的研究问题的思路。

②通过力电类比，了解类比推理的方法，能综合运用力学、电磁学知识解决综合问题。

③通过从最简单的 RC 直流电路入手，列出方程，求解方程，画出图像，分析问题，培养学生建立模型、数学推导、图形结合、质疑创新的意识和能力。

3. 科学探究

①能完成和解释电容器的充电、放电现象，通电自感和断电自感现象，LC 电磁振荡现象，能探究现象背后的原理，具有实验探究和理论探究结合的意识。

②会根据实验电路，提出可探究的问题，小组讨论，理论推导，对比类比，培养问题和证据意识、解释和交流能力。

4. 科学态度与责任

通过"理论与实验相结合"的研究思路，发挥数学可以精确定量化的特点，用数学描述物理现象和规律，使学生进一步认识物理学科本质，养成严谨、求真求实的科学态度和社会责任感。

二、 教学重点

①电阻、电容和电感的定义式、决定式、单位、物理意义。

②电阻、电容和电感在直流电路中的性质特点。

三、 教学难点

①用数学定量化描述物理现象及规律。

②函数、微积分、图像知识在解决物理问题中的应用。

四、 教学过程

教师活动	学生活动	设计意图
环节一：引课 PPT 展示教材中出现过的三幅图片，提出问题： （1）请同学们说出这三个电路图分别用来演示什么现象？ （分别演示电容器的充电、放电现象，通电自感和断电自感现象，LC 电磁振荡现象） （2）你能否简要描述一下实验现象？ 教师小结：上面三个电路中主要含有电阻、电容、电感三个元件，电阻、电容和电感是电子电路领域重要的电子元件，有着广泛的应用，可以说，没有它们就没有集成电路。 同学们对实验现象做了定性的描述和解释，但能否用数学对实验现象进行定量化的描述呢？我们知道，物理是一门实验科学，更是一门具有严密的逻辑体系的理论学科；物理的发展离不开数学，数学是物理的工具，数学是物理的语言。我们今天的任务是尝试用数学语言来描述物理过程和解决物理问题。	学生观察 PPT，明确问题，经小组讨论后由小组代表回答： 电容器放电时，电流随时间非线性减小。在通电自感电路中，闭合开关，A_2 立即变亮，A_1 缓慢变亮；断电自感电路中，断开开关，A 闪亮后再缓慢熄灭。LC 电磁振荡电路中，电流表示数周期性的变化。	通过给出教材中的图景，勾起学生对以往所学知识的回忆，引出本课研究的主要问题；也启示学生要重视教材、研究教材、整合学习内容。

教师活动	学生活动	设计意图
环节二：RC 电路 (1)图为演示"电容器充电、放电"的实验电路图。电源电动势为 E，内阻不计。电容器的电容为 C，灯泡的电阻为 R。将开关接1，给电容器充电。回答下列问题： 电压 u_c 如何表示？u_c、u_R 和 E 三者间的关系是怎样的？ $u_R=iR$，$u_c=\dfrac{q}{C}$， $u_c+u_R=E$，即 $E-\dfrac{q}{C}+iR$。 电容器充电、放电 $i=\dfrac{\Delta q}{\Delta t}$（电流是电荷量随时间的变化率）， 得 $E=\dfrac{q}{C}+R\dfrac{\Delta q}{\Delta t}$。　　① 教师小结：电阻的电压与电流遵循欧姆定律；电容为非纯电阻用电器，电压与电流的瞬时值不遵循欧姆定律。对于一个闭合回路而言，回路中电源电动势的代数和等于各用电器的电压降的代数和。这是一条重要的规律(回路电压定律)，我们在今天的课中会多次运用。 (2)方程①是关于 q 随 t 变化的一阶微分方程，结合初态($t=0$ 时，$q=0$)和终态($t=\infty$ 时，$q=CE$)可得到方程①的解：$q=CE(1e^{-\frac{1}{RC}t})$。　　② 根据②式你能否画出 q 随 t 变化的图像？ 由②式可知，q 随 t 按指数规律变化，为增函数。图像如右图所示。 充电时 q-t 的图像 教师小结：由方程①得到方程②要用到高等数学知识，在此，同学们不要纠结于这个方程的解是如何得到的，上了大学学了高等数学之后你自然就会解了，现在我们会利用这个结果分析问题即可。从 q-t 图像可以看出，在给电容器充电的过程中极板电荷量随时间不是均匀变化的，开始充电快，后来充电慢(也反映出极板电压越大充电越难)。	学生小组讨论后回答问题，并初步总结如何表示电阻电压和电容电压，体会两者的不同。根据闭合回路电压定律找到 u_c、u_R 和 E 三者间的关系。 学生小组讨论交流后，画出 q-t 图像，并分析特点，与实验现象对照看是否一致。 小组讨论后，小组代表展示 u_c-t，i-t，u_R-t 图像。	从找基本的电压关系入手，列出方程，培养学生用数学描述物理过程的意识和能力。 体会数学和图像在描述物理现象或过程中的精确性和形象性，培养学生的科学思维和科学探究能力。 培养学生建立知识间联系的意识及科学推理论证能力。

续表

教师活动	学生活动	设计意图
（3）由 q-t 图像，结合相关规律，能否推导出 u_c-t，i-t，u_R-t 图像？ u_R-t 图像　　　i-t 图像　　　u_c-t 图像 教师小结： 通过 q-t 图像和物理量的相互关系可推出其他物理量的变化规律。由 $u_c=\dfrac{q}{C}$ 可知，u_c-t 图像与 q-t 图像变化趋势相同；由 $i=\dfrac{\Delta q}{\Delta t}$ 或 $i=\dfrac{u_R}{R}=\dfrac{E-u_C}{R}$ 可得到 i-t 图像的变化趋势；由 $u_R=iR$ 可知，u_R-t 图像与 i-t 图像变化趋势相同。 电场强度 $E'=\dfrac{u_c}{d}$，E' 与 u_c 变化规律相同，等等。	提出问题引发学生猜想，同学们在教师的引导下逐渐明晰答案，并初步形成思考问题的方法。	培养学生应用数学解决物理问题的能力、实验和理论相结合的能力、推理论证能力。
（4）达到稳态用时的长短（充电、放电时长）由哪些因素决定呢？ 猜想：可能与 E、C、R 等有关。 如何验证猜想是否正确呢？学生可能会想到实验。教师指出：除实验外，能否通过理论分析得到答案呢？ 教师引导学生对②式进行分析：可知，当 $t=RC$ 时，$q=Q_0\left(1-\dfrac{1}{e}\right)=0.63Q_0=63\%Q_0$。 <table><tr><td>$t$</td><td>0</td><td>$RC$</td><td>$3RC$</td><td>$5RC$</td></tr><tr><td>$q$</td><td>0</td><td>$0.63Q_0$</td><td>$0.95Q_0$</td><td>$0.993Q_0$</td></tr></table> 教师小结： 由此可知，充电过程的快慢由 $\tau=RC$ 决定，RC 越大，充电过程越慢。理论上来讲，充电完成需要无限长时间，但经过时间 5τ 时，充电会完成 99.3%，可近似认为充电过程完成，暂态过程结束。	学生理解、体会解决实际问题的一般方法和思路：建模过程→数学推导过程→翻译过程（三步曲）。	通过解决系列问题，使学生从知识到方法、从能力到素养都有所提高。

教师活动	学生活动	设计意图
方法总结提升： 闭合开关给电容器充电。描述充电过程各物理量如何变化。 电容充电、放电电路 建模过程 $E = \dfrac{q}{C} + R\dfrac{\Delta q}{\Delta t}$ ① 数学推导 翻译过程 $q = CE(1 - e^{-\frac{1}{RC}t})$ ②		
环节三：RL 电路 **1. 通电自感现象** 如图所示的通电自感电路，电源电动势为 E，内阻不计，自感线圈的电阻不计。开关 S 接通后： 通电自感电路 (1) 如何表示灯泡电压 u_R？如何表示线圈电压 u_L？u_L、u_R 和 E 三者间的关系是怎样的？ $u_R = iR$，$u_L = L\dfrac{\Delta I}{\Delta t}$， $E = iR + L\dfrac{\Delta i}{\Delta t}$。 ③ 教师小结：线圈为非纯电阻用电器，电压与电流瞬时值不满足欧姆定律。线圈的自感电动势 $E_{自} = L\dfrac{\Delta i}{\Delta t}$，其内阻为 0，两端的电压与自感电动势数值相等。 (2) 对比方程③和方程①，可否得到方程③的解？画出电流 i 随时间 t 变化的图像。 $i = \dfrac{E}{R}(1 - e^{\frac{R}{L}t})$。 ④ i-t 图像如右图所示。 i-t 图像	小组讨论如何表示线圈电压 u_L，学生代表回答并做出解释。 小组讨论方程③和方程①之间的异同，用类比的方法得到方程③的解并画出图像。	体会电感与电阻的区别；通过与电容器充电电路类比，容易找到电压关系。 培养学生的类比意识、数形结合能力。

教师活动	学生活动	设计意图
教师小结：方程③与方程①是同一种方程，方程③中的 R 相当于方程①中的 $1/C$，方程③中的 L 相当于方程①中的 R。所以可仿照方程①的解 $q = CE(1 - e^{\frac{1}{RC}t})$ 直接写出方程③的解，它也是一个指数函数。 追问：同学们可否根据表达式④和图像(a)得到其他物理量随时间的变化规律？ $u_L\text{-}t$、$u_R\text{-}t$ 图像如下图所示。 $u_L\text{-}t$ 图像　　　　$u_R\text{-}t$ 图像 （a） (3)为什么灯泡逐渐变亮？ 回路中的电流 i 是逐渐增大的，线圈两端电压是逐渐减小的，而电源电动势不变，所以灯泡两端电压是逐渐增大的，所以灯泡逐渐变亮。	学生从不同角度回答通电自感现象产生的原因。	培养学生理论与实验相结合、相印证的研究问题的思路。
2. 断电自感现象 如图所示的断电自感电路中，电源电动势为 E，内阻不计，自感线圈的电阻 R_L。 (1)开关 S 断开前、后，两支路中电流 i_1、i_2 各是多少？过程中如何变化？ 断电自感电路	小组讨论，完成表格，并展示交流。	从定性的角度思考电流变化规律，为后面的定量分析做铺垫。

	物理量	初态 ($t = 0$)	过程中	终态 ($t \to \infty$)
断电	电流 i_1	$I_1 = \dfrac{E}{R_L}$	$i_1 = -i_2$	$I_1 = 0$
	电流 i_2	$I_2 = \dfrac{E}{R}$		$I_2 = 0$

教师活动	学生活动	设计意图
(2)如何表示自感线圈 L 两端的电压 u_L? 如何表示电阻 R 两端的电压 u_R? 整个回路电压关系满足什么规律? $U_L = L\dfrac{\Delta i}{\Delta t} - iR_L$, $U_R = iR$, $U_L = U_R$, 即 $L\dfrac{\Delta i_1}{\Delta t} = i_t(R + R_L)$。 ⑤ 同样用类比的思想可以得到方程⑤的解: $i_1 = I_1 e^{\frac{R+R_L}{L}t}$。 ⑥ $i\text{-}t$ 图像如下图所示。 $i\text{-}t$ 图像	学生通过类比通电自感,容易回答断电自感电路中的电压关系,并列出方程、写出解和画出图像。	培养学生的科学思维、科学探究能力。 培养学生的类比意识、推理能力和数形结合能力。
教师小结:类比是解决物理问题的有效方法之一。通过类比会发现,方程⑤与方程①是同一种方程,方程⑤中的 $(R+R_L)$ 相当于方程①中的 $1/C$,方程⑤中的 L 相当于方程①中的 R,常数项为零。所以可仿照方程①的解 $q = CE(1-e^{\frac{1}{RC}t})$ 直接写出方程⑤的解,它也是个指数函数。 (3)实验中,小灯泡"闪亮"的原因是什么?会出现"不闪亮"的情况吗?缓慢熄灭(延时)的时长与哪些因素有关? 教师小结: 只有 $I_1 \gg I_2$,即 $R_L \ll R$ 时,灯泡才会闪亮。这与同学们的认知一致吗?类比电容器充电时长与 RC 有关。延迟时间取决于 L 和 R,$\dfrac{L}{R_L+R}$ 越大,延迟时间越长。	学生交流讨论,并回答。	培养学生挖掘实验现象背后的理论的意识。

教师活动	学生活动	设计意图
环节四：LC 电路 (1)如图所示的理想的 LC 电路中，电源电动势为 E，内阻不计。开关 S 先接 1 给电容器充电，然后将开关 S 接 2，定性分析极板电荷量如何变化？（取开关 S 接通 2 的瞬间 $t=0$） *LC 电路*	学生结合电路图及电容器充电、放电特点，完成表格。	培养学生归纳总结的能力。

物理量	$t=0$	$t=T/4$	$t=T/2$	$t=3T/4$	$t=T$
电荷量 q					

教师活动	学生活动	设计意图
(2)我们找到了电荷量在特定时刻的值，但各时刻之间是如何变化的，还需用数学手段找到确切的变化规律。根据物理量间的关系，就可以确定其他物理量的变化规律了。 $u_C + u_L = 0$， $u_C = \dfrac{q}{C}$，$u_L = L\dfrac{\Delta i}{\Delta t}$（理想线圈），$i = \dfrac{\Delta q}{\Delta t}$。 有：$L\dfrac{\Delta\left(\frac{\Delta q}{\Delta t}\right)}{\Delta t} - \dfrac{q}{C} = 0$。　⑦ 方程⑦为关于 q 的二阶微分方程，其解为 $q = Q_0 \cos\dfrac{1}{\sqrt{LC}}t$。　⑧ 其图像如下图所示。	学生根据回路电压定律及物理量间的关系，列出方程⑦。	培养学生的科学思维和科学探究能力。

q-t 图像

教师活动	学生活动	设计意图
教师小结：方程⑦为关于 q 的二阶微分方程，其解为余弦函数（求解过程不做要求）。余弦函数的图像是振荡的。 追问：振荡周期（频率）与哪些因素有关？ $\omega = \dfrac{1}{\sqrt{LC}}$，$\omega = \dfrac{2\pi}{T}$， 所以 $T = 2\pi\sqrt{LC}$，$f = \dfrac{1}{T} = \dfrac{1}{2\pi\sqrt{LC}}$。	学生画出图像，并求出振荡周期（频率）。	此过程只是让学生了解 LC 振荡电路中各量为什么是按正弦、余弦规律变化的，图像背后的数学规律是怎样的。

续表

教师活动	学生活动	设计意图
（3）由 $q\text{-}t$ 图像是否可以得到其他物理量随时间变化的关系？试画出其他物理量的图像（课下完成）。	小组讨论，找到物理量间的关系。尝试做出其他物理量随时间变化的图像。（课下完成）	培养学生的类比、迁移和创新能力。

	物理量	$t=0$	$t=T/4$	$t=T/2$	$t=3T/4$	$t=T$
LC 电磁振荡	极板电量 q	最大	0	最大	0	最大
	极板电压 u_C					
	电流 i					
	线圈电压 u_L					
	电场强度 E'					
	电场能 W_e					
	磁感应强度 B					
	磁场能 W_B					

环节五：RLC 电路（了解）

在上面问题的讨论中，我们都假设电阻、电容和电感是理想元件，没有考虑绕线电阻中的电容和电感影响，也没有考虑电感线圈中的电阻等。所以更一般的情况应该是 RLC 电路。

RLC 电路

在如图所示的电路中，电源电动势为 E、内阻为 r。电阻 R、电感线圈 L（电阻不计）串联。开关 S 先接 1 给电容器充电；然后将开关 S 接 2，电容器放电。

（1）如何表示 u_c、u_R 和 u_L？u_c、u_R 和 u_L 三者间的关系是怎样的？

$u_c = \dfrac{q}{C}$, $u_R = iR$, $u_L = L\dfrac{\Delta i}{\Delta t}$ 。

回路电压规律：$u_c + u_R + u_L = 0$。

即 $\dfrac{q}{C} + iR + L\dfrac{\Delta i}{\Delta t} = 0$。

又因为 $i = \dfrac{\Delta q}{\Delta t}$，

联立得 $\dfrac{q}{C} + R\dfrac{\Delta q}{\Delta t} + L\dfrac{\Delta\left(\dfrac{\Delta q}{\Delta t}\right)}{\Delta t} = 0$。 ⑨

方程⑨为关于 q 的二阶微分方程，其解为：

$q = Q_0 e^{-\frac{R}{2L}t}\cos\dfrac{1}{\sqrt{LC}}t$ 。 ⑩

学生思考、小组讨论，之后回答问题。

从理想模型到一般情况，体现了物理研究问题的一般思路。

教师活动	学生活动	设计意图
教师小结： 方程⑨既含有一阶部分，也含有二阶部分。一阶部分是指数函数，二阶部分是余弦函数，所以方程⑨的解也由两部分组成，见方程⑩（不做要求）。 指数函数的图像是衰减的，余弦函数的图像是振荡的，所以方程⑩的图像如下图所示：振荡着衰减。 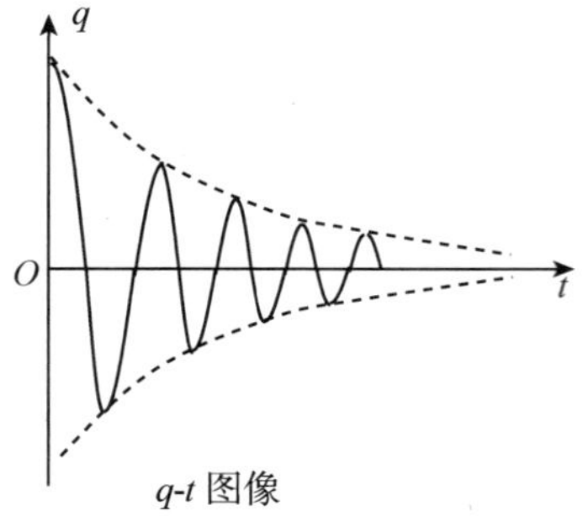 *q-t* 图像 （2）极板电量衰减的原因是什么？我们在哪里还见过类似的图像？ 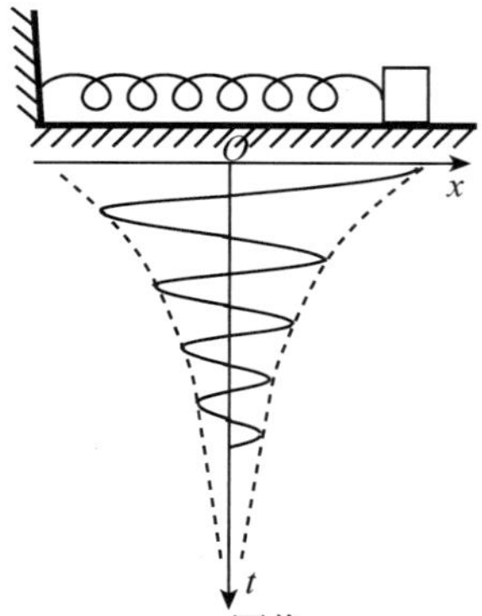 *x-t* 图像	学生分析阻尼振荡的原因。将机械运动与电磁运动进行对比，体会物理世界的统一性。	将电磁运动与机械运动进行类比，体会物理世界的辩证统一，培养学生的类比迁移能力、科学态度和社会责任。

▶第三讲
如何选择教学方法

有经验的教师通常能对各种教学方法运筹帷幄，在教学中，这种教师会根据教学任务和学生需求灵活地调整教学方法。

——柏利纳（Berliner），《追求卓越成效的教学方法》

在确定好教学目标之后，就需要根据教学目标来选择教学方法。选择有效的教学方法能保证教学过程顺利、教学效果明显。那么，该如何选择教学方法呢？下面将结合理论观点和实践案例进行具体分析，期待能找到这一问题的答案。

一、如何选择、运用与创新教学方法

在教学中必须采用一定的教与学的方法才能达成教学目标。采用教学方法的直接目的在于促进学生的学习，激发学生的学习动机、学习主动性和积极性，维持学生的兴趣和注意力，以学生可接受的方式来帮助学生解决学习障碍。因此，认识教学方法的本质与类型，有利于教师选择更加有效的教学方法，为教学目标的达成服务。

📎 | 案例 1-5 |

初中物理"惯性"这一概念的教学过程

惯性在中学物理中是一个非常抽象的概念。从学生原有的生活经验出发，通过一些具体事例，首先让学生形成运动的物体具有惯性的初步概念，即运动的物体总有保持其运动状态的性质。然后提出静止的物体是否也有惯性的问题。"我们已经知道了运动的物体总要保持其运动，那么静止的物体有没有惯性呢？如果静止的物体也有惯性，它应该是什么样的呢？"这是将学生对运动物体具有惯性的认识中的逻辑迁移到对静止物体具有惯性的

认识中来，学生将按照这一逻辑对静止物体的惯性现象进行预测。然后让学生自己举例或设计实验来验证他们的猜想。在此基础上，教师引导学生进行概括："如果我们把静止也看成是物体的一种运动状态，我们怎样来概括物体的这种特性呢？"

问题聚焦

Q1：中学物理教学中有哪些常用的教学方法？

Q2：案例中运用了什么教学方法？运用得是否合理？

（一）常用的物理教学方法

物理教学方法是在物理教学过程中，教师和学生为实现教学目标，根据特定的物理教学内容而采取的教与学相互作用的一系列活动方式、步骤、手段和技术的总和。

1. 以用语言传递信息为主的方法

在教学过程中，以用语言传递信息为主的方法主要有讲授法、谈话法、讨论法等。

（1）讲授法。

讲授法是物理教学中最基本、最常用的方法，主要是指教师通过语言向学生传递教学信息。讲授法的最大特点是能够在较短的时间内传递较多的信息，因而教学效率高。另外，教师的讲授具有解释、分析和论证的功能。因此，在物理教学中，不仅用于传授新课，在其他课型中也广为使用。

运用讲授法应注意以下几点：①科学性；②逻辑性；③启发性；④突出重点；⑤简明生动；⑥讲解要适当，并要与其他的教学方法有机地配合使用。

（2）谈话法。

谈话法是通过教师与学生对话的方式，启发、引导学生学习的一种教学方法。谈话法的基本方式是：教师按教学要求叙述有关事实；向学生提出问题，请学生回答；引导学生对有关事实或问题进行分析；为提出的问题找出答案。由于谈话法使学生直接参与教学过程，因此有助于激活学生思维，调动学生的学习积极性，培养学生的独立思考能力和语言表达能力。

运用谈话法应注意以下几点：

①谈话的内容要符合学生的实际水平，过难或过易的问题都不利于学生思维的发展。

②谈话前要准备好谈话内容，提出的问题必须经过精心设计，使新、旧知识有机联系起来，以有利于学生对知识的理解和掌握。

③谈话过程中要善于启发和引导，使学生的思维处于积极的活动状态。

④教师应向全体同学提出问题，促使全体同学积极思考，同时谈话结束要进行归纳和总结，得出正确结论。谈话法的问题一定要有思考价值，那种没有思考价值的问题，如"对不对""要不要""是不是"等问题不宜作为谈话法中的问题。

（3）讨论法。

讨论法是学生在教师的指导下，就某些主要问题，在独立钻研的基础上，共同进行讨论乃至辩论的教学方法。讨论法最大的优点在于能活跃学生的思想，有利于调动学生学习的积极性和主动性，激发学生的兴趣，加深他们对问题的理解。通过讨论，甚至辩论，达到明辨是非、深化认识、发展能力的目的。

运用讨论法时应注意以下几点：

①要选择好讨论题，这是运用讨论法教学的关键。讨论的问题要有针对性、启发性和趣味性：要针对教材的重点、难点和关键点；要启发学生的思维，引起思维上的冲突；要能激发学生讨论问题的兴趣，使学生有解决问题的强烈愿望，从而开展热烈的讨论。还有，问题要具体，要切合学生实际，不能太大、太深，也不能太容易。这样才能使课堂出现热烈讨论的场面。

②要创造一个良好的环境，并培养学生积极参与讨论的习惯。

③做好讨论的小结，小结可采用边讨论边小结和讨论后小结两种方法。一般应让学生自己小结，再师生共同进行补充，形成比较一致的意见，最后用文字、图表或公式表达出来。

2. 以直接感知为主的方法

以直接感知为主的方法，是指导教师通过对实物或直观教具的演示和组织教学性参观等，使学生利用各种感官直接感知客观事物或现象而获得知识的方法。这类方法的特点是具有形象性、直观性、具体性和真实性。以直接感知为主的方法包括直观法和参观法。

(1)直观法。

直观法是物理教学中最常用的一种方法，主要包括对演示实验、模型、挂图及现代化教学手段(如影像)等进行直接观察。直观法对为学生提供学习物理概念和规律必需的感性材料、创设物理情境、激发学生兴趣、培养学生的观察和思考能力，对学生进行物理思维方法教育而言具有极为重要的意义。

这里仅介绍演示实验必须注意的几个环节：①明确目的；②确保成功；③保证科学性；④加强直观性；⑤力求简单；⑥控制时间；⑦指导观察和思考；⑧注意规范与示范性。

(2)参观法。

参观法是教师根据教学任务的要求，组织学生到自然界、工厂、农村、展览馆、社区和其他社会场所，通过对实际事物和现象的观察或研究而获得知识的方法。参观以大自然、大社会为活教材，打破了课堂和教科书的束缚，使教学与实际生活、生产密切地联系起来，扩大了学生的视野，使学生在接触社会中受到教育。

运用参观法应注意：①事先做好准备工作；②引导学生有目的、有重点地去观察；③引导学生做好总结工作。

3. 以实际训练为主的方法

以实际训练为主的教学方法，是通过练习、实验、实习等实践活动，使学生巩固和完善知识技能、技巧的方法。在教学过程中，以实际训练为主的方法，包括练习法、实验法。

(1)练习法。

练习法是指在教师的指导下巩固知识、运用知识、形成技能和技巧的方法。练习法的特点是技能和技巧的形成以一定的知识为基础，练习具有重复性。在教学中，练习法被物理学科和其他学科广泛采用，包括口头和书面解答问题的练习，旨在培养学生运用知识解决问题的能力。

（2）实验法。

实验法是在教师的指导下，利用一定的仪器设备，在一定条件下引起某些事物或现象的变化或发生，使学生在观察、研究和独立操作中获取知识，形成技能和技巧的方法。

实验是物理教学的特点之一，实验法也就成为物理教学的重要方法。应用实验法，不仅可以使学生加深对概念、规律、原理、现象等知识的理解，培养他们的探索研究和创造精神，以及严谨的科学态度，而且有利于学生主体地位的发挥。但目前学生实验教学的现状不容乐观。除去仪器设备的问题外，还存在"重结论，轻过程"的现象，导致学生只注意实验结果，对于实验的设计思想、实验过程所体现的科学方法等没有予以充分重视。另外，由于实验课指导难度较大，实验课秩序混乱、难以完成教学任务的情况时有发生。为此，应做好以下几点。

①做好实验前的准备工作，包括使学生充分领会实验原理，让学生熟悉实验仪器的原理和使用规则，以及培训指导学生实验的"小先生"。

②做好课堂指导，包括注重点拨学生思维、注意因材施"导"，以及创设问题情境，指导学生研究。

③做好反馈补救工作。

4. 以引导探究为主的方法

以引导探究为主的教学方法是指教师组织和引导学生通过独立的探究与研究活动来获得知识的方法。其主要方法是发现法、启发式教学。

（1）发现法。

发现法又称探究法、研究法，是指学生学习概念和原理时，教师只给他们一些事例和问题，让学生自己通过阅读、观察、实验、思考、讨论、听讲等途径去独立探究，自行发现并掌握相应的原理和结论的一种方法。它的指导思想是在教师指导下，以学生为主体，让学生自觉地、主动地探索，掌握认识和解决问题的方法与步骤，研究客观事物的属性，发现事物发展的起因和事物内部的联系，从中找出规律，形成自己的概念。

发现法的基本过程是：①创设问题情境，向学生提出要解决或研究的课题；②学生利用有关材料，对提出的问题给出各种不同的假设和答案；③从理论和实践两个方面检验假设，学生中如有不同观点，可以展开争辩；④对结论做出补充、修改和总结。

运用发现法时应注意：①依据教材特点和学生实际，确定探索发现的课题和过程；②严密组织教学，积极引导学生的发现活动；③努力创设一个有利于学生进行探究发现的良好情境。

(2)启发式教学。

启发式教学，就是根据教学目的、内容、学生的知识水平和知识规律，运用各种教学手段，采用启发引导的办法传授知识、培养能力，使学生积极主动地学习，以促进学生身心发展。这里要着重说明，启发式教学不仅是教学方法，更是一种教学思想、教学原则和教学观。

启发式教学的基本要求是：①调动学生的主动性；②启发学生独立思考，发展学生的逻辑思维能力；③让学生动手，培养独立解决问题的能力；④发扬教学民主。

（二）教学方法的选择、 运用与创新

教学方法多种多样，不同的教学方法本身没有优劣之分，选择怎样的教学方法，取决于这种教学方法是否能在促进教学目标达成及帮助学生学习上发挥最好的作用。在教学中，教学方法的选择与运用是否得当，对教学效果的优劣、学生智力的发展，乃至学生素养和人格的形成都具有重大影响。教学方法种类繁多，各种教学方法的作用、特点、适用范围和选用原则不尽相同。因此，教学方法的选择和使用是一项复杂而综合的思维活动，需要教师付出巨大的创造性劳动。针对新教师，这里提供几个有关教学方法选择的关键的操作策略。

1. 依据物理课程标准选择教学方法

物理课程标准是对物理教学活动的总要求。物理课程标准对物理教学的方式、方法提出了指导性建议。任何一节物理课的教学方法的选择，都

必须在物理课程标准的总体指导下进行。《高中课标》提出：要创新培育物理学科核心素养的学习方式。根据学生物理学科核心素养形成过程的特点，科学设计物理教学过程，引导学生通过自主、合作、探究等学习方式，营造直观、实时、生动的物理教学环境。

2. 依据教学目标选择教学方法

课堂上，任何教学方法的选用都必须适合教学目标，这是目标导向教学设计的重要思想。但是，同一种教学方法有时可以为多种教学目标服务，同一个教学目标也可以用多个教学方法来实现。因此，根据教学目标选择教学方法具有相对性。

教学目标主要由内容目标和认知目标构成。针对内容目标和认知目标应该如何选择教学方法呢？可以借鉴梅里尔（M. D. Merrill）和肯普（J. Kemp）提出的"业绩—内容方格模型"来确定教学方法。

✎ | 理论书签 |

业绩—内容方格模型

该模型用来规定达到教学目标的最优教学策略。模型中的第一部分是"内容维度"，用于将具体的教学目标归为六个类别，即教学目标中的每一个目标都能找到其中的一个类别。如果某个教学目标适合于两个类别，则需要表述为两个单独的目标。模型中的第二部分是目标中的具体业绩要求，分为回忆(知识)和应用(知识)。

内容	业绩	
	回忆	应用
事实		
概念		
规则或原理		
程序		
人际关系		
态度		

> "事实"是将两个命题联系起来的陈述，"概念"则是用来简化表达的，"原理"或"规则"标明了概念之间的关系，"程序"是为获得某个目标而必须遵循的一系列步骤，"人际关系"涉及两个人或两个人以上的互动，"态度"同情感一样，试图改变学习者的行为倾向。"回忆"只要求学习者为了以后回忆而简单地记忆信息即可，"应用"要求学习者运用知识。

3. 依据教学内容的特点选择教学方法

教学内容的性质、类型、特点不同，教学方法的选择就不同。没有任何一门学科的教学只选择或使用一种教学方法就可以。当然，相同的内容可以采用不同的教学方法，不同的内容也可以选择相同的教学方法，这其中最为关键的是恰当。

体验活动

您认为学生学习下面这些教学内容时应该选择怎样的教学方法呢？请把想法填在表格中。

教学内容	教学方法选择的基本思路
物理概念	
物理规律	
难度比较大的内容	
很抽象的内容	
比较枯燥的内容	
已经了解得比较多的内容	
直观形象又简单的内容	

（1）学生学习的特定内容的特点不同，教学方法也不同。

教学内容的特点不仅指内容本身的特点，也指特定内容对于学生学习而言的特点。从学生学习的角度看，内容特点不同，教学方法就不同。难度大、抽象、枯燥、了解得多、直观、简单等是对学生学习而言教学内容具有的不同特点。

难度大的内容需要借助降低难度、搭建学习支架的教学策略。可以选择演示实验的方法来降低难度以更好地实现教学目标。

抽象的内容需要增加学生的感性认知，并在感知的基础上逐步概括抽象。可以采用典型案例来增加学生的感性认知，并基于案例逐步归纳概括，实现"剖案取理"的教学效果，等等。

枯燥的内容需要通过增加趣味性和体验性来提升学生的参与和投入的程度。教师讲解会觉得很枯燥，如果教师将其设计成体验活动，将会唤起学生的学习动机，使其深度参与到学习中来。

学生了解得多、直观、简单的教学内容可以通过归纳、概括的学习过程使学生的思维从发散走向收敛，提升学生的思维水平。比如，生态环境问题的内容对于学生来说学习起来相对简单，可以采用辩论的方式来提升学生对其的理解水平。

可见，分析出教学内容对于学生学习而言的特点，对于有针对性地选择教学方法十分必要。

(2)教学内容的类型不同，教学方法也不同。

物理事实、物理概念、物理原理等是不同类型的教学内容。不同类型的教学内容，使用的教学方法也不同。

对于物理事实常常是通过叙述式讲解(教师有条理地向学生叙述事实)，描述式讲解(在叙述式讲解的基础上语言丰富带有感情色彩)，解释式讲解(对字、词、句或方法、事物意义以及学生认识的困难等进行解释和说明)，启发式讲解(教师把解决某个问题的思路变为一连串的问题，一个个提出来)的方法来教学。

对于具体的物理概念可以通过观察和归纳的方式来讲解，对于抽象的概念可以通过演绎的方式来讲解以帮助学生理解。对于物理原理可以通过归纳式、演绎式或类比式的方式来讲解，等等。案例 1-5 对于"惯性"概念就是采用启发的方法进行讲解的。

4. 依据学生的实际情况选择教学方法

学生的学习风格、学习基础、学习方法、学习能力、学习态度等都对教学方法的选择有影响。

如果依据学生的学习风格来选择教学方法的话，视觉型的学生更适合以直接感知为主的教学方法，听觉型的学生更适合以语言传递信息为主的教学方法，触觉型的学生更适合以实践活动为主的教学方法。

对于拥有不同的学习基础的学生，脑科学研究表明他们需要的教与学的方式也不相同，在教师讲授、自主学习、情境体验等方法的选择上各有侧重。

好的教学方法一定是满足学生学习需要的方法。学生需要教师的讲解，则讲授法就是有效的方法；学生学习需要讨论，则讨论法就是有效的方法。任何教学方法的选择都要以学生的学习目标和学生的学习需求为基本出发点。

5. 综合运用并灵活调整教学方法

（1）综合运用教学方法。

每种或每类教学方法，都有各自的功能、特点、应用范围、使用条件和局限性。因此，为了更好地达成教学目标，一方面教师需要综合考虑教学目标、教学内容和学生的情况来选择教学方法；另一方面，在教学实践中，教师要全面考虑教学需要并充分发挥各种教学方法的整体功能，有意识地将多种教学方法有机结合。实践证明，在教学过程中，学生获得知识、提升能力、发展智力不可能只靠一种教学方法，必须把多种教学方法合理地结合起来。如果一堂课或一个教学阶段只采用一种教学方法，学生就会感到疲劳；如果适当采用多种教学方法，就能调动学生各种感官参与教学活动，提高学生学习的积极性和参与性。

（2）根据需要调整教学方法。

教学过程是个动态的过程，教学方法也因此处于一个变量地位，教学方法需要随着教学过程的变化而随之调整，教师应灵活、创造性地掌握教学进程，调整教学方法，以争取获得最优的教学效果。比如，教师在做教学设计时拟采用启发式讲授法，但是在实际课堂推进的过程中却发现很多学生表现出疑惑的表情，这时教师就要有一定的敏感度，及时地调慢教学节奏，让学生讨论一下，或者说一说、写一写，让学生的思维暴露出来，让教师能看得到学生的思维过程，进而及时准确地诊断学生的学习障碍，及时调整教学方法和策略。

（3）将启发式教学思想作为教学方法运用的指导思想。

不论采用哪种教学方法或怎样的教学方法组合，都必须坚持以启发式教学思想为总的指导思想。启发式是相对于注入式而言的，它不是一种具体的教学方法，而是运用教学方法时的指导思想。启发式教学思想是指教师从学生的实际出发，采用各种有效的形式去调动学生学习的积极性、主动性和独立性，引导学生通过自己积极的智力活动去掌握知识、发展能力的思想。启发式教学思想尊重学生的主体地位，注重指导学生的学习方法，培养学生的思维能力，特别是创新能力。

6. 教学方法的创新

物理教学方法并非一成不变，它会随着时代的发展而不断发生变化。从本质上来说，各种物理教学方法都是物理教育教学工作者在实践中不断探索和总结，在解决物理教学问题的过程中不断分析和反思，从无到有，逐渐得出的。物理教师在学习和继承目前已有的物理教学方法的同时，要善于根据自己的实际教学情况，在解决自身遇到的物理教学问题的过程中，发展和创新适合时代需要的新的物理教学方法。

（三）案例分析

案例 1-5 是一个典型的启发式教学的例子。在教学过程中，学生在教师的引导下进行了积极有效的思维活动。从这个例子可以看出，在启发式教学中，要确定哪些认识环节由学生的主动参与来完成，就不能仅从知识的角度考虑问题，而要从学生现有的知识经验与新知识之间的关系这一角度来分析。这就是"新旧知识之间的同化关系分析"。在该例子中，学生原有的生活经验中的惯性概念与新知识之间的关系是，学生对运动的物体具有惯性比较熟悉，而对静止的物体是否具有惯性并不清楚。通过分析就可以确定将这一认识环节作为启发或是探究的学习任务。而要引导学生进行有效的思维活动自主完成这一任务，还必须分析学生原有知识经验中的可利用成分，以此作为认识新知识的思维工具。在该例子中，在学生初步获得了"运动的物体具有保持其运动的性质"的认识后，引导学生将这一认识与静止物体进行联想，学生就会猜想"如果静止的物体也有惯性，它就应该具有总要保持其静止的性质"。如果进一步要求学生设计实验来验证自己的猜想，这就成为一种探究式学习了。

当然，中学物理学科教学中有很多种教学方法，除了运用启发式讲授法来讲解"惯性"的概念外，其他方法也是可以选择使用的。应该如何选择和运用物理教学方法？除了考虑教学内容的特点外，还要考虑教学目标以及学生学习该内容的实际情况，综合三个因素，采用了以启发式讲授为主的教学方法，收到了比较好的教学效果。

二、如何进行探究式教学设计

"科学探究"是新课程改革的一个关键词。课程标准在总目标中指出，(让学生)经历科学探究的过程，具有初步的科学探究能力。可见科学探究是一种学习方式，也是一种学习内容和学习目标。

📎 | 案例 1-6 |

"探究串联电路电压规律"的设计

教师在"探究串联电路电压规律"的教育内容中精心设计了问题情境。

教师演示额定电压为 3 V 的小灯泡在 3 V 电源两端的电压下的发光情况。

学生观察发现，小灯泡能正常发光。

教师演示额定电压为 3 V 的小灯泡在 1.5 V 电源两端的电压下的发光情况。

学生观察发现，不能正常发光。

教师演示两个额定电压为 3 V 的小灯泡与 3 V 的电源串联的发光情况。

学生观察发现，两个小灯泡都不能正常发光。

教师请学生描述观察到的现象。

教师提出问题：这两个小灯泡两端的电压和总电压有什么关系？

学生猜想、讨论，提出假设。

……

问题聚焦

Q1：在案例中，教师是如何让学生自主发现问题、提出猜想的？

Q2：如何实施探究式教学？

探究式教学是重要的教学方式，那么，教师应该怎样合理设计科学的探究活动来实施探究式教学呢？总体来说，教师可以围绕探究式教学的七个要素来设计教学过程和教学活动，即提出问题、猜想与假设、设计实验与制订计划、进行实验与收集证据、分析与论证、评估、交流与合作。当然，探究的形式是多种多样的，更为本质的是要体现探究的基本特征。

（一）常见的探究式教学模式

我们发现，对于科学探究的基本要素与具体的探究过程设计之间的关系，许多教师感到困惑，缺乏进行探究式教学的设计思路，这说明在探究的基本要素与鲜活的成功案例之间需要用一些有规律性的设计方法来搭建桥梁。具体的探究活动千差万别，但在物理的科学探究中存在着一些探究式教学的模式，其中"科学批判与实证""科学假设与验证""科学观察与探究""科学归纳与推理"是物理教学中广泛应用的探究式教学模式。

1. 科学批判与实证教学模式

这一教学模式是以物理研究中的"科学批判与实证"的思想方法为教学设计的逻辑主线而建构的。这一教学模式的主要特点是发现学生对某一知识、现象的片面认识，或历史上的错误假说中的缺陷，采用科学批判与实证的思想方法，使学生获得探究的思路，从而独立地进行探究活动。科学批判与实证教学模式适合在"认知冲突"类的同化关系教学中应用。

科学批判和科学实证也是科学创新的重要方式，批判和实证的精神贯穿科学发展史的整个过程。伽利略对亚里士多德的批判，哥白尼对地心说的批判，导致了近代科学的产生；爱因斯坦对牛顿时空观的批判，普朗克对经典电磁理论的批判，导致了现代物理学理论的产生。对于中学生来说，科学批判和实证，同样可以为新知识的获得提供一个有效的认识途径。因为在用事实分析错误或片面性产生的原因的同时，克服这些缺陷的新思路也就同时产生了。在这一思路的指引下，学生可以自主地设计探索计划和实验方法，这就解决了探究性学习如何使学生自己形成探索思路的难题。

这一教学模式由四个步骤构成，如图 1-5 所示。

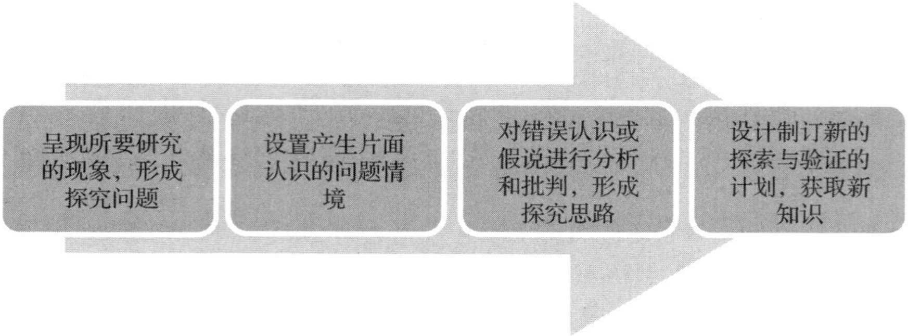

图 1-5　科学批判与实证教学模式

2. 科学假设与验证教学模式

这一教学模式是以物理研究中的"科学假设与验证"的思想方法为教学设计的逻辑主线，根据认知心理学中的"概念发现"理论而建构的。这一教学模式的特点是促进学生对事物的意义提出尝试性假设，通过外部的反馈不断修正假设，从而获取新知识。

在这里科学假设与验证是指科学发展史中的一种创新发现思维方法，其特点是假设—演绎—验证。与归纳思想不同，科学假设与验证是在少量经验事实的引导下，首先提出试探性的猜想，再进行逻辑演绎，形成科学假说，最后由实验来验证。这一思维过程往往要循环多次，一开始的假设猜想一般不能一下把握事物的全部本质，要通过演绎和验证，发现问题，对原有的猜想进行修正，直到获得经得起检验的结论。在科学史上，康德的星云假说、道尔顿的原子论，以及能量守恒定律的发现，都是按照这一思想方法产生的。

3. 科学观察与探究教学模式

这一教学模式是以物理研究中的"科学观察与探究"的思想方法为教学设计的逻辑主线而建构的。这一教学模式的特点是通过观察发现问题，在对问题产生原因的整体把握中提出假设，并按照假设，设计实验探究。

英国哲学家卡尔波普尔提出"科学始于问题"。他将科学问题作为科学工作者研究工作的起点，并以它为线索描述科学研究的过程。在物理发展史中，许多科学问题是通过科学观察形成的。例如，第谷和开普勒对行星的运动进行了长期观察，发现了行星绕太阳运行的规律；伽利略对自由下落的石块进行了认真的观察，发现了匀加速直线运动的规律；等等。在中学物理探究学习中，与科学工作者一样学生会经历类似的探究过程，教师需要引导学生通过科学观察得出问题。

4. 科学归纳与推理教学模式

这一教学模式是以物理研究中的"科学归纳与推理"的思想方法为教学设计的逻辑主线，依据比较、分类与概括的认识理论而建构的。这一教学模式的特点是通过归纳与概括来获取新知识的概念和规律。

科学发现、科学发明从哪里开始呢？创造性思维的起点在哪里呢？亚里士多德认为，科学研究的程序是"归纳—演绎"，即从观察开始，运用归纳法从被观察的事实中概括出一般原理，这是发现过程；再用演绎法从一般原理回到观察，即从一般原理演绎出被解释现象的陈述，这是证明过程。近代科学先驱、归纳法的创始人培根也认为，理论来自对观察事实的逐级归纳上升，从初级公理、中间公理等直达最普遍的原理，即最高公理。在培根以后200年间，人们仍然热烈信奉"科学始于观察"，这是与近代自然科学发展的基本特征相一致的。例如，伽利略的落体运动定律、波义耳定律等都是以观察事实为起点，然后运用归纳法概括出的科学定律。

比较、分类和概括是归纳思维中的基本思维活动。这三种思维活动与教学模式的设计步骤"列举""分组"和"命名"相对应。

比较是确定事物之间差异点和共同点的抽象思维方法。比较的过程是先对有关事物进行分析，区分每个事物各方面的特征，再将有关事物按其特征进行对比，得出哪些方面具有共同点，哪些方面具有不同点，从而鉴别这些事物间的异同。通过比较，找出表面上差异极大的事物在本质上的共同点，找出表面上极为相似的事物在本质上的差异点。例如，在杠杆概念的形成过程中，首先要对一些劳动工具的特征进行辨别分析，区分每个工具在使用中其运动方式的特征。

分类是以比较为基础，根据研究对象的共同点和差异点，把握事物类别的思维方法。概括是以定义的方式对事物的类别进行归并和命名的思维方法，也是一个抽象的过程。如前所述，在比较和分类时，首先是按事物的表面特征进行辨别分析和分组的，这样的分组在更抽象的意义上可以归并，形成一个包摄性更广的抽象概念。例如，力可以改变物体的运动状态，在这里物体运动状态的改变包含了"物体由静止到运动，由运动到静止，物体运动速度的改变和运动方向的改变"。这是用一个更抽象的概念"运动状态的改变"概括了若干个具体的运动状态改变子项。概括的认识活动是以事物的更基本的特征为分类的标准所进行的信息加工过程。在教学中，对于这种更基本的事物特征的认识，教师需要引导学生，这样才有可能使学生完成概括的任务。

（二）探究式教学的方法

由于探究式教学是以学生为中心的教学，教学设计的特点是设计有助于学生探究的学习环境。在这类教学中，学生的自主学习活动仍然是有规律的，一般包括：①发现问题、提出问题；②提出猜想与假设；③设计探究实验的方法和数据记录的表格，实施实验；④分析论证，形成结论；⑤评估与交流。

在探究式教学中，教师需要设置探究的问题情境，由于探究式学习需要获得关于某一学科知识内容的结论，所以，在发现问题环节，需要教师精心设计问题情境，并指引学生思考所观察现象背后的原因，由此来引发学生提出问题。然后，应该尽可能地通过小组讨论和班级交流来完成"定义问题"的信息加工。在这一活动中，所设置的学习环境的合理性和有效性可以从两个方面来考量：是否为学生提供了自主发现问题和定义问题的机会，教学所设置的问题情境和问题引导是否能够引导学生完成相应的思维任务。

在探究式教学中，实验设计与实施是在假设的引导下进行的。假设是一个未经证实的知识图式，它反映了图式中各个要素之间的关系，这种关系也是设计实验进行验证的逻辑框架。所以这一环节的探究是训练学生从所提出的假设出发，自主确定要证明假设需要对哪些物理量进行研究，主动改变哪些量，观测哪些量的变化，设计实验观察的具体方法，自主设计实验数据记录表格。在实验中注意规范操作，采用误差小的测量方法等。

教师要引导学生将假设、实验方法、实验数据、结论组成一个完整的逻辑系统来进行论证，要充分发展学生的逻辑论证能力，有理有据地表达思想的能力。教师要通过协商的方法，促进学生间的相互交流，使集体获得正确的知识结论，并在集体交流的活动中培养学生尊重事实、尊重科学、尊重不同看法等的科学素养和交往能力。

（三）探究式教学的过程及操作要点

步骤1：呈现所要研究的对象，形成探究问题。

在这一阶段，教学就某一物理知识设置研究所需的背景知识，提出研究任务，构建教学的总问题情境。以"内能"的探究式教学设计为例：

教师演示：将质量为500克，温度为20 ℃的一杯凉水，放入质量为2000克，温度为70 ℃的一盆热水中，过一段时间后两者达到相同的温度——60 ℃。

教师：20 ℃的一杯凉水为什么温度会升高？而70 ℃的一盆热水温度为什么会降低呢？

学生：一杯凉水从一盆热水中吸收了热量，使自己的温度升高，而一盆热水由于放出了热量，使自己的温度降低。

教师：那么，热量到底是什么呢？今天我们就来研究这个很重要的问题。

步骤2：设置产生片面认识的问题情境。

在这一阶段，针对前面的研究任务引导出学生的前科学认识，或设置一个有缺陷的实验现象，或提出历史上的某个错误假说，暂时使学生形成某种片面认识，如在"内能"的教学中：

教师：在科学发展史上，17世纪的一些科学家认为"热"是一种特殊的"物质"。例如，荷兰科学家布尔哈夫根据他对热交换的研究提出，热是钻在物体体内细孔中的具有高度可塑性和贯穿性的"物质粒子"，它们没有质量，彼此之间相互排斥，而且弥漫于全宇宙。这就是历史上有名的"热质说"。

用"热质说"可以解释上面的热现象：当物体温度高时，它所具有的"热质"就多；当高温物体与低温物体接触时，热量（热质的量）就会从高温物体传递到低温物体，最终使两者的温度相同。在这一过程中，高温物体放出的热量应等于低温物体吸收的热量，与质量守恒一样，"热质"在热传递中也是守恒的，即热传递前，两个物体所具有的热质量的总和等于热传递后两个物体所具有的热质量的总和。请大家记住由"热质说"所得出来的这个结论。

步骤3：对错误认识或假说进行分析、批判，形成探究思路。

在这一阶段，需要对上一阶段中所得出的片面认识，或错误假说进行讨论。首先，教师需要举出反例，暴露出错误认识或假说中缺乏实证依据的缺陷所在，使学生明确要获得可靠结论所应采用的实证思维方法，更为重要的是，由此培养学生的科学批判精神和实证思维的逻辑方法。例如，在"内能"教学中：

教师：当时"热质说"在物理学界占统治地位，这一理论很好地解释了热传递现象。到18世纪末，"热质说"才受到严重的挑战，推翻"热质说"的第一位物理学家是伦福德伯爵，当时他在慕尼黑的一家兵工厂里研制大炮，他发现了一个使物体发热的现象，而这一现象用"热质说"无法解释。伦福德对此进行了多次实验，于1798年将这一发现的结果向皇家学会做了报告，这一发现严重地动摇了"热质说"的统治地位。他发现了什么现象呢？他又是怎样推翻"热质说"的呢？

教师：下面，我给你们每个小组一根粗铁丝，想办法使它的温度升高，看哪个小组的办法多。从你们的这些办法中猜想伦福德发现的使物体发热的现象是什么，并思考为什么这一现象可以推翻"热质说"。请大家想想刚才从"热质说"得到了一个什么结论？

学生：将铁丝用身体捂；将铁丝在地上摩擦；用手往复弯折铁丝；等等。

教师：用身体捂是通过传热使铁丝温度升高，由前面可知，"热质说"可以很好地解释热传递现象。那么在地上摩擦或弯折铁丝为什么也会使铁丝发热呢？用"热质说"解释这一现象会有什么困难？当年伦福德就是在制造大炮时，发现当在铜质的炮身上钻孔时，可获得大量的热。他在尽量与其他物体绝热的条件下，做了许多次钻磨实验，发现只要钻磨不停，热量就会不断地产生。请大家想一下，这一现象与"热质说"的什么结论矛盾呢？

学生：按照"热质说"，物体的"热质总量"应该守恒，即在钻磨前钻头与工件所含的热质总量应该等于钻磨过程中，或钻磨结束后两者的热质总量。但实验表明，钻磨后，钻头与工件的热量都增加了，而且只要钻磨不停热量就会一直增加下去，这是用"热质说"无法解释的。

教师：大家将铁丝在地上摩擦或用手往复弯折使铁丝发热也是同样的道理。看来将热理解成"热质"是不正确的。18世纪的另外一些科学家，如胡克、惠更斯、牛顿、罗蒙诺索夫等认为，"热"不是某种特殊的物质，而是物体中大量分子热运动的动能，这就是著名的"热动说"。分子运动得越快，它们的动能越大，物体的温度也就越高。此外，分子间有相互作用力，分子间还具有势能。定义：物体内部所有分子热运动的动能与分子势能的总和，叫作物体的内能。

步骤4：设计、制订新的探索与验证的计划，获取新知识。

在这一阶段，在批判的基础上设计新的探索与验证的计划。科学的批判不仅是否定片面性的武器，同时也是探索创新的重要工具。对原有的片面认识、有问题的实验现象、错误的假说：当学生通过科学实证的思维活动，发现其逻辑上和实证上的缺陷之处后，对于如何修正假说并如何验证新的猜想就有了思路。所以，教学是利用从批判中所获得的实证逻辑作为工具来引导学生设计、制订新的探索与验证的计划的。

教师：请同学们用"热动说"解释下面的几个热现象。

用温度计测量热水的温度，温度计的指示升高。

用打气筒给自行车打气时，为什么气筒铁管会发热？

往暖壶中加入开水，当暖壶没有被灌满时，盖上木塞，过一段时间，木塞会"砰"的一声被弹出来。

请大家思考：以上各个现象中是什么方式使物体的内能发生了变化？内能又是如何变化的？温度概念的实质是什么？

学生小组讨论。期望的结果：

用温度计测量热水的温度是一个传热的过程，温度计指示上升说明温度计测温物质吸收了热量，使自己的内能增加；热水放出了热量，使自身的内能减少。传热可以改变物体的内能。

教师强调：热量的实质是传热过程中传递的内能，即传递的热量是物体内能的改变量。不能说物体具有多少热量，只能说物体传递了多少热量。

打气时，人对气筒内的气体做了功，使这部分气体的内能增加，温度升高。做功可以改变物体的内能，摩擦生热也是这个道理。

开水向暖壶中被封闭的空气传热，使其内能增加体积膨胀，当加热到一定程度时，这部分气体通过膨胀体积推动木塞做了功，气体的内能将减少。

教师组织学生讨论得出结论：

	热的本质	温度	传热	做功
热动说	能量（内能）	大量分子热运动的激烈程度（分子动能）	热量是所传递的内能，物体放出热量，内能减少；吸收热量，内能增加	外界对物体做功，物体内能增加；物体对外界做功，物体内能减少
热质说	物质（热质）	物体所含热质的多少	热量是物体间传递的热质量	不能解释，阻碍了对能量守恒与转换的认识发展

（四）案例分析

按照课程标准的要求，要使学生亲身经历科学工作者的类似探究过程，就需要精心设计学习情境，使学生自己形成问题和猜想。在案例 1-6 中，这样的问题情境是：演示额定电压为 3 V 的小灯泡在 3 V 电源两端的电压下能正常发光，而在 1.5 V 电源两端的电压下不能正常发光的现象，使学生初步形成小灯泡只在额定电压下正常发光的概念；然后再演示两个 3 V 的小灯泡与 3 V 的电源串联的电路，学生发现两个小灯泡都不能正常发光，就会联想到每个小灯泡两端的电压可能都不到 3 V，从而为学生自主形成所要探究的问题和形成猜想设置了必要的学习情境。在这一过程中，学生需要将一些关键信息从背景信息中选择出来，并对照现象将这些信息组合成符合某种逻辑的联想。这些认识活动就是心理学中"顿悟"思维的基本信息加工活动。

如果直接提出"串联的两个灯泡各自的电压与总电压之间可能有什么关系"的问题，并要求学生进行直接猜想和实验验证，那么，学生提出问题和进行猜想的思维活动就会被教师的干预所替代了。实际上，学生的探究只是用实验验证教师提出的问题和进行简单的猜想，这就大大降低了科学探究的意义。科学探究是要使学生经历类似科学工作者进行探究的过程，而发现并提出问题，对问题进行理性的猜想是探究的重要环节。所以，"这三个电压之间可能存在什么关系"的问题，应该由学生通过一定的科学观察自己提出来。猜想也不是简单的两数之和或两数之差的猜想，同样需要通过一定的科学观察，将外部的现象与内部的事件联系起来。

课程标准虽然明确提出了科学探究的七个基本环节，但在实际教学中，这七个环节往往不是都在一节课中由学生通过自主学习来完成的。所以，同样存在哪些环节应设置为主要由学生通过独立探索来完成，哪些环节主要是迁移应用学生已经学习的知识和技能，哪些环节主要依靠教师提供较大的帮助来完成的问题。显然要做这样的决策同样需要"分析新旧知识之间的同化关系"。如在上例中，机械地套用"科学探究"的模式，"提出问题"的环节主要是在教师的帮助下完成的；"产生猜想"的环节虽然是学生独立提出猜想，但这不是理性思维的结果，是一种简单猜想；"设计测量电压的实验"实际上是迁移应用学习过的测量电压的知识和技能，"数据分析、得出结论"主要是通过学生的独立探索来完成的，但其中体现物理思维的成分相对较少，顿悟发现的成分不大。在当前的物理探究式教学实践中，类似这样的教学设计是比较普遍的，这不仅没有真正落实课程标准的要求，而且学生的非理性直接猜想往往会阻碍正确的探索思路的形成。如何设置问题情境，使学生主动发现问题并形成理性的猜想呢？显然，仅仅套用科学探究的几个环节模式是不够的。

从上例中可以看出，要使学生能够自主地完成这些探究活动，就需要分析形成正确的探索思路的必要条件是什么，即要发现问题，要思考学生需要观察哪些体现新知识的现象，并使这些现象与学生原有的经验产生认知冲突，形成"为什么是这样？这一现象产生的原因是什么？"等问题；要使学生形成理性的猜想，要思考学生需要将现象中的哪些关键因素选择出来，并将它们按照某种逻辑联系起来。由此可见，要创设这样的问题情境，需要掌握"顿悟"思维的心理学知识和物理的一些基本思维方法，并将这些知识系统应用于分析学生如何形成正确的探究思路的过程中。

三、如何进行问题式教学设计

哲学家迦达默尔论及提出问题的重要性时曾说过："我们可以将每一个陈述（知识结论）都当作对某个问题的反应或回答，而要理解这个陈述，唯一的办法就是抓住这个陈述所要回答的那个问题。"在传统的教学中，学生缺少机会在新知识所构成的问题情境中主动地与自己相关的原有经验建立联系，能动地对新知识进行信息加工，这些认识活动都被教师的讲授所替代了。因此，用传统教学模式培养出来的学生可能拥有许多具体知识，但缺乏解决新问题的能力，所以为了启发学生的思维活动，发展学生主动获取新知识的能力，就需要通过单元框架问题的设计开展问题式教学。

单元框架问题由"主问题""教学环节问题"和"内容问题"构成，这些由概括到具体的问题系列，构成了问题式教学设计的框架。问题式教学设计是将知识教学序列转化为单元框架问题序列，并将框架问题扩展为问题情境，形成问题引导学生获取新知识的认识框架系统。

案例 1-7

问题式教学案例——液体内部压强

引入活动：

先复习柱状固体对水平桌面压强的计算方法，然后与液体建立联系，提出主问题："我们已经知道固体由于受重力作用，对水平桌面有压强作用，那么，一个烧杯中盛满水，水对烧杯有压强作用吗？液体内部有压强作用吗？如果有，液体内部压强的大小和方向有什么规律？今天我们就来研究这个问题。"

各教学环节的问题情境设计如下。

①"确认液体对容器有压强的作用"教学环节的问题情境。

教师：我们知道固体由于受重力作用，对水平桌面有压强作用，那么水也受重力作用，水对容器有压强作用吗？我们先来看水对容器底面是否有压强作用。

②"实验探究液体内部压强的规律"教学环节的问题情境。

教师介绍 U 形管压强器的构造和使用方法，在介绍的同时，使学生确认液体内部存在压强作用。

教师设问：前面我们知道了，液体对容器有压强作用，刚才我们通过 U 形管压强器看到了液体内部也存在压强作用。柱状固体对水平桌面的压强方向总是与物体作用表面垂直，液体也受重力作用，所以有压强，但液体还具有流动性，那么液体内部压强的大小、各个方向上的压强有什么规律呢？

③"推导液体内部压强的公式"教学环节的问题情境。

教师设问：我们通过实验探究知道了液体内部各个方向上都存在着压强，同一深度各个方向上的压强都相等；液体内部压强与深度有关，深度越大，压强也越大。那么液体内部压强的大小与深度之间的具体关系是什么呢？我们是否还记得柱状固体的压强是怎么计算的？

问题聚焦

Q1：问题式教学与以往提问式教学有何不同？

Q2：教学案例中体现了哪些问题式教学的特点？

Q3：问题式教学应该如何设计？

问题式教学是用"问题"整合相关学习内容的教学方式。它是以"发现（提出）问题—分析问题—创造性地解决问题"为一般过程，并在此过程中利用系统的步骤，指导学生思考、探索和解决问题，以达到引导学生运用物理的思维方式，建立与问题相关的知识结构，由表及里、层次清晰地分析问题，合理表达自己的观点，最终解决问题的一种教学方法。问题式教学不同于以往教学中的提问式教学。

（一）如何区分问题式教学与提问式教学

1. 教学目标不同

问题式教学的最终目标是解决问题，拟解决的问题常常没有唯一的答案，所有的教学内容的选择和教学活动的设计都指向问题的解决，是一种以终为始的教学。提问式教学的目标最终是学习知识，解决的问题常常有客观的答案，所有的问题提出与问题回答都是为了一步一步把知识学到手，是一种以始为终的教学。

2. 内容组织不同

问题式教学是用问题来整合必要的学习内容的，在此过程中要建立起与问题相关的知识结构，组织哪些知识内容取决于问题解决的需要。尽管在问题解决过程中也要有问题链的支撑，但是，问题链中的每一个问题都共同支撑着要解决的问题。提问式教学是基于学习内容来设计问题的，内容是特定章节的内容，问题是把内容分解排序后设计出来的一系列具体问题，这些具体问题虽然也要求在逻辑上呈现为问题链的形式，但是问题链上的每一个问题都是为问题本身所服务的。

3. 教学过程不同

问题式教学以"发现（提出）问题—分析问题—创造性地解决问题"为一

般的教学过程，教学过程中学生的思维和讨论是开放的、自由的、建构的，知识的获取与知识的应用同时发生。提问式教学以"提问 1—回答 1—提问 2—回答 2"为一般的教学过程，教学过程中学生的思维局限在特定问题的指向范围内，是被牵引的，这些过程更多的是知识的获取过程，而知识的应用过程相对缺失。

4. 效果评价不同

问题式教学更多的是评价问题是否得到了解决，解决得怎样，在解决过程中是如何合作、克服困难、突破难点并最终解决问题的，解决问题的过程中形成了哪些观点等，充分体现了知识的社会建构。提问式教学的评价主要关注学生是否答对了，班级学生的正确率有多少，突出关注的是学生对知识学习的正确率和准确性。

| 理论书签 |

基于问题的学习

基于问题的学习（problem-based learning）是为学生提供未必有"正确"答案的真实问题的一种学习方法。基于问题的学习的主要目的是帮助学生发展能够运用于很多情境中的灵活性知识，而不是惰性知识。惰性知识只是记在学生大脑中的信息，很少被应用于实际情境中。基于问题的学习的另一个目的是增强学生的内部学习动机，提高其问题解决、小组合作、基于证据进行决策判断以及自我指导的终身学习能力。在基于问题的学习中，学生面对引发探究的问题，合作寻找解决问题的方案。在真正的基于问题的学习中，问题是真实存在的，学生的行动更是至关重要的。教师在基于问题的学习中的工作是：确定所要解决的问题和恰当的资源；通过描述目标和基本原理，引导学生认识问题；帮助学生设定目标、明确任务；当学生收集信息、制订解决方案和准备成果时，给予支持、训练和指导；鼓励学生对其学习过程和结果进行反思。

（二）问题式教学的基本特点

1. 突出"问题"的特征属性

"问题"（problem）这个词是由两个希腊词组成的："pro"的意思是"向前"，"ballein"的意思是"投掷"。字面意思就是"被向前投掷的东西"，理解为现实（是什么）和理想（应该是什么）之间相差的结果，而且需要现在或将来采取行动。美国心理学家纽厄尔和西蒙将"问题"界定为一种情境，即个体不能直接到达目标所处的情境。也就是，问题是学习者现有学习基础与学习目标间的行为差，它蕴含于情境之中。

2. 突出问题式教学的特征

问题式教学是一种问题情境中的教学，是关于问题的教学，是为了问题解决而开展的教学。也就是说，问题式教学是在解决问题的过程中进行学习的教学模式。因此，在真实的情境中围绕情境中的真实问题展开学习，是问题式教学的主要特征。

3. 问题式教学是一种上位的教学理念

"问题式"是一个较上位的概念，凡是基于真实的、开放的、无现成答案的问题的教学都可视为问题式教学。但是问题式教学可以有多种教学设计形式，如单元式教学设计、项目式教学设计、主题式教学设计等，这些教学设计形式都可以以问题为核心开展问题式教学。

（三）问题式教学设计的操作要点

问题式教学的基础是设计问题。问题的设计需要依托教学情境，情境的创设要依据课程标准中的内容要求。问题式教学的关键是基于设计提问题，之后进一步分解问题、匹配具体任务以完成分析、解决问题的目的，进而实现对新情境新问题的迁移和解决。因此，问题式教学设计的一般流程具有普遍的适用性（图1-6）。

从问题式教学设计的一般流程中可见，问题式教学一般要经历从提出问题、分析问题到解决问题的系统的问题解决过程。而问题式教学设计需要将教学目标、教学内容、教学过程、教学评价整合在一个系统里进行全面考虑。完成一个系统的问题式教学设计需要经历以下几个操作步骤。

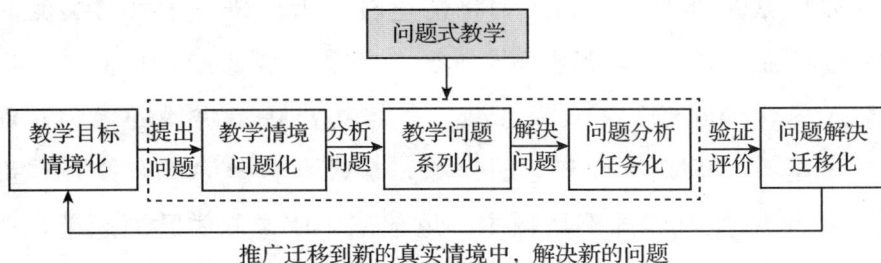

图 1-6　问题式教学设计的一般流程

1. 教学目标情境化

教学目标情境化，就是为达成教学目标寻找到一个恰切的教学情境。这个过程一般要经历两个环节：第一个环节是将课程标准的要求转化为教学目标；第二个环节是将教学目标与教学情境相结合。

比如，案例 1-7 通过复习旧知识引入活动所设计的主问题情境，即引导学生将原有知识作为认知工具去获取新知识。问题情境是由已知固体由于受重力作用对水平桌面有压强作用，与液体是否也有压强作用之间的认知差异所构成的。将固体压强与液体建立联系，形成了学生认识液体压强的学习需要。主问题情境还指出了学习的目标和认识的途径，即沿着"液体内部是否有压强作用？液体内部的压强在大小和方向方面存在什么规律？"的认识途径展开学习活动，这就形成了学生认识液体内部压强的学习期待，也是这节课的教学目标。

在将教学目标转化为教学情境时，需要考虑以下几个方面：①情境要贴近学生生活实际和认知水平，不要让情境本身难住学生；②情境中要蕴含劣构的问题，给学生探究提供思维空间；③情境能促发知识的关联与重组，甚至可以跨越不同的教材或章节，基于问题解决的需要来组织知识内容；④要在一个贯穿全过程的情境中经历物理思维发展的过程；⑤情境所关联的知识要与课程标准和物理教科书的内容联系，便于学生找到基本的课程要求依据。就像案例 1-7 中的情境贯穿学习全过程一样。

2. 教学情境问题化

情境是真实的、鲜活的、复杂的，借助情境需要解决什么问题呢？需要做进一步的聚焦和明确。因此,将情境转化为可研究、可解决的问题是关键的一步。

将情境转化为问题,需要基于真实情境提出一个劣构的问题,也就是一个没有确定答案的开放性问题。比如,在重力教学中,有关万有引力概念的问题:"用一根细线拴一块橡皮,甩起来,使橡皮做圆周运动,这时你会觉得橡皮需要用线拉住才不会跑掉。由此你对月亮和航天飞船围绕地球转圈的现象会产生什么想法?"这就是一个劣构的问题,没有固定的客观答案,可能会有不同的观点,以及为了阐述观点而组织的多种不同的证据。

在劣构问题的设计上需要注意:①问题要与真实情境相关联;②问题要与课程标准中的内容要求或教科书中的若干章节内容相关联;③问题要利于促成知识内容的结构化;④问题的呈现要能激发学生学习和探究的欲望,利于学生创造性地解决问题。

3. 教学问题系列化

教学问题系列化是指将前面设计的劣构问题分解为一组按逻辑展开的、由基本问题构成的问题链。在分析这些基本问题的过程中,能够实现学习内容的结构化,体现关联性,并能将物理思维过程整合到问题分析的过程中。比如,案例 1-7 中将一个劣构问题分解为下面几个基本问题,并构成了一个完整的问题链(图 1-7)。

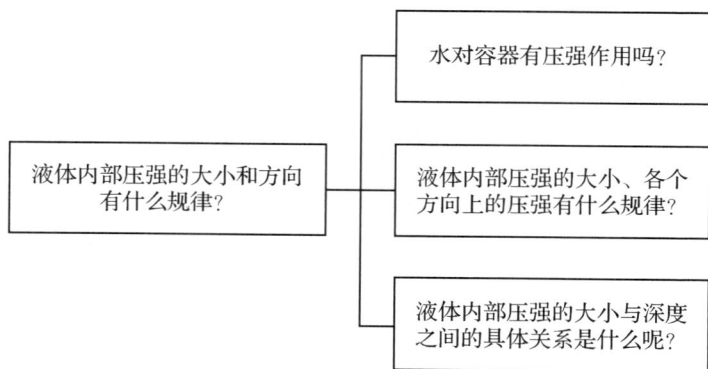

图 1-7 将劣构问题分解为由基本问题构成的问题链

　　这样的问题链，一方面能保证教学情境在学生学习的全过程呈现；另一方面能帮助学生有序地将物理思维嵌入其中，实现从劣构问题发散思维到问题链收敛思维的转化，帮助学生逐步理解所学内容，促进其智力飞跃。

　　围绕劣构问题设计不同层次的问题链，需要注意以下几个方面：①问题链要是一个明晰的知识链，能搭建物理知识的内在关联，并是按知识的关联逻辑组织起来的；②问题链要是一个可操作的学习链，要以学生的思维发展为线索，避免出现教师用问题链过度牵引学生的现象；③问题链的设计要避免出现每个小组仅解决某个具体问题或某个具体环节的现象，要保证全体学生能全程参与到每个问题的分析中来，全面认识和综合思考各个问题，只有这样才利于学生全面地分析问题，更利于问题的解决。

4. 问题分析任务化

　　问题分析任务化是指将设计好的各个问题赋予特定的学习任务。目的是想清楚学生要通过怎样的过程来分析问题并解决问题。这就要求将问题的解决过程与相应的学习任务捆绑起来，只有在学习任务完成过程中才能更好地找到问题解决的办法。

　　只有落实在具体的学习任务上才能真正有机会实现问题的解决。案例1-7中采用归纳的过程解决问题，也可以采用演绎学习的方式解决问题。但是，不论是演绎学习还是归纳学习，都要使学生形成一定的物理知识结构框架，并综合地理解、解释和解决物理问题；要在问题解决的过程中，提倡或鼓励学生展现开放性思维，认同具有创新性的表现。

5. 问题解决迁移化

　　问题解决迁移化就是将问题解决的成果及学习到的知识推广、迁移到新的真实情境中，解决新的问题。只有当问题解决的成果能用于新的情境中解决新的问题，才能够说明前面的问题是真正解决了。

（四）案例分析

　　案例1-7是一个典型的问题式教学案例，比较充分地体现了下面这些特点。

　　在引入环节，复习固体压强是为了突出固体压强与液体压强两者间的联系，即都是由于重力的作用引起的，从而为学生猜想液体也受重力作用，也会产生压强，提供了认知工具；计算柱状固体的压强是为了给后面计算液柱的压强做好准备。复习的目的是从旧的知识中形成思路，从而为获取新知识做好铺垫，这是问题式教学的基本手段。在引入环节的末尾提出了这节课的主问题，这将使学生明确这节课的学习任务，同时也为教学的展开提供了框架，即先讨论液体对容器存在压强，再讨论液体内部存在压强，最后研究液体内部压强的规律。

从"确认液体对容器有压强作用"教学环节中可以看出，液体对容器底和侧壁有压强作用的结论是通过教师的引导由学生自己得出的，这里"教学环节问题"指引了这一阶段的认识对象和认识目的；"内容问题1"通过实验现象，使学生确认了液体对容器底面存在压强作用，重要的是通过与固体压强的联系——两者都受重力，使学生理解了这一现象的实质；"内容问题2"通过将小木块与沙子进行比较，使学生发现"流动性"对侧壁压强的影响，再将这一认识迁移到对液体的认识中，猜想出液体也有流动性，对容器侧壁也应该有压强作用。

从"实验探究液体内有压强"的教学环节中可以看出，"内容问题1"使学生形成了探索各个方向上液体内部压强的研究计划；"内容问题2"使学生形成了探索液体内部压强与深度关系的研究计划。由此可见，实验研究对象和研究方法，以及实验现象的记录表格的设计，都是通过教师的问题引导由学生得出的。

从"推导液体内部压强的公式"的教学环节中可以看出，"内容问题"通过与柱状固体压强计算相联系，启发了学生研究液体内部压强大小的思路。由此可见这些问题情境的设计使学生在教师的启发下，通过自己的努力获得了知识结论。

四、如何设计小组讨论

《高中课标》提出"创新培育物理学科核心素养的学习方式"的课程理念，强调自主、合作、探究等学习方式。合作学习和探究学习的最主要形式是小组讨论。因此，课堂教学中组织小组讨论被广大教师所重视，也被广泛地应用于物理课堂教学中。然而，因为教师组织小组讨论的策略缺失，导致物理课堂上小组讨论流于形式、过程失控、学习目标不能有效达成等问题频频显露。那么，什么是小组讨论？怎么讨论？怎样设计小组讨论的活动过程？等等，这些都是物理课堂教学中亟待解决的问题，也是新教师所苦恼的问题。下面，结合教学案例进行深入分析。

案例 1-8

一节高中物理习题课的小组讨论活动设计

例题：将一个质量为 1 kg 的小物块，从长为 6 m，倾角为 30° 的光滑斜面顶端处由静止开始释放，斜面底端和水平面平滑连接，小物块和水平面间的动摩擦因数为 0.2。

求：①从出发点到小物块停止后水平位移的大小。

②整个过程中摩擦力所做的功(g 取 10 m/s²)。

师：同学们，这道题是典型的力与运动以及做功的题，大家对这道题的完成情况不太好，因此这道题我们采用拼图式合作学习，我给你们讲过这种学习方式具体是怎么操作的，现在老师将这道题切块并分配任务。

任务切块：

任务 1：分析这道题的运动过程及由哪些运动组成，每个运动过程所遵循的基本原理。

任务 2：分析这道题具体如何解决。

任务 3：找出类似题目并解答。

任务 4：修改条件，进行变式，并解答。

师：因为我们班每个小组有六位同学，前两个任务较为简单，分别由一位同学完成，后两个任务较难，分别由两位同学完成，小组长积极动员起来，相邻小组相同任务的同学积极讨论起来，然后回到小组给其他小组成员讲解，最后我们找某个小组上讲台对整个任务进行讲解，完成整个任务拼图。限时十分钟。

教师在教室里走动，并观察学生的完成情况，根据学生的完成情况给予一定的指导。

师：时间到，请第三小组负责第一个任务的同学来回答第一个任务。

问题聚焦

Q1：怎样组建讨论小组？

Q2：怎样设计一个好的小组讨论活动？

Q3：有哪些高效的小组讨论方法？

《诗经·卫风》中有："有匪君子，如切如磋，如琢如磨。"可以理解为学习要相互商讨、相互提高。《学记》中提出："独学而无友，则孤陋而寡闻。"可以理解为在学习中，如果缺乏朋友之间的交流切磋，就会导致知识狭隘，见识短浅。捷克教育家约翰·阿姆斯·夸美纽斯提出，学生的知识，不仅可以来自教师的教，也可以来自同学的教。还有很多例子都可以理解为以生生互动为特征的早期的小组讨论学习。

（一）讨论小组的组建

1. 小组讨论的目的

小组讨论是一种以小组为单位的合作学习。其目的在于让学生大胆地各抒己见，成为积极的听众，更好地表达自己的观点，知道如何处理争议和冲突，克服对当众讲话的恐惧感，等等。研究表明，小组讨论在高水平思维与保持、态度和动机方面有明显优势，是物理教学中常用的学习方式。

2. 小组讨论的类型

组建小组是开展小组讨论的关键问题。课堂小组讨论学习大致有三种主要类型，不同类型的小组讨论各有优势（表1-2），在教学过程中可以取长补短、组合使用。

表 1-2　小组讨论的类型及优缺点

讨论类型	组织形式	优点	缺点
双人组讨论	学生两两配对	尽量多的学生表达思想、阐述理解	需要双方都尽职尽责贡献想法，讨论才有结果
多人组讨论	学生 3～6 人一组	➤ 学生有更大的自主性和独立性 ➤ 小组同学一起探索观点，合作构建知识、增进理解，因此是种回报率高的讨论形式	➤ 需要教师认真设计小组讨论活动才能避免有部分学生无所事事的情况 ➤ 教师要放弃控制权 ➤ 风险较高
全班讨论	教师和全班学生一起讨论	➤ 教师有最大的控制权，在制定更大范围的规则时适用 ➤ 参与讨论的学生数最多，学生可能听到更多不同的观点，有可能帮助学生理解或拓展学生的理解，也可能引发原创性思考	➤ 在特定时间里只有一人可以发言 ➤ 讨论更具有表演性

3. 小组组建的原则

小组的组建一般要遵循"组内异质、组间同质、动态组合"的基本原则，一般以 4 人一组为最佳。

"组内异质"要求在一个组内部，尽量将不同特质的学生组合在一起，基于或借助组员之间的差异性和多样性，实现讨论时的相互补充和相互借鉴。需要注意的是，学生之间的异质体现在多个方面，如知识和技能基础、思维能力、学习态度、人际沟通能力、兴趣爱好、性格倾向、性别、学习风格等。其中，有些特质决定了学生的学习基础和能力，有些特质则影响其与他人合作的过程。那么，依据哪些特质的差异来组建异质小组，各种差异如何兼顾，需要进行综合考虑。能力较差的学生在异质分组中比在同质分组中更有可能取得进步。因此，异质分组似乎对面临退步风险的学生来说更加有益。

"组间同质"要求一个班内的各个小组之间大体上水平相近，以利于组间的平等竞争。需要注意的是，组间同质主要是指小组成员在构成上力求同质，但在小组讨论的任务上，各组之间可以是相同的，也可以是不同的，需要根据教学需要进行灵活选择。

"动态组合"要求学生分组不是一成不变的，要根据学习目标进行动态分组，这对保证组内异质和组间同质来说是必要的。因为每个学生各个学科的学习情况是不均衡的，常常存在在某个学科学习中有优势，但在另一个学科学习中却感到困难的实际情况，因此，同一个班级不同学科的学生分组情况应该是不同的。甚至是，同一个学科在学习不同的内容和任务时分组情况也是根据需要有变化的。

4. 小组讨论的特点

小组学习的主要特点是：成员差异化、任务小组化、行为共赢性、奖励团队化。其中，差异性是核心特征。也就是说小组成员要异质分组组成团队，正如英文"team"一样，体现"together""everyone""achieves""more"之意。特别是将来学生进入社会也会遇到不同的人，学习小组就像一个社区，可以在学生时期就培养学生与不同的人沟通、交往、合作解决问题的能力，是指向大素养观的育人途径。

📎 | 理论书签 |

维果茨基与课堂讨论有关的四个理论观点

观点1：最近发展区。该观点认为，在他人的指导下，孩子的发展能够超越其目前的自身能力。也就是说，人们通过自身的努力可以达到一定的水平，但是，如果有其他人的帮助，则能够达到更高的水平。

观点2：言语和思考之间的关系。他指出，内部语言和我们发出的有声语言在我们理解概念的发展时起到了重要的作用。内部语言和有声语言的核心是使用语言。无论是在"心里"说话还是跟别人说话，你都在使用语言实现准确表达思想的目的。也就是说，讲话让人们去掌握语言，去思考语言。这样做，再加上用语言构建自己的思想，概念发展就产生了。

观点3：人的心理发展规律。人所特有的高级心理机能不是从内部自发产生的，它们只能产生于人们的协同活动和人与人的交往中；人所特有的并且不断发展的高级心理结构与机能最初必须在人的外部活动中形成，随后才有可能转移至内部，成为人的内部各种复杂心理过程的结构。

观点4：儿童的文化背景。他在《人与社会》一书中提出，学习是一个社会过程，任何一个对于学习的分析都必须考虑这样一个事实，那就是孩子所在的环境和他周围的环境，而不能将孩子作为一个独立的、密封的个体进行研究。孩子参与真实的文化活动和社会互动是发展的必要条件，同时在进化的过程中，人类的心智能力也因为需要沟通而被唤起。

（二）小组讨论的设计、实施与评估

小组讨论通常是将学生分成若干小组或是全体学生围绕学习问题展开讨论，通过陈述、商榷和争论，分享、批判各自的想法，共同解决问题的一种教学方法，需要精心设计、实施与评估。

1. 小组讨论的设计

(1)讨论目标的设计。

小组讨论是一种目标导向的教学活动。所有的小组讨论都是围绕着达成特定的共同目标而展开的。因此，小组讨论设计的第一步是讨论目标的设计。讨论目标的设计要遵循以下几个原则。

第一，在学生已有水平和教学目标之间确定讨论目标。充分考虑学生参与讨论前的真实认知水平及其与教学目标间的关系，以此来判断学生是否可以通过讨论来达成教学目标，或者通过怎样的讨论能达成教学目标，从中确定，讨论可以在达成教学目标的过程中贡献什么，这就是讨论的目标。比如，案例1-8中的讨论就是基于学生已有认知与教学目标间的关系来设计的。

第二，小组讨论的目标要具体、可操作、有合作需求，并具有一定的挑战性。小组讨论的目标是一个团队的共同目标，目标越具体越可操作，团队中的每一个成员深度参与的可能性越大；目标越有挑战性，小组合作、争辩、讨论发生的可能性就越大。

第三，小组讨论的目标中要有讨论技能目标，以保证讨论的成效。很多课堂中因为缺乏讨论技能而使得讨论流于形式，效果不佳。因此，要将

必要的人际交往技能、小组合作技能、问题解决等技能，像教知识一样系统地教授给学生，并体现在小组讨论目标之中。比如说，小组内轮流发言、相互尊重、赞赏、请求帮助、将不同的观点整合成小组的一个结论等。

第四，小组讨论的目标不是个体学习目标而是群体的综合的学习目标。所有小组讨论的目标都是小组讨论后小组能理解什么、小组能做什么。另外，小组讨论的目标是综合的，不局限在知识目标中，还要有技能目标、问题解决目标等综合目标。

（2）讨论任务的设计。

讨论任务的设计一方面要支持教学目标和讨论目标的均衡达成，另一方面要与接下来的讨论策略相承接。讨论任务就是让学生知道在接下来的讨论中，他们将要做什么。一般来说，在设计小组讨论任务时要考虑以下几个方面。

第一，任务要具体、清晰、明确。让学生理解讨论任务是小组讨论设计的核心，直接影响讨论结果的质量。

第二，任务要适合小组合作学习。所选取的任务内容要具有互动性、互助性、交流性、协作性、探索性、整合性、表达性等特征，让学生能参与到讨论中。

第三，任务要具有一定的挑战性、开放性和合作性。挑战性是为了让学生有机会突破原有认知进行分析和反思，这样学生才会觉得自己投入讨论是有意义的。开放性是为了让学生有机会与不同的观点交流、使用不同的材料和方法，有机会采用他们喜欢和擅长的方式，通过"一起学习"来完成小组讨论任务。

第四，讨论任务要有配套的用于讨论的学习材料。结合讨论任务，选择合适的学习材料，认真分析学习材料，才能使讨论言之有物、充满活力、效率更高。

（3）讨论策略的设计。

第一，"可能"策略。在讨论问题的设计上，除了要与任务情境相结合、有一定思维含量外，还要在问题中尽量使用"可能"一词，暗示学生去探索所有可能的答案，使讨论走向深入。

第二，"角色"策略。就是在小组中各个成员要明确分工，要进行组内角色分配。控制角色数量，保证每位成员都熟悉各个角色的任务；可以进行角色轮换；也可以设计角色卡片，在每次完成讨论任务前进行角色的随机选择。

第三，"程序"策略。在小组讨论开始之前，教师要向全班学生讲清楚讨论的程序。也就是告诉学生接下来要讨论什么、用什么方式讨论，通过几个步骤来完成讨论，最终的讨论结果期望是什么，等等。只有这样，学生才有机会真正独立地完成讨论任务。

第四，"整合"策略。主要指内容整合和任务整合。既然选择讨论的学习方式，就要在讨论中充填更加完整的内容和更加完整的任务，还原综合分析的本来面目，以此区别于以往教学中的"小提问"和"小讨论"。

2. 小组讨论的实施

（1）上课之前。

第一，确定好这节课的分组方式。是按座位自由组合，还是按照某个规则随机组合？不论如何分组，我们都希望通过分组实现互惠式的学习，同时让学生感受到大家是平等的、被尊重的，也引导学生喜欢、关心并尊重他人。

第二，调整好桌椅的摆放方式。分组这种教室空间的学习组织形式对学习的内容和学习的结果都会带来影响。

第三，准备好分组讨论要用的材料。

（2）上课之中。

第一，布置讨论活动。上课伊始，教师要向全班同学呈现讨论目标、讨论任务、讨论过程、讨论规则及讨论成果的要求，并向各组发放讨论需要的全部材料。各小组明确小组任务和组内分工，各组员明确自己的责任。

第二，教师做好示范。布置好讨论任务后，开始讨论之前，教师有必要给学生做好相应的示范。让学生在开始讨论前，不但知道自己接下来要做什么，更知道自己最好可以怎么做。

第三，运用讨论策略。在讨论过程中，可以使用一些策略来保证讨论的质量。

①"延时等待"策略。选择以讨论的方式来学习的一定是有挑战性的内容，学生不能马上得到答案，需要放慢教学的节奏，否则将"欲速则不达"。因为，学生理解讨论问题，认真思考问题的答案，将答案整理在一起并清晰、准确地表达出他们对问题的看法，至少需要几分钟甚至更长的时间。

②"动起来"策略。改变以往教师在前面讲，学生在下面安静地听的局面，在讨论过程中，教师和学生都可以根据需要离开原来的位置，在教室空间中"动起来"。

③"赞美"策略。在讨论过程中，教师要随时对学生个人及各个讨论小组做评估反馈。评估反馈中可以有正面的评估反馈，也可以有负面的评估反馈，建议以激励和赞美的正面评估反馈为主。

策略很多，教师可以结合自己的日常教学及时积累、总结。后面会有专门的小组讨论方法介绍，这些都可以纳入课堂小组讨论的策略中来。

3. 小组讨论的评估

小组讨论的评语要与讨论的目标和讨论任务相一致。小组讨论的评估，不仅包括对知识和技能的评估，还要包括对社会交往能力的评估。

（1）小组讨论的评估内容。

小组讨论的评估内容是多元、丰富、动态的。通过评估使学生多渠道获得改进学习行为的信息，不断提升学习水平。主要的评估内容有以下几个方面。

一是要评估学生在小组学习中的主体性。主要评估学生在小组讨论过程中的情绪状态、活动广度、活动时间、民主氛围、高阶认知活动、合作学习程度等。

二是要评估小组合作讨论的过程。主要评估小组讨论的方式、小组讨论的秩序、组员参与情况、讨论结果的汇报水平、对其他小组观点的补充与修正情况、组员个体的学习效果。[①]

三是要评估合作学习的结果。主要是对以知识的掌握和技能的形成为主的学业内容进行评估，如评估小组及小组成员对知识的记忆、理解、应用等的认知水平情况。还有对包括学生的情感、态度、价值观在内的一系列非智力因素所带来的非学业内容的评估，这部分在小组讨论的评估中越来越受重视，对学生的发展起着重要作用。

（2）小组讨论的评估方式。

小组讨论的评估更加关注学生的全面发展。我们要将形成性评估与终结性评估有机结合；将量化评估与质性评估有机结合；将正面评估与负面评估有机结合；将学生自评、互评与教师评估有机结合；将个体评估与团队评估有机结合。

在处理好上面的各个关系的同时，小组讨论的评估更加看重质性评估、正面的激励评估、小组团队评估、过程性评估等评估方式。只有采用这样的评估方式才能促进小组讨论的实施，将小组讨论逐步引向更加科学、高效的轨道上来。否则，评估容易成为小组讨论在课堂中实施的瓶颈。

（3）小组讨论的评估策略。

①设置小组奖励分的个别化测试策略。具体做法是：学生在各小组中先进行互助合作复习，之后，每人单独参加测试。测试后，每个学生获得一个分数。如果小组中的全体成员都达到或超过了教师预先设定的标准，那么每个人还能获得一个奖励分。这样每个学生的分数就由个人分数和奖励分数两部分组成。

②小组成果共享策略。小组成果共享策略通常有两种通用策略：一是随机抽取一个组员的成果来评估。在评估之前，小组要保证全组成员理解将要评估的内容，然后每人独自完成成果之后，教师随意挑选一份成果进行评分，全组成员得到与这份成果相同的分数。二是以共同的合作学习成果给全组评分。合作学习小组共同做出一个成果，这个成果由教师或全班

---

① 华国栋：《差异教学论》，北京，教育科学出版社，2001。

来评分，全体成员都获得同一个评估分数。

③合作测试策略。允许小组成员先对要评估的任务展开讨论，然后根据讨论情况，在规定的时间里，小组成员独立完成任务。这种方法并不意味着让学生等待组内的某位同学宣布答案，然后再照抄，它的目的是让学生对一个问题一起展开分析，但无须达成一个统一的意见。学生在讨论中可以形成自己的想法，并把这些自己的想法独自呈现在自己的成果中。

④日常行为评估策略。针对每个讨论小组和小组中的每个学生的讨论行为进行每天评估。教师通过对学生每天的观察和记录，及时了解各个学生的实际情况，从而为学生的发展提供有针对性的指导，使教学真正面向全体。运用日常行为评估策略，对教师和学生的发展都具有良好的作用。

在日常教学中，常常是多种评估方式综合使用。并在小组讨论开始之前就要让学生知道评估的办法和评估的标准是什么，这样，学生就会基于评估办法和标准进行有目的的小组讨论，会收到更好的讨论效果。

（三）几种适用的小组讨论方法

1. 焦点讨论法

(1)焦点讨论法的内涵。

焦点讨论法是一种聚焦某个明确的问题，并快速制订行动方案，深度地进行问题讨论、分析，实现问题解决的有效工具。这种方法可简称为ORID，ORID 分别是四个英文字母的缩写。

O(objective)代表客观性，就是看到了什么，听到了什么，指的都是客观存在的事实，以聚焦学习者的注意力。所提的问题常常与五官有关，如看到、听到、摸到、尝到等，以便让大家在讨论前能共同看到与主题相关的外在现实。

R(reflective)代表反应性，就是当你接触到一个客观事物之后，这个事物给你的直接感受是什么。一般我们会采用一些形容词来表达我们的感受。这类问题容易让学生感到被倾听、被关注，可使学生内心愿意回到主题内容上来。

I(interpretive)代表诠释性，就是对问题进行深入的分析、解释；构建意义、理解，确认价值；认清新知识或新关系等。这是焦点讨论的核心环节。

D(decisional)代表决定性，就是经过对前面客观性、反应性、诠释性的问题的思考与铺垫，我们应该导出我们的决策，或者是行动目标，我打算怎么做，这也是焦点讨论最关键的一步，没有这一步，讨论就是纸上谈兵。

进行焦点讨论之前需要做好"三个一"的准备工作：一个学生共同经历的真实体验，一个明确的焦点问题，一组结合焦点问题而展开的有结构的问题链。

(2)焦点讨论法的活动步骤。

①提供一个真实复杂的情境材料或一个真实的场景，目的是让所有参与讨论的人有一个相同的思维逻辑起点，营造一个共同的话语体系。

②基于情境体验，提出一个难以破解的焦点问题。

③结合情境材料和焦点问题设计有结构的问题链，这里说的结构指以下四个方面按逻辑顺序展开的问题。

第一个(组)问题是指向客观事实的客观性问题：情境中发生的事实、包含的数据和信息等。例如，在视频中你看到了哪些物理现象？

第二个(组)问题是指向直觉感受的反应性问题：情境中产生的情绪、感觉，与过去经验的关联等。例如，视频中的物理信息带给你的感受是什么？

第三个(组)问题是指向理性发现的诠释性问题：对情境所赋予的观点、目的、意义、价值等的分析。例如，为什么会有这种感受？这意味着什么？

第四个(组)问题是指向未来打算的决定性问题：有新的理解，新的思考，新的行为决定、决策、打算等。例如，按照这样的理解，你认为我们接下来需要做什么？怎么做？

有了这组有结构的问题链，就可以按照问题链的顺序依次展开讨论，使讨论逐步走向深入，使焦点问题逐步得到回答。焦点讨论中的每一类问题的数量不一定只有一个，根据需要可以适当增多。

（3）焦点讨论法的实践运用案例。

高中物理"超重与失重"

【焦点讨论的任务】

描述看到的现象、解释产生这种现象的原因。

【焦点讨论的准备】

超重、失重的图片及视频，回顾用牛顿第二定律解决物理问题的思路。

【焦点讨论的情境】

分别观看电梯向上运动、向下运动的视频片段。

【焦点讨论的问题】

Q1（客观性问题）：写出视频中看到的物理现象。（学生描述，自己看到在电梯运动过程中，体重秤示数发生变化。）

Q2（反应性问题）：你觉得这两段视频反映的物理现象一样吗？不一样的话，差异是什么？（学生描述，自己感知到的电梯上升与下降的异同，有的学生可能还说不出来。例如，相同点——电梯上、下运动时，体重秤示数都有变化；不同点——电梯上下运动时，体重秤示数变化的规律不一样。）

Q3（诠释性问题）：为什么两种运动过程会有这样的差异呢？造成这种差异的物理原因是什么呢？（学生观察视频，找出两种运动过程中体重秤示数变化的相同点与不同点，根据所学知识，透过物理现象，从受力分析、运动过程描述的角度分析产生物理现象的原因。）

Q4（诠释性问题）：分析产生超重与失重的一般思路是什么。

Q5（决定性问题）：利用其他案例分析超重与失重的原因。（学生根据分析电梯运动过程中超重与失重的思路，进入情境来分析其他超重与失重的案例。）

2. 头脑风暴法

（1）头脑风暴法的内涵。

头脑风暴法是合作学习中一种常用的学习活动工具。其核心价值在于不同人之间的思维碰撞。特别适合于解决一个陌生的、暂时没有成熟思路的问题。

在进行头脑风暴之前需要准备好一个待解决的问题或一个明确的有挑战性的任务，若干张白板纸、不同颜色的笔等。

(2)头脑风暴法的活动步骤。

头脑风暴往往是为了寻求特定问题的解决而进行的思维碰撞，大致有以下几个步骤。

①独立头脑风暴。学生先各自独立思考，将自己的所有想法列成一个清单。

②组建小组。组建一个 4～6 人的小组，在组内分享每个人的想法清单。基本原则是不做评判。这样可以建立团队安全场，减少学生对分享想法的恐惧。但要有专人负责记录大家的见解。

③持续头脑风暴。每位成员在小组记录的基础上再次进行独立头脑风暴，并将小组的观点与自己的观点进行碰撞和整合。这样会比小组成员一直在一起头脑风暴效果会更好。

④组间合作。寻找不同小组的成员进行交流、讨论，以求补充其他小组的不同的想法，以帮助本组有效避免团队迷思。

⑤终极头脑风暴。原来小组的成员再次聚集在一起，对任务主题进行终极头脑风暴，对原有信息和新加入的信息进行汇总、分析、评估等，最终得出统一的结论。

在使用头脑风暴法时需要注意：①活动需要营造一个安全、平等、互相尊重的氛围，让每个人都愿意畅所欲言，打开思路；②这个活动要保证让每个人的声音都能被听到，每个人的观点都能被记录；③要尽量想办法减少每个小组头脑风暴中的群体迷思，必要时可以寻求其他小组或教师的介入和参与；④头脑风暴的关键在于要从杂乱无章的观点中梳理出结构式结论或者有条理、有类别的结论。头脑风暴法还可以简约成三个步骤，也叫三步骤头脑风暴法。第一步，用时 10 分钟，小组尽可能多地自由书写；第二步，小组间将可视化的结果建立起联系；第三步，进一步将联系建立起逻辑结构。

（3）头脑风暴法的实践运用案例。

声速的测定

【活动任务】声速的大小跟介质的种类和温度有关，当我们周围的温度确定了，那空气中的声速也就确定了。我们怎么来测量声速呢？方案较多，师生对其中一种方案展开了头脑风暴。

【活动过程】

师：在用速度公式间接测量声速的方法中，根据我们的实际情况，传播距离是不是随意选定就可以呢？

学生A：不行！声速太快，若距离太近，我们还没有反应过来按秒表呢，声音就跑完全程了，导致时间不可测，所以越远越好。

学生B：距离太远了，声音分散太厉害就听不清楚了。看来距离应该适当些，怎么知道多远合适呢？

学生C：课下我们到大操场上试验一下，看看距离多远合适。

师：传播时间怎么测量呢？

学生D：人在选定距离的一端发声计时，再跑到另一端听声停表。

学生E：谁跑得过声音？连客机都不行，我们更不行了。要两个人，一人发声，一人在另一端负责计时。

……

利用头脑风暴法，最后选择了学生认为最实际可行的方法，在操场的两端，测量发令枪的发令地点到观测地点的距离，时间取从看到发令枪发令时的烟雾到听到枪声的时间，利用这两个量来测量声速。

3. 拼图法

（1）拼图法的内涵。

拼图法最初是由美国社会心理学家艾略特·阿伦森及其同事在1978年设计而成的。拼图法就是将全班学生分成若干小组，每个小组都学习相同内容。教师事先把学习材料分割成几个部分，每个小组的各个成员领取一部分。然后由不同小组中掌握相同材料的学生集中起来组成一个专家组，共同学习和研究所承担的任务以至熟练掌握相关知识。最后，学生都回到自己的小组，把自己掌握的那部分内容教给其他组员，每个成员讲解完毕之后，大家就会掌握全部的学习内容了。

拼图法本是一种二次分组的方式，但是经过二次分组，能实现学生自主学习→小组学习→协作学习的学习效果的最大化，帮助学生提升自主建构知识的学习效果。

拼图法体现了目标互赖、资源互赖和任务互赖，小组每个成员的任务不能替代，除了每个人都要努力学习自己的材料外，还要把所学教给其他人，同时学习其他人研究的内容。

教师在组织讨论之前，需要准备好用于分组讨论的问题包、白板纸、彩笔、数字卡等相关材料。

（2）拼图法的活动步骤。

①组建"专家组"并领取任务。将学生分成4～6人的小组，且保证每组人数相同。将教学内容转化为明确的学习任务，并结合学习任务制成与小组数目相同的问题包，也就是如果有3个小组，那么就制作3个问题包。各组问题包中的问题不同，相对独立（图1-8），即每组解决不同的问题。各组领取自己的问题包，讨论问题，将结论写在白板纸上。

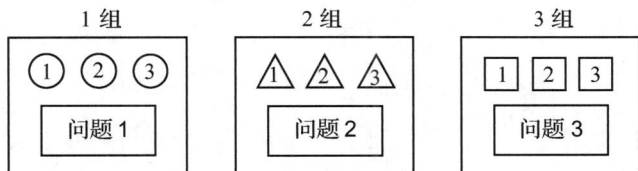

图1-8 "专家组"的组建及"问题包"的领取

②组建"拼图组"并完成拼图任务。将每组成员按数字编号，将每组数字序号相同的学生重新组成新的一组，称为拼图组（图1-9）。在拼图组内，每位小组成员都以小专家的身份向其他成员讲解自己所在专家组上一轮的讨论结果。其他同学认真倾听、记录或质疑，并类比自己小组的讨论结果，发现相同和不同之处，直到每位成员都讲解完毕。在小组分享各组学习成果的基础上，"拼图组"的全组成员继续深入研讨新的、更加综合的拼图任

务。这个拼图任务常常是指向最终的学习目标的，专家组相当于一个学习支架。

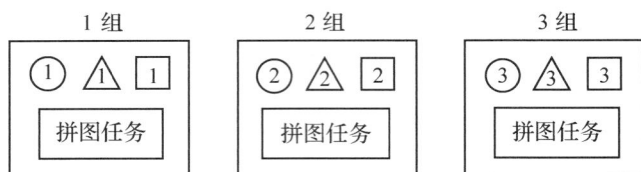

图 1-9 "拼图组"的组建及"问题包"的领取

③随机选取一个"拼图组"进行全班展示。

④教师进行总结。教师对于"拼图"的过程要进行总结和评价，引导学生再回顾重点，归纳、总结学生在交流中所展现出来的亮点和特色，也要指出学生常犯的一些错误并提出一些注意事项。

在使用拼图法进行小组讨论时需要注意：①拼图法是合作学习的一种方式，在实际操作过程中可以有多种灵活的处理方式，其原理就是将教学任务进行拆分，交给不同的小组，让其针对某一具体任务进行深入探究和学习，经过一段时间后，再将小组拆分，组成新的小组，各成员通过各自掌握的知识点来共同完成教学任务。②采用拼图法能够展现教学过程的开放性，这种方法具有主体平等性、参与广泛性和教学互动性等特点。目前，从小学到中学再到大学，从语言教学到其他学科教学，在不同层次、不同课程的教学中这种方法得到了广泛的运用。③拼图法很适合阅读量比较大的文本阅读或综合性比较强的问题分析。可以采用将问题分解成几个部分进行阅读或者从一个角度进行分析的办法，先培养一些小专家，然后再将内容拼在一起完整地进行理解和分析，这样有利于在短时间内对复杂信息和综合问题进行全面与深入的思考和解决。④每组领取的问题包数量要适当，尽量使每人一份，便于重新分组后学生把问题带走，向其他成员讲解。

(3)拼图法的实践运用案例。

案例 1-8 中的小组讨论就是采用了拼图法。我们将在下面的"案例分析"中进行详细分析。

（四）案例分析

1. 小组讨论设计有质量

案例中的小组讨论有明确的讨论目标，就是拟通过讨论认识多过程运动问题的解法。为了达成讨论目标，教师采用了拼图法来组织小组讨论，并且帮助学生把任务切块，分解为四个任务：①分析这道题的运动过程及由哪些运动组成，每个运动过程所遵循的基本原理；②分析这道题具体如何解决；③找出类似题目并解答；④修改条件，进行变式，并解答，在此基础上归纳、概括出多过程运动问题的一般解法，最终达成讨论目标。这样的讨论设计，能将学生带入目标问题的解决过程中，并且在问题解决的过程中，教师帮助学生设计了学习支架，保证了目标完成的质量。

2. 拼图法保证了小组讨论的质量

在求解多过程运动问题时，首先对每个过程都要有清楚的认识，包括受力情况，做什么运动，遵循哪些物理定律。有些可以根据运动学知识求解，但是有些问题只能根据功能关系求解，比如变力做功的问题。遇到力与运动的问题，首先应考虑的是用动能定理和能量守恒来进行求解，而在动能定理部分，动能的变化比较容易列出来，关键是合外力所做的功，这就需要分析清楚哪些力做功了以及做的是正功还是负功。

多过程运动问题的求解对于学生的思维水平、综合解决问题的能力要求比较高。教师在设计这节课时采用拼图法进行小组讨论。第一轮的讨论安排每个小组讨论各个任务切块并得出结论。第二轮的讨论在拼图组内进行，安排相邻小组有相同任务的同学组成拼图组，并让其积极讨论起来，然后回到原始小组给其他小组成员讲解，通过两次分组进阶讨论，来实现归纳多过程运动问题的一般解法的目标，提升学生的物理综合思维水平。

在教育心理学或教育学中，教学方法、教学手段、教学模式、教学方式等术语常常混用，没有严格区分。本书也不做严格区分。教学方法多种多样，不同的学者有不同的划分视角及划分结论。新教师不可能对每一种甚至是大多数的教学方法了如指掌，烂熟于心。本书只选择中学物理教学中问题较多、困难较大、要求较新的三种主要教学方法进行深入分析，希望能给新教师带来教学方法设计上的改变。同时，也希望新教师不断思考更多元的教学方法为学生的学习服务，如对线上线下混合式教学方式进行研究等。随着时间的推移，将会有更多的教学方法使新教师受益。

🔖 | 实践操练 |

请您结合对本讲内容的理解，选择中学物理某一课时的特定教学内容进行教学方法的优化改进设计。并与原设计进行比较，说明改进教学方法的过程中都运用了本讲内容中的哪些方法和策略。

在完成上述任务的过程中，建议选定某一特定的教学方法进行系统实践，并请同步思考以下问题：

1. 看一看。观察一节使用所选定的教学方法的优质课，并从中理解该教学方法的使用策略。

2. 想一想。中学物理教学中有哪些主要的教学方法？您所选择的教学方法需要依据什么进行选择？并根据什么进行设计？

3. 做一做。利用自己选择的方法设计并落实一节物理课，结合对本节内容的学习，结合这次实践做一次系统的教学反思，制订出下一次使用该教学方法进行物理教学时的调整计划。

▶ 第四讲
如何整体设计教学过程

现代教育观念认为，教学过程是教学内容、教师行为与学生行为的相互作用，是一种复杂的知识性、社会性和心理性的交互过程，但不是不可预测的，经过系统的科学分析是可以找出其规律和模式的，因此，也一定能够科学地、有意识地去进行设计。

教学过程是个动态过程，涉及的如环境、学生、教师、信息、媒体等各个因素也都是处于变化之中的，因此教学设计工作具有灵活性的特点，我们应在学习借鉴别人模式的同时，充分掌握教学设计过程的要素，根据不同的情形和要求，决定设计要从何着手，重点解决哪些环节的问题，创造性地开发自己的模式，因地制宜地开展教学设计工作。[①]

　　物理教学过程是在特定的时间环境中，为完成预定目标而按计划、有步骤地展开的，有物理教师、学生、物理教学内容和物理实验仪器等多种因素参加并相互作用的变化过程。[②]

　　物理教学过程和物理教学流程通常不做区分，物理教学过程包括环节和时序。环节是教学过程中的一个个教学活动，时序是这些教学活动按时间进行安排的先后顺序。依据不同的教学理念和教学模式，具体的教学环节会有不同，教学时序也有区别。不过，教学过程有一般的教学基本环节。

　　中小学常规教学过程的设计，从总体上来说一般应包括六个基本环节：一是激起求知欲；二是感受新知；三是理解知识；四是巩固知识；五是运用知识；六是评估教学效果。[③]

　　以上教学过程的基本环节的设计，反映了教学过程在时间等方面的连续性特征，各个环节的设计都有着各自相对独立的地位和独特的作用；同时各个环节又是循序渐进，互相联系、渗透、衔接的。不同学科、不同目标的教学过程在设计过程中会存在差异，可以根据具体情况加以调整。一般情况下，这六个基本环节是各个学科教学过程设计中都应当考虑的；但由于学段、学科的不同，由于教学过程的复杂性和多样性，在实际教学过程设计中这些基本环节也不可能是一成不变的。教师在实际进行教学设计时，应当因时、因地、因课、因人和因条件的不同，设计多种不同方式的教学设计方案，为更好地达到预期的教学效果提供前期保障。[④]

---

① 乌美娜：《教学设计》，53页，北京，高等教育出版社，1994。
② 阎金铎、段金梅、续佩君、霍立林等：《物理教学论》，209页，南京，江苏教育出版社，1991。
③ 黄甫全、吴建明：《课程与教学论》，184页，北京，中国人民大学出版社，2019。
④ 谢利民：《教学设计》，113页，北京，中央广播电视大学出版社，2004。

📎 | 理论书签 |

加涅——九大教学事件

加涅(Robert M. Gagne)是美国教育心理学家。在长年的教学研究中，他形成了既有理论支持又有技术操作支持的学习理论，这也成为教学设计的指导性理论。他出版的《教学设计原理》(Principle of Instructional Design)一书成为教学设计方面的"名著"。

加涅认为，人的内部心理加工过程是相对稳定的。因此，促进内部心理加工过程的外部条件也应该是相对不变的。这些外部条件被称为教学事件。根据内部心理加工过程(内部心理阶段)与环节，加涅推断出九个教学事件。

1. 引起注意。用于引起学生注意的事件有多种，主要有刺激变化法、兴趣法、演示法、情境问题法等。

2. 告知学生目标。教学开始告知学生学习目标是一项基本的教学策略。告知学生学习目标的主要目的是激起学生对新知识、新技能的学习期望，产生学习的内部动机。

3. 刺激回忆先决性的习得性能。许多新的学习归根到底是观念的联合。对先前习得性能的回忆可以通过要求再认性的或者更好一些的再现性的问题来引发。只有在新的学习发生之前回忆起习得的性能，才能确保它们具有较高的可进入性，从而使之成为学习事件的一部分。

4. 呈现刺激材料。学习材料是刺激材料的重要组成部分。刺激呈现通常依据知觉的各种特征。同时，要注意刺激要适宜。刺激呈现的方式取决于材料的内容。为概念和规则学习而进行的刺激呈现需使用各种例证。

5. 提供学习指导。学习指导能促进语义编码，使所学的东西进入长时记忆。学习指导的数量、方式、程度因学习者和学习结果的性质不同而不同。

6. 引出行为。通常，在得到充分的学习指导之后，学生的学习行为会发生变化。这种行为一般发生在学习之后首次进行的作业中，在多数情况下教师接下来会呈现新的例子，以确保习得的规则能被应用到新的情境中。

7. 提供反馈。在学生做出反应、表现出行为之后，教师及时让学生了解或知道自己的学习结果。有时，这种反馈是学生自我提供的，他们根据教师提供的信息对自己的学习结果做出判断。

8. 评估作业。评估作业的目的是教师必须确信观察到的作业真正揭示了学生习得的能力。当学生表现了一次反映新的习得能力的行为，这还不能肯定他已经掌握了这种能力，教师应要求学生进一步表现学业行为。

9. 促进保持和迁移。用有意义的方式习得材料、建立材料的关系网络、注意及时复习是保持记忆的常用策略；为学生提供各种各样的新任务，要求他们运用所学知识在新的情境中解决新的问题是促进迁移的最好方法。

九大教学事件以线性方式阐述，构成一个完整的教学过程。加涅特别指出，按照以上九个教学事件的顺序展开、实施的教学最合乎逻辑且成功的可能性最大，但也并非一成不变。

如果说确定了教学目标相当于确定了学生学习的终点，分析了教学背景相当于确定了学生学习的起点，那么教学过程就是学生由起点到达终点的学习路径。

作为新教师，在确定了教学目标、教学背景、教学方法等的基础上，可以遵循以下程序进行教学过程设计：创设教学情境、确定教学主线、安排教学活动、构思教学板书。

一、如何创设教学情境

案例 1-9

"牛顿第一定律"情境引入

教师：给大家一个任务。大家想办法使桌面上的某个物体动一下，比如书本或文具盒。

学生进行操作。

教师：好的，接下来，我要在讲台桌子上推一下黑板擦，我找一个同学来观察现象并回答问题。

一位学生站起来。

教师：你看黑板擦现在处于什么状态？

学生：静止状态。

教师：很好，现在观察老师的动作和黑板擦的情况。

教师用手推动了黑板擦，手离开，黑板擦停了下来。

教师：发生了什么现象？

学生：老师用手推动了黑板擦，老师手离开后，黑板擦停下了。

教师：很好，我用手给黑板擦施加了推力，黑板擦运动了起来。我的手停止施加力，黑板擦就停下了。这说明了力和运动之间有什么关系？

学生：说明有力有运动，没力没运动。

教师：你回答得很好，两千多年前伟大的古希腊哲学家亚里士多德也是这样解释的。然而现在的科学却认为不是这样的，力不是产生运动的原因，力和运动的关系远不是看上去这么简单，这节课我们将研究力与运动的关系。首先，我们追寻历史的足迹来看一下……

问题聚焦

Q1：什么是教学情境？它有什么作用？

Q2：如何创设教学情境？

（一）什么是教学情境

在《辞海》中，"情境"的定义是"指一个人在进行某种行动时所处的社会环境。是人们社会行为产生的具体条件。包括机体本身和外界环境有关因素。可分三类：真实的情境，指人们周围存在的他人或群体；想象的情境，指在意识中的他人或群体，双方通过各种媒介物载体相互影响；暗含的情境，指他人或群体行为中包含的一种象征性的意义。"在心理学中，情境是指影响事物发生或对机体行为产生影响的环境条件，也指在一定时间内各种情况的相对的或结合的境况。

情境教学强调按照真实的社会情境、生活情境、科学研究活动改造学校教育，使学生有可能在真实的或仿真的活动中，通过观察、概念工具的应用以及问题的解决，获取真正有用的知识和生活本领（获得文化适应）。情境认知与学习理论认为，学习不仅仅是为了获得一大堆事实性的知识，还要有思维与行动；应将学习置于知识产生的特定的物理或社会情境中，将参与视为学习与教学的关键成分，并要求学习者通过理解和经验的不断相互作用，在不同情境中进行知识的意义协商。[①]

关于教学情境，美国教育家杜威在 1933 年发表的著作《我们怎样思维》中指出，思维不单是从情境中产生的，它还回归到情境中去。思维的目的和结果是由产生思维的情境决定的。建立能引起和指导学生好奇心的各种情境是帮助学生形成反省思维的关键。杜威提出的教学法有五个要素。第一，学生要有一个真实的经验的情境。第二，要在情境内产生一个真实的问题。第三，要占有知识资料。第四，展开解决问题的方法。第五，通过应用检验观念。[②] 可见在教学过程中教学情境创设非常重要。

《高中课标》在多处提到了情境，包括实际情境、物理情境、真实情境、问题情境、任务情境等。在"二、修订的主要内容和变化"下面"（二）关于学科课程标准"一部分内容中，强调"进一步精选了学科内容，重视以学科大概念为核心，使课程内容结构化，以主题为引领，使课程内容情境化，促

---

① 冯忠良等：《教育心理学（第二版）》，175 页，北京，人民教育出版社，2010。
② ［美］约翰·杜威：《民主主义与教育》，王承绪译，174 页，北京，人民教育出版社，1990。

进学科核心素养的落实"。可见《高中课标》为了促进学科核心素养的落实，将课程内容情境化提到了一个非常重要的位置。《高中课标》还给出了课程内容情境化的操作途径，就是以主题为引领。《高中课标》在教学建议中专门提出"在教学设计和教学实施过程中重视情境的创设""创设情境进行教学，对培养学生的物理学科核心素养具有关键作用"。物理概念的建立、物理规律的探究、应用物理知识解决具体问题都离不开情境。

传统的"去情境"学习，忽视了学生的学习过程，也忽视了学生的情感体验。知识只有蕴含于一定的情境中，才有了其所依存的背景和环境，才不会使学生有距离感和陌生感，才有利于学生更好地理解知识的产生与发展。新课程提倡设计真实、复杂、具有挑战性和开放性的教学情境与问题情境，引发、驱动并支持学习者的探索、思考与问题解决活动，创设"回归生活""贴近生活"的教学情境，实现教学情境的信息化和生活化。[①]

（二）教学情境的创设策略

1. 教学情境的创设原则

（1）情境的目的性。

物理教学情境的创设要以培养学生的学科核心素养为导向，要指向教学目标。在物理概念的建立过程中，创设情境要注意创设体现概念本质特征的情境，发展学生的科学思维。在物理规律的探究过程中，创设问题情境要使学生真切感受科学探究过程，体会通过科学描述解释自然现象的乐趣，提升对科学本质的认识，提高科学探究能力。在应用物理知识解决具体问题的过程中，要结合具体的实际情境，要将知识与情境相联系，培养学生把问题中的实际情境转化成解决问题的物理情境，培养建立相应的物理模型的能力，培养学生应用物理观念思考问题、应用物理知识分析和解决问题的能力。

（2）情境的真实性。

物理教学情境的创设要以物理真实性为基础，这些情境应该基于自然

---

① 严文法：《教学设计能力实训》，160 页，北京，高等教育出版社，2019。

界和社会生活中真实存在、已经发生、正在发生或将要发生、可能发生的现象和事实。要有坚实的客观事实和严密的逻辑推理作为依据，不能随意想象和主观臆断。物理教学情境要注意选取客观真实的数据。数据要有来源、有考究。比如，在太空中肉眼能不能看到长城的问题。1937年，《地球的故事》一书中猜测："中国的长城是月球上的太空人唯一能看得见的建筑物。"2004年5月11日，欧洲空间局（ESA，以下简称欧空局）网站首页以"从太空看万里长城"为题发布卫星图像，并指出如果天气、光照等条件合适，宇航员可以用肉眼看到长城。我国科学家通过理论分析、遥感实验和实地验证得出结论："宇航员除非在升空或降落过程中距离长城高度不大时有可能看到长城，置身于太空，绕地球运转时，仅用肉眼绝不可能看到长城。某些报道宇航员曾在太空看到过长城的说法不是误解就是误传。"[1]所以物理教学情境不能随意设置，人云亦云。生活和自然中的现象要尽量选用真实的照片。

（3）情境的复杂性和开放性。

物理教学情境越复杂、越开放，对学生的接受能力要求越高。要根据学生的特点、教学的不同阶段来创设复杂程度和开放程度不同的教学情境。物理教学情境中的观察对象越多，对象的相互作用越复杂，物理教学情境也就越复杂。物理教学情境中的未知和不确定信息越多，物理教学情境就越开放。

（4）情境的熟悉性和新颖性。

物理教学情境对于学生来说越熟悉，学生就越容易快速地进入情境；物理教学情境对于学生来说越陌生，学生就越需要更多的时间对情境进行了解和熟悉。物理教学从学生熟悉的情境入手，可以借用学生已有的生活知识和经验，帮助学生学习理解物理概念和规律，然后再向陌生的、新颖的情境迁移，培养学生知识结合真实情境的能力。

---

[1] 戴昌达、刘亮、姜小光：《从太空探测万里长城》，载《物理》，2005(2)。

2. 教学情境的创设途径

(1)利用实验来创设教学情境。

利用实验来创设物理教学情境是物理教学常用的方法。物理学基于观察与实验，建构物理模型，应用数学等工具，通过科学推理和论证，形成了系统的研究方法和理论体系。物理是一门实验科学，实验是物理的基础，一切物理的理论都要经过实验的检验。观察与实验是教师教物理、学生学物理的重要手段，实验不仅可以让学生感受科学家探索科学知识的过程，还能提高学生的动手操作能力，培养学生的思维及创新能力。演示实验和学生亲自动手操作的实验是学生学习物理知识的重要途径。

利用实验创设情境，引导学生观察、体验和思考，可以激发学生的物理学习兴趣和强烈的求知欲，可以培养学生观察事物、分析问题的能力。

实验可以使学生产生疑问，引入新课。比如，初中物理教师在讲电与热这一部分内容时可以做通电电阻丝引爆气球的演示实验，引爆气球可以产生轰动的效果，引起学生的兴趣。同时，气球为什么会被引爆的问题可以引发学生思考，使学生有电流产生热的猜想。这样就引入了新课——研究电与热的关系。后面进一步思考问题：电流真的产生热了吗？如何更进一步地说明电流产生了热？产生的热可以点燃火柴，接着可以设计合金丝点燃火柴的学生分组实验，在分组实验中将合金丝与铜丝串联做对比。通过实验会发现，通电合金丝能点燃火柴，通电铜丝不能点燃火柴。通电合金丝能点燃火柴说明电能产生热，通电铜丝不能点燃火柴，是什么原因呢？是没有产生热还是产生的热太少呢？电产生热与什么因素有关呢？能定量进行研究吗？一系列问题可将探究引向深入。

再如，初中物理教师在讲压强这一部分内容时可以利用制作的教具(钉盘)来做实验，两个钉盘，一个上面有稀疏的几颗钉子，一个上面密布钉子，钉尖都朝上。教师说，人坐有风险，可以让气球坐一下试试。具体操作，吹起的气球放在钉盘上，气球上面再压上重物。重物逐渐增加，看哪一个钉盘上的气球先破。观察密布的钉盘上的气球可以承受多大的重物而不破，进而引发学生思考，压力的作用效果与什么有关？从而引入新课

"压强"。

物理实验还可以引入主题充分带动学生的实践活动。比如，高中物理教师讲抛体运动时可以利用平抛运动实验装置做演示实验，小球从斜面下滑，平抛飞出。给学生提出一个任务：使小球准确命中装置前方水平地面上的既定目标。有以下问题：能不能预测小球在斜面上的释放位置？如果斜面坡度发生了变化该如何命中？掌握抛体运动的规律就能完成这些任务，先从研究最简单的曲线运动来开始学习。学习了平抛运动以后，学生们就可以做计算，并进行命中测试。

有时教师会通过一些小魔术来引入新课，魔术会产生一些神奇的效果，引发学生的兴趣。但是魔术和物理实验还是有一些区别的。物理实验的条件是没有遮挡的，是开放的，是允许充分探究的。而魔术是有一些"秘密"的，可以是手法，可以是设备，设备中有一些机关，而物理课堂选择的魔术往往是利用这些"设备或机关"，"设备或机关"的使用过程中含有一些物理规律。比如，凭空推动小汽车，其实在小汽车里和手中藏有磁铁。乒乓球在水中会沉底，其实乒乓球内部注入了东西。空粉笔盒可以变出粉笔来，其实是粉笔盒中存在平面镜，是平面镜成像原理在起作用。燃烧的蜡烛用水总也浇不灭，其实是半透明玻璃在起作用，浇的是燃烧蜡烛的像。这些魔术都可以激发学生的学习动机，激发学生的求知欲，引入物理概念规律。但是使用时一定要注意揭秘的问题。对于魔术师来说，一定不要揭秘，揭秘之后就没有了神秘感，魔术的光环效应就消失了。而教师不是魔术师，教师使用魔术的目的就是要揭示其中的物理规律。所以一定要充分揭秘，最后让学生认识到不是超自然的神秘力量，是物理规律在起作用。可以是教师来揭秘，也可以启发学生来揭秘，使学生对魔术有正确的科学态度。也可以扩展到世界上的很多悬疑事件，只是没有被人们充分地认识，背后也应该有科学规律在起作用，进而培养学生的科学精神。

(2)利用学生生活来创设教学情境。

可以利用学生生活来创设物理教学情境。物理课程要遵循教育教学规律和学生身心发展规律，贴近学生的思想、学习、生活实际，充分反映学生的成长需要，促进每个学生主动地、生动活泼地发展。生产、生活中具有很多能生成有价值的科学探究问题的情境。教师应鼓励并引导学生发现和解决生活中的问题，培养学生的物理学科核心素养。

比如，初中讲授电功率时，可以提前让学生收集家里所用电器的电功率铭牌，了解家里每月用电量的多少，然后再让学生思考每月用电量的多少与什么因素有关，电功率指的是什么。带着这些问题来学习电功率，将电功率与学生家里日常用电的情境联系起来，学完电功率后还能用电功率的知识来解释和推测家里的用电情况，并能和家里的实际用电量相对比进行验证，使学生能真正做到学以致用，让学生体会到学习物理可以指导我们的生活。再如，高中讲授自由落体运动时，也可以让学生对家长进行采访并用手机录像，了解家长对重的物体和轻的物体谁下落得快这样一个问题持什么样的观点，之后在课堂上播放出来。这样做一方面增加了学生和家长的亲子活动，增强了亲子关系；另一方面，也使物理规律的学习有了浓浓的生活味道。还有，在初中讲压强时可以举一些学生生活中的例子，如学生的双肩背包、眼镜架、图钉等，可以教师来列举，也可以让学生来列举，使学生可以体会到物理知识在生活中的实际用处。

（3）利用社会事件来创设教学情境。

物理课程在内容上注重与生产生活、现代社会及科技发展的联系，反映当代科学技术发展的重要成果和科学思想，同时关注物理的技术应用带来的社会问题，培养学生的社会参与意识和社会责任感。教师应引导学生深入认识物理对现代生活和科技社会发展的促进作用。

比如，讲到核辐射的时候，可以结合 2011 年 3 月 11 日，日本东海岸发生 9.0 级地震，地震造成日本福岛核电站核泄漏的事件，带领学生学习核辐射的物理实质是什么，思考在核泄漏的情况下，应该怎样来应对，怎样来做自我保护，同时让学生理解科学技术的发展对人类有利也有弊，科学技术是把双刃剑的道理，使学生能辩证地看待科学技术。

（4）利用仿真模拟来创设教学情境。

如果条件不适合做实际实验也可以采用仿真模拟的办法来创设物理教学情境。仿真模拟可以通过学生活动来模拟，也可以利用现代信息技术来模拟。仿真模拟的关键是"仿真"，仿的是真实的现象，得出的是真实的规律。

比如，讲高中牛顿第一定律时，可以带领学生进行开车、刹车模拟。同学们和教师一起参与活动，教师作为司机。教师说现在车正在行驶中，大家坐在车上和教师一起行驶。教师说停的时候大家做动作。教师说了一句"停"，同学们纷纷做前俯的动作，教室里充满了笑声。坐车对学生来说是非常熟悉的事情，大家对于急刹车时的感觉也非常了解。在课堂上不便于真正地坐车来演示，用模拟的方式来做活动，可以很容易地引起学生的回忆。充分地进行师生互动，活跃了教学气氛，将学生带入了进一步学习的情境中。

还有在讲超声定位时，可以组织学生模拟蝙蝠捉虫子的游戏。大部分学生围成一圈作为围墙。两名学生在围墙内扮演"蝙蝠"，七八名学生在围墙内扮演"虫子"。"蝙蝠"要蒙着眼睛，然后去抓"虫子"。游戏规则为："蝙蝠"嘴里喊出蝙蝠时，"虫子"必须出声回应虫子。于是，"虫子"跑，蒙眼的"蝙蝠"捉。结束后让学生来说感想。学生会认识到要想更容易地抓到人，就要更多更快地喊出"蝙蝠"，通过"虫子"声音的不断反馈来帮助自己定位。而逃跑的学生发现要想不被抓，就要减小声音或拖延声音的发出。学习不仅仅是记忆和思考，学习还要有感受，有体验。游戏利用人耳可依据声音进行定位，模拟超声定位，学生通过模拟对超声定位的应用有了深切的感受。

还可以利用现代信息技术来模拟，比如一些仿真模拟软件，简单的如Flash小软件，复杂的如仿真物理实验室。可以模拟真实环境中的工具和器材，可以对声学、光学、电磁学、力学、热学等多种类型的实验进行模拟仿真。这种模拟仿真方法优点非常突出：打破时间、空间的局限，减少了对实验器材和基础设施的依赖，过程和结果易于观察和调控。不过局限性也是很显然的：淡化了学生的实验动手操作技能，将对实验仪器的操作转为了对计算机的操作，减少了和自然客观世界的直接对话。软件仿真有时使用的不是来自真实仪器的实际数据，而是根据已知规律通过计算机编出的程序。程序的输出是由编程时所依据的规律来确定的。仿真条件相对理想，不利于学生分析源于仪器的误差。

（三）案例分析

案例 1-9 牛顿第一定律的情境引入使用了一个很简单的小实验。通过这样一个小实验以及与学生的对话，引出了本节课最核心的问题，力与运动的关系是什么？这是这节课最主要的问题情境。牛顿第一定律是定性地来研究这个问题的，得出力是改变物体运动的原因。牛顿第二定律是定量地来研究这个问题的，得出了力和物体运动改变的定量关系。到了牛顿第三定律，研究对象从一个受力物体变为了两个物体，研究的是物体之间的相互作用。

用手推物体，物体动起来；手停止作用，物体停下来。这是生活中普遍存在的现象，引导学生自然而然地推出有力就有运动，无力就没有运动。然后告诉学生古希腊哲学家亚里士多德就持有这样的观点，这一观点维持了两千多年后被推翻，这样看起来显而易见正确的观点错在哪里呢？引起学生的认知冲突，让学生对力与运动的关系产生好奇心，推动课堂向前发展。如果学生经过预习了新课，回答出力可以改变物体的运动状态，那就告诉学生古希腊哲学家亚里士多德的观点不是这样的，他的观点是力是产生运动的原因。亚里士多德的观点一直维持了两千多年才被推翻。这是为什么呢？同样引起学生的好奇心，聚焦问题情境中力与运动的关系。

二、如何确定教学主线

案例 1-10

牛顿第一定律教学主线

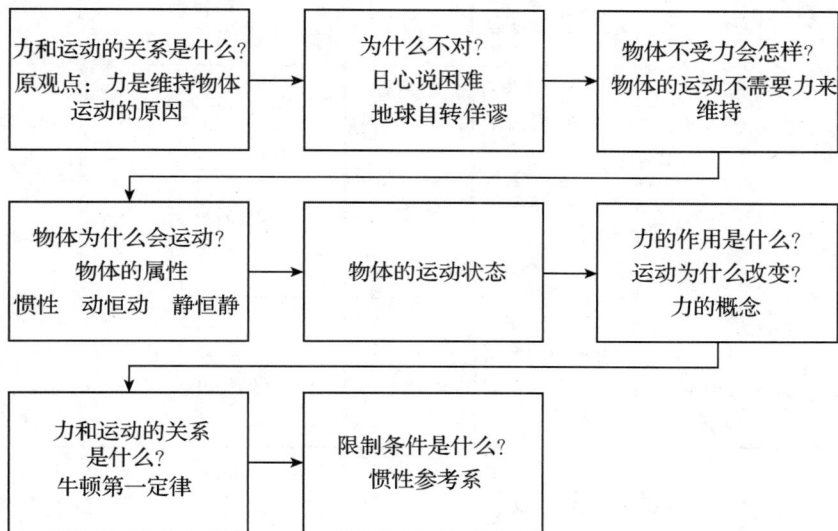

```
┌─────────────────────┐   ┌─────────────────┐   ┌─────────────────────┐
│ 力和运动的关系是什么?│   │  为什么不对?   │   │ 物体不受力会怎样?   │
│ 原观点:力是维持物体 │──▶│  日心说困难     │──▶│ 物体的运动不需要力来 │
│      运动的原因      │   │  地球自转佯谬   │   │       维持          │
└─────────────────────┘   └─────────────────┘   └─────────────────────┘
           │                                                │
           ▼                                                ▼
┌─────────────────────┐   ┌─────────────────┐   ┌─────────────────────┐
│  物体为什么会运动?  │   │                 │   │  力的作用是什么?    │
│     物体的属性       │──▶│  物体的运动状态  │──▶│  运动为什么改变?    │
│ 惯性  动恒动  静恒静  │   │                 │   │     力的概念        │
└─────────────────────┘   └─────────────────┘   └─────────────────────┘
           │                                                │
           ▼                                                ▼
┌─────────────────────┐   ┌─────────────────┐
│   力和运动的关系     │   │  限制条件是什么? │
│      是什么?        │──▶│   惯性参考系     │
│   牛顿第一定律       │   │                 │
└─────────────────────┘   └─────────────────┘
```

问题聚焦

Q1:什么是教学主线?

Q2:如何构建中学物理课堂教学主线?

(一)教学主线的特点与价值

教学主线是教学主要的线索和脉络,是学生由已知到未知的学习路径的凝练。教学主线是一节课借以展开的线索。一系列的活动按照一条主线来进行展开。主线可以用来解释为什么教学要这样来安排先后顺序,不同的环节为什么要按照这样一个时序来选择和安排。授课时教学主线清晰可以使教学逻辑清晰,环环相扣,水到渠成。反之,教学主线不清时,教学会让人感觉凌乱,使人思维混乱、不知所云。

教学程序是教学过程中所设计的教学活动(或教学事件)的展开流程,是教学设计的核心成分,反映了教师对教学进程的总体组织与安排。因为教学理念与教学目标的不同，教学程序有多种不同的表现形态，常用的几种教学程序如下（表1-3）。

表1-3　常用的教学程序[①]

教学程序	主要特点	主要过程	主要适用领域
传递—接受程序	教师直接控制教学过程并加以规划，学生感知、理解后练习运用	激发学生学习动机—复习旧课—讲授新课—巩固认知，运用—检查	认知领域
引导—发现程序	以问题为中心，注重学生独立活动，着重于创造性思维能力的培养；比较适合数理学科	问题—假设—推理—验证—结论	认知领域
示范—模仿程序	学生手脑并用，行为质量可及时得到反馈，有利于培养学生的思维能力和注意力	定向—参与练习—自主练习—迁移	动作技能领域
情境—陶冶程序	由于无意识注意和情感活动的参与，学生不易产生疲劳，有利于大容量、长时间地进行教学，有利于对学生进行个性的陶冶和人格的培养	创设情境—参与各类活动—总结转化	情感领域

（二）教学主线的构建策略

物理教学主线从逻辑上来说可以分为三类：归纳、演绎、类比。归纳是从大量的现象和事实出发，依据实验来归纳出物理概念和规律，然后进行应用。演绎是从已知的概念与规律当中派生和推导出新的概念与规律，然后再进行事实和实验的验证。归纳对应的往往是探究实验，演绎对应的往往是验证实验。从本质上来说，探究实验也是验证，验证的是提出的理论假设。验证实验验证的是已经经过大量实验证实的理论或推论。两个或两类事物在许多属性上都相同，由此推出它们在其他属性上也相同。这就是类比。类比是一种由个别到个别的推理，或者说是由普遍到普遍的推理。类比是提供假设的常用方法。

物理教学主线可以从构建途径入手来划分。

1. 按照物理教材中的顺序构建教学主线

深入阅读教材，理解教材，掌握教材的行文逻辑，特别是要关注教材

---

① 邹霞、康翠、钱小龙：《教学设计：原理与案例》，67页，西安，西安交通大学出版社，2017。

中的问题，进而提炼出问题链，形成教学主线。

比如，高中物理教材 2019 年版必修 1 质点概念的教学。教材中质点概念的教学主线可以看成围绕质点的三个问题：为什么要引入质点？如何引入质点？引入质点的方法有什么价值？首先是通过生活中随处可见的运动的物体，如玩耍的孩童、行驶的汽车、翱翔的雄鹰……引出问题：对于这些运动的物体，我们如何准确地描述它们的运动呢？接下来提出描述物体运动的困难。这是因为任何物体都有一定的大小和形状，物体各部分的运动情况一般说来并不一样。因为复杂所以要简化，在某些情况下，确实可以忽略物体的大小和形状，把它简化为一个具有质量的点，这样的点叫作质点。那么如何简化？什么情况下可以简化？这些由所要研究的问题决定。这样一种理想化模型方法很重要。在物理中，突出问题的主要因素，忽略次要因素，建立理想化的物理模型，并将其作为研究对象，是经常采用的一种科学研究方法。质点这一理想化模型就是这种方法的具体应用。

2. 按照物理学史中概念与规律的发现和发展顺序构建教学主线

有些物理概念与规律在物理学史中很有典型性和代表性，可以按照物理学史中概念与规律的发现和发展顺序来构建主线。比如，牛顿第一定律可以按照物理学史中的线索来进行教学，第一定律或叫惯性定律最早是伽利略为质疑亚里士多德关于力和运动关系的见解而提出的。他以两个著名的理想实验得出结论："任何速度一旦施加给一个运动着的物体，只要除去加速或减速的外因，此速度就可保持不变。"这就是说，运动并不需要外界因素来维持。但是他又指出："不过，这是只能在水平面上发生的一种情形。"而他所讲的"水平面"是"各部分和地心等距离的"球面，所以他所讲的水平面上的运动并不是直线运动。这表明，伽利略关于惯性运动的表述并不准确。法国数学家和哲学家爱迪卡尔突破了水平面的限制，他写道："运动的本质是，如果物体处在运动之中，那么如果无其他原因作用的话，它将继续以同一速度在同一直线方向上运动，既不停下来也不偏离原来的方向。"法国学者伽桑狄也独立地指出："在既无吸引又无阻滞的虚空中，物体将沿原来运动的方向永恒地保持其均匀的运动。"后来牛顿将物体间复杂多样的相互作用抽象为一个力，即把力定义为物体间的相互作用，而伽利略、笛卡儿等都未曾建立起关于力的概念。[①]

运用物理学史料时，一是要注意物理学史料的权威性。最好是来自物理学史专著和相关书籍。有些物理学史中的小故事可能是杜撰的，要想办法追溯其来源。比如，苹果落在牛顿头上，促使牛顿思考苹果为什么往下落，进而发现了万有引力定律，这个故事是经过了后世的润色的。英国皇家学会为纪念成立350周年，在其网站上公布了7份历史文献手稿，其中一份牛顿回忆录记录了正版的"牛顿与苹果树"的故事：牛顿并没有被苹果砸中脑袋，而是看到苹果落下。这份回忆录有180多页，由牛顿的好友、与他同时代的物理学家威廉·斯蒂克利写成。二是要注意物理学史料的剪裁。物理概念和规律的发展历史往往是波澜壮阔的，也是来回纠缠的，也可以说是螺旋上升的。鉴于学生的认知水平，不适合完全照搬呈现给学生。教师要进行适当的剪裁，抓住关键的、重要的、能给学生带来启示的。比如，当年焦耳所做的大量实验只是为了测量热功当量，但今天我们已经超越了焦耳的视角，把焦耳实验看作热力学第一定律的实验基础。

3. 按照问题解决顺序构建教学主线

信息加工心理学家把问题定义为："给定信息和目标之间有某些障碍需要被克服的刺激情境。"根据问题起点、目标和允许的操作（运算）的不同，可以将问题分为定义不明确的问题和定义明确的问题。前者指问题的三个成分都明确的问题，也称常规性问题；后者指三个成分中有部分不明确的问题，也称非常规性问题。

著名教育心理学家奥苏伯尔和加涅把问题解决置于其学习分类体系中加以研究，对什么是问题解决给出了较明确的定义。问题解决是学习者将原有的概念和规则加以综合，在新情境中应用并得到新的认知成果的过程。问题解决不是对已习得的概念和原理（或规则）的简单应用，解决问题过程中必须包含发现过程，其结果必须产生新的思维成品，所以问题解决与创

---

① 张维善：《牛顿运动定律的历史追问与现实教学》，载《物理教学探讨》，2011(5)。

造是同性质的概念。[1]

科学始于问题，物理教学可以按照问题解决顺序来设置主线。信息加工心理学家一般把解决问题的过程分解为问题表征、设计解题计划、执行解题计划和监控四个步骤。问题表征是指形成问题空间，包括明确问题的给定条件、目标和允许的操作。设计解题计划是指确定解题的一般步骤。执行解题计划是指问题解决者采取一系列行动贯彻解题计划。监控是指问题解决者分析问题解决的过程并确定自己采取的行动是否适合解题计划。物理教学可以按照解决问题的过程来设计，创设教学情境，在实际教学情境中找到问题，表征问题，将其转化为物理情境，识别变量，提出假设，形成理论模型，然后设计实验，开展实验，进行数据分析，最后进行交流、评价。

简单来说，这个过程就是确定问题，牢牢抓住问题，进而分析问题，解决问题，拓展问题。比如，初中全反射这一节课，利用"海市蜃楼"现象进行教学情境引入，引发思考，出现"海市蜃楼"的原因是什么？然后进行问题表征。问题表征就是对问题进行表层和深层理解。自然学科中的许多问题其难点就是问题表征，问题一旦得到适当表征，便可迎刃而解。而问题能否正确得到表征取决于学生认知结构中问题图式的建立和贮存情况。比如，出现"海市蜃楼"的原因是什么这一问题如何理解？可以层层深入，"海市蜃楼"是一种自然现象，人的眼睛能够观察到。光线进入眼睛才能观察到，这是一种光学现象。看到的蜃景和实物不在一个位置，光线从实物发出进入我们的眼睛，我们感觉光线是从蜃景发出的。这里具体到了一个光路的问题，光路为什么会发生变化？影响因素是什么？如何变化？这就完成了由实际情境向物理情境的转化，后面根据蜃景的具体环境条件进行猜想假设，光路变化应该和介质有关，建立多层介质模型，形成假设，进行蜃景的解释尝试。之后，进行实验探究，得出全反射规律。后面进行应用拓展，如全反射棱镜、光纤通信等。

---

[1]　皮连生：《教育心理学》(第三版)，91页，上海，上海教育出版社，2004。

4. 按照任务驱动顺序构建教学主线

可以按照任务驱动顺序来构建教学主线。任务驱动是以建构主义教学理论为基础，以既能够激发学生学习动机，又与教学内容紧密结合、富有趣味性的任务为载体，学习者通过完成某项任务获取知识与技能的一种开放式、探究式教学模式。任务驱动式教学方法体现了以任务为明线、以提高学生知识掌握与技能应用为暗线，教师为主导、学生为主体的基本特征。

比如，初中学习杠杆这部分内容时，可以安排学生制作杆秤，课堂中学生的任务就是制作一个能够称量物体质量的简易杆秤。教师提供器材和工具，并引导学生明确任务、分析任务、收集资料、探索方法、形成方案、完成任务、评价优化等。任务驱动可以给学生的学习带来巨大的动力，激发学生的学习动机。任务的完成过程可以促使学生学习、应用、掌握一些物理概念与规律等相关知识。比如，通过制作杆秤的活动，学生可以知道杠杆平衡原理在解决实际问题时如何应用。在解决实际问题的过程中，要解决支点如何确定，动力与阻力、动力臂与阻力臂如何分析，刻度怎么来确定等问题。这些都需要学生来自主思考。在制作杆秤的过程中，学生还会发现秤盘的质量通常是不能忽略的，秤杆一般来说粗细是不均匀的，刻度的零点通常也不选在支点处，可以选在支点和秤盘之间。对这些现象的思考，可以加深学生对杠杆原理的理解，进一步体会生活实际和物理模型的区别。

（三）案例分析

案例 1-10 展示的是高中牛顿第一定律的教学主线。该教学主线的构建，结合了物理学史和问题解决顺序。教学主线反映了这一节课的思维逻辑。利用开头的实验提出问题，力与运动的关系是什么？引出亚里士多德关于力与运动关系的观点。这是原观点。然后通过物理学史上维护日心说而产生的地球自转悖谬以及运动的船上人员跳起的视频，引起学生对原观点的怀疑。后面继续引导学生重新思考物体不受力会怎样，结合伽利略的理想实验，进一步思考物体运动的原因，得出结论——物体的运动不需要力来维持。具体来说，结合惯性实验，理解保持运动和静止是物体的属性，运动和静止都是物体的运动状态。物体的运动不需要力来维持，那么力的作用是什么？再结合伽利略的实验与课堂开始时的实验，为什么黑板擦手推就动，手离开就停，思考力的作用，特别是摩擦力的作用，得出进一步结论，力是改变物体运动的原因。汇总结论，物体的运动不需要力来维持，力是改变物体运动的原因，就得出了牛顿第一定律。后面再通过船舱中立定跳远的例子引出惯性参考系，指出牛顿第一定律的适用条件。

整个过程不破不立，先破后立。原观点的破除，新观点的建立，由物体的属性，到力的作用，到定律的建立，再到对适用条件的讨论，自然而然，水到渠成。

三、如何安排教学活动

📎 | 案例 1-11 |

"磁场"磁感线分组实验活动

教师先在黑板上演示：在条形磁铁周边一点放置一个小磁针，小磁针静止时 N 极总指向一个方向，得出该点磁场的方向就是小磁针 N 极受力的方向。其他点的磁场方向也可以使用放磁针的方法进行观察。

学生分组实验。

实验目的：用磁针确定条形磁铁周围几个位置点的磁场方向。用黑笔将 N 极所指的方向画出来。

实验器材（不同组磁针数量有区别）：实验板、条形磁铁、小磁针若干。

各组做实验，一位同学在黑板上演示。

实验结束。

教师点评实验结果。

黑板上演示的结果：各点的方向连成光滑的曲线，标上箭头。这样的线在物理上叫作磁感线。

教师拿两块实验板：一组标出了磁感线，另一组没有标出来。是什么原因？大家注意磁针的数量，没标出来的这组，有多少个磁针？

学生：4个。

教师：标出来的这组，有多少个磁针？

学生：10个。

教师：可见磁针太少效果不好。下面补偿一下这组同学。你想要几个？

学生：10个。

教师：我可以给你们100个、1000个，磁针越多，点数越多，磁场情况就越细致。

给学生铁屑，每一粒铁屑进入磁场都被磁化为小磁针。

学生用实验板、条形磁铁和铁屑来做实验，来观察条形磁铁周围铁屑的图案。这些图案反映了磁铁周围磁场的分布。

问题聚焦

Q1：案例中的分组实验教学活动是如何设计的？有什么特点？

Q2：如何高效安排教学活动？

（一）教学活动的类型与特征

教学活动是教学过程中的一系列事件，教学活动也可以看作教学过程中的一个个环节。教学活动按照时间顺序在教学中依次展开。教学活动按照教学主线来进行安排，就像把一颗颗珍珠串在丝线上。

一般来说，教学活动可以分为引入、提出问题、解决问题、拓展。针对不同类型的课有不同的具体形式。

从行为主体的角度看，教学活动是教师行为与学生行为所构成的行为系统。从教师教学的角度看，为了实现教学目标，教学活动是教师启动、推进、调控学生学习活动的教学行为系统，包括教师的设计和实施行为。从学生学习的角度看，教学活动是学生在教学情境中的学习行为系统，包括学生参与课堂听讲、记笔记、讨论、提出和回答问题、动手制作、完成练习等一系列学习行为。

从教师与学生互动的角度看，学习行为是教学活动的内核，教导行为是学习活动的交互性情境；学习行为是教学活动的主体，教导行为是学习活动的辅助。教学活动通过教导行为促进学习行为，通过学习行为进而达到促进学生发展的目的。①

有学者将教学(学习)活动分为八大类(表1-4)。

表1-4　教学(学习)活动类型②

活动类型	包含的具体方法
直接教学活动	先行组织者、书谈会、完形填空、研讨会、说明文、抽认卡、客座教师、指导性探究、引领性阅读、指导性写作、讲座、组词造句、记忆训练、句型与练习、指点、唤醒、跟读、朗读、交互式教学、复习、讨论/辅导、苏格拉底式对话、故事图、讲故事、任务卡、教科书、视觉刺激、单词排序、单词墙、作业单
合作学习活动	伙伴系统、协同教学共同体、冲突解决、讨论、访谈、拼图、文学爱好者小组、同伴分享、数字头、同伴练习、同伴互教、循环赛、圆桌会
基于任务的教学活动	学习中心活动、辩论、田野调查、游戏、口语演讲、小组讨论、排重复/训练、复述、模仿、调查、项目学习
思维训练活动	分析偏见/刻板效应、预测指导、头脑风暴、个案研究、分类、概念澄清、概念图、预估、实验、表达不同观点、公平测试、制图表、基于问题的分析、横向思维、教具操作思维、制作地图、媒介分析、大脑运算、元认知反思、思维导图、建模、口头解释、引出问题、解决问题、过程中的注意事项、语义特征分析、顺序排列、统计分析、出声思维、视觉/图解组织者、通过写作学习
探究及研究性活动	认知技能模式、决策模式、历史/地理探究模式、探究过程、数学问题解决模式、质疑过程、研究过程、科学方法、技术设计过程、写作过程
自主学习活动	家庭作业、自主阅读、自主研究、学习合同、学习日志、默记、记笔记、预习、档案袋、阅读回答问题、反思、报告、日志式应答
基于艺术的活动	仪式、唱诵、合唱朗诵、舞蹈编排、拼贴、纪实剧、专题讨论、即兴演说、制作假面具、木偶剧、舞台朗诵、角色扮演、素描学习、讲故事、故事画
基于技术/媒体应用的活动	传播应用、计算机辅助设计、计算机辅助教学、数据库应用、电子邮件应用、图解、互联网技术、媒体演讲、媒体产品、多媒体应用、在线公开获取、电子数据表格应用、时间管理应用

① 孙亚玲：《有效教学(中学版)》，173页，北京，高等教育出版社，2015。
② 孙亚玲：《有效教学(中学版)》，35页，北京，高等教育出版社，2015。

✎ | **理论书签** |

　　每一类的教学活动都有其核心功能。在教学设计和实施过程中，能够准确地选择恰当的教学活动对于教师来说十分重要。若教学活动、方法选择不恰当，教学效果就会受影响。

　　(1)根据学习(教学)目标选择教学活动；

　　(2)根据学生的需要选择合适的教学活动；

　　(3)根据班级规模和教室环境选择教学活动。

　　还要随时调整教学活动。

(二)教学活动的设计策略

1. 教学活动的设计有以下注意事项

(1)遵循教学主线，在合适的时间点安排合适的教学活动。

要使整个教学活动成为一个有机的整体，应着眼于整节课来设计每一个教学活动。每一个教学活动都会对整个教学过程有影响，牵一发而动全身。比如，在探究教学中，若解释交流环节不充分，将导致学生学习不深入，影响整个教学效果。

教学活动的时序也会对整个教学带来影响。比如，在实验教学中，可以先讲实验再做实验，也可以先做实验再讲实验，这两种方式对学生的学习探索、能力发展都有不一样的影响。比如，在概念教学中，一种是先举例子，再归纳出定义；另一种是先给出定义，再举出一些实例。这两种方式对学生的思维能力的发展也有不同的影响。

(2)每一个教学活动都要为教学目标服务，指向教学的总目标。

教学目标要渗透在每个教学活动中，每个教学活动除了明确教师活动、学生活动之外，还要有设计意图。设计意图对应的是教学目标的细化，将教学目标分解，具体化、层次化后再和教学活动进行对应。可以一个教学活动对应多个教学目标，也可以多个教学活动对应一个教学目标。关键是教学活动要以目标为导向，做到有的放矢。

（3）注重不同的教学活动之间的相互关联。

不同教学活动之间不是孤立的，教学活动之间有逻辑联系，它们之间相互作用、相互依赖、相互影响。比如，好的情境引入可以带来好的学习动机，好的学习动机可以带来更深入的学习体验。

（4）教学活动的设计要注意环境适应性。

这里的环境指人员环境和物质环境。教学活动的设计首先要适合学生的特点，考虑学生的身体、心理、知识经验等基础。这在设计教学目标时也是要重点考虑的。另外教学活动的设计要考虑物质环境，如教室的空间、教学的媒体、实验器材和设施等。

2. 教学活动要选择恰当的组织交流形式

教学包括教师的教和学生的学两个方面。在教学过程中，教师和学生之间必须进行充分的信息交流，才能有效地完成教学任务，在课堂教学中有以下五种师生相互作用的形式（图 1-10）。[①] 这五种形式也可以看作五种交流方式。

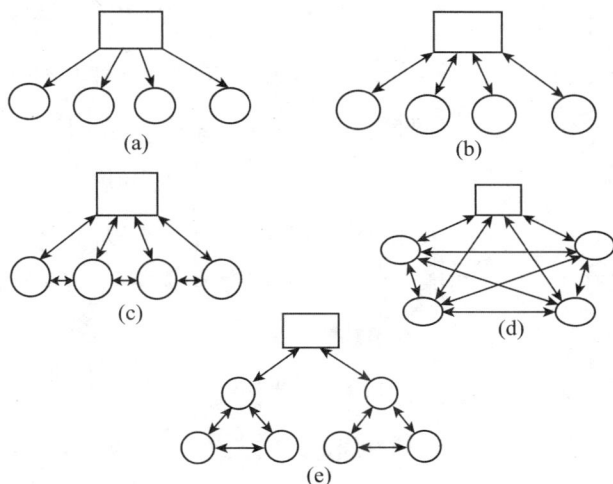

图 1-10　五种师生相互作用的形式（方框表示教师，圆表示学生）

在这五种交流方式中，（a）是教师与学生单向交流，教师没有接受学生

---

① 乔际平等：《物理学科教育学》，223 页，北京，首都师范大学出版社，1999。

反馈，是教师对学生的单向传输，是注入式的，或灌输式的。这种交流方式教师不了解学生的接受情况，不了解学生的观点和想法，在五种交流方式中效果是最差的。(b)相对(a)增加了学生对教师的反馈，是常见的讲授式，不过缺少学生之间的交流。(c)(d)(e)都有学生之间的交流。其中(c)有每个学生和教师的交流，学生的交流仅限两人之间，为边讲边议；(d)有教师与学生的交流、学生之间的交流，师生之间、学生之间都有交流，为课堂讨论；(e)有小组内部学员间的充分交流和组长与教师间的交流，为教师指导的小组讨论。

师生的交流方式效果好不好，一是看有没有交流，二是看交流充分不充分。所以师生交流时，在有限的时间内，要努力做到使更多的人进行交流，交流要有时间的保证，还要有深刻性的要求。从人员角度来说，(d)人员交流最多，不过需要的时间也最多，(c)边讲边议在一定程度上满足了时间效率和人员交流的需要。(e)分组讨论是物理课堂教学常用的形式，效果上也能兼顾时间和人员。比如，物理教学中的分组实验，常常也是各组实验，组内交流，然后再分组汇报。如果分组汇报时，观察组能对汇报组的汇报提出建议或进行质疑，则交流的效果会得到提升，既增加了组与组间的交流，又加深了交流的深刻性。组间交流也可以采用"大使出游"的方式，各组派代表去其他组交流，最后将结果带回本组讨论。小组和教师交流时也可以有所分工，不同组员可就不同角色任务同教师交流补充。交流的丰富性和深刻性也很重要。不能仅停留在语言交流上，肢体动作交流也很重要，能让学生解释的尽量让学生解释，能让学生动手操作的尽量让学生动手操作，能让学生运用多感官的尽量让学生运用多感官。

教学活动中要关注学生的行为和学生的思维，思维是内在，行为是表现。教学活动是不是流于形式关键是看有没有思维深度，有没有对学生认知的训练和提升。或者我们也可以称之为是不是体现了高认知，而学生是不是沉浸于学习，是不是充分地活动和表达，我们可以称之为高投入和高表现。高投入是高认知的前提，高表现是高认知的外在表现。为了提升学生的认知，教师一定要做好问题设计和问题引导，提供适当的学习材料，从学生的角度来思考问题，确保学生学习的挑战性和成功率，提高教学的有效性。

（三）**案例分析**

磁感线的分组实验这一活动的目的是，在带领学生画出条形磁铁磁感线的活动中让学生掌握科学方法。描述磁场的空间分布，可以用磁针一个一个地来尝试，要描述整体的、详细的分布规律就要用足够多的、足够小的磁针来进行实验，最终过渡到用连续的假想的线来描述，即用磁感线来描述。这是一个由点到线到面，由少量到多量，由局部到整体，由具体到抽象的科学研究方法。教师把两组由于磁针数不同导致的不同结果进行了对比，凸显了磁针数量的作用，引发了学生的思考，设计让学生自己选择需要的磁针的数量，一是可以激发学生的主动思考和判断能力；二是可以自然过渡到使用铁屑演示磁感线实验。

这一分组实验承接了上一个教学活动——"磁场类比风"的实验。通过研究被风吹动的小布条可以来研究风的性质，同样通过研究受磁场作用的小磁针可以来研究磁场的性质。这个类比活动得出了研究的方法。紧接着的这一活动就是具体的研究过程，通过条形磁铁周围的小磁针来研究条形磁铁周围的磁场，进而得出磁感线的概念。这个实验活动的下一步延续是扩展到蹄形磁铁，引导学生归纳、总结这些磁铁周围磁感线的特点。

这里得到了描述磁场的一般方法——利用磁感线。下一个教学活动是引出特例，由小磁针远离条形磁铁，条形磁铁周围磁场对小磁针的影响变弱，小磁针开始指南北提出问题"为什么指南北？"引出地磁场。

各个教学活动都是环环相扣的，整个教学是一个整体，都是指向教学目标的。

四、如何构思教学板书

📎 | 案例 1-12 |

"磁场"板书

磁　场

磁性　吸引铁、钴、镍
磁极
作用

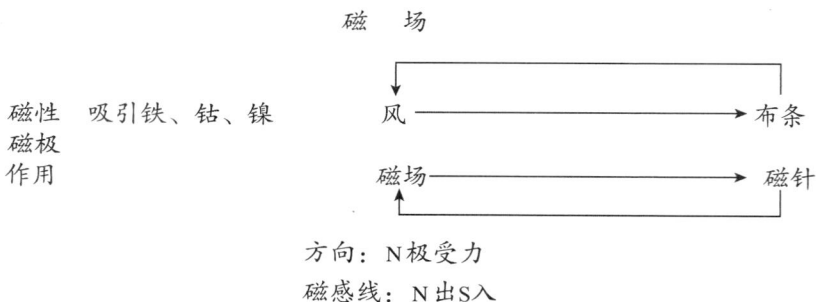

方向：N极受力
磁感线：N出S入

问题聚焦

Q1：什么是板书？

Q2：如何构思教学板书？

（一）教学板书的作用与类型

教学板书是在教学过程中教师在黑板上书写的内容。根据学习科学理论中的双重通道，学生拥有加工言语材料的言语通道和加工图示材料的视觉通道。人们运用言语编码和图示编码构建新信息的心理表征，比只用一种编码效果要好。[①] 所以，上课除了教师的讲授非常重要之外，学生能看到的教师的板书也非常重要。虽然现在教学媒体，如投影仪使用得越来越普遍，但是教学板书还是有它的意义和价值。

物理教学板书能够把教学中最重要、最关键的点保留下来，给学生以较长久的视觉刺激，有利于学生的记忆。物理教学板书通常是教师在教课过程中逐渐生成的，板书生成的过程也能对学生的知识形成起到引导作用。教学板书的书写需要一定时间，这一时间恰好可以给学生留出思考的空间。

---

① ［美］梅耶：《应用学习科学——心理学大师给教师的建议》，盛群力等译，31页，北京，中国轻工业出版社，2016。

同时，教师对物理解题过程的板书更有利于学生学习和模仿。

不同的课型有不同的板书形式，归纳起来有纲要式（根据教材的内容，将有关的物理知识按讲解的先后顺序，结合课堂讲解，提纲挈领地逐条排列出来的形式），列表对比式（将两个或多个既相互联系又有本质区别的概念、规律、公式等采用列表对比的方法排列出来），推理式（根据物理概念和规律间的内在联系及物理过程的因果关系而设计的板书形式），构建式（将平时所学知识按一定规律、顺序构建在一起，以沟通这些概念、规律间的联系）和综合式等。[①]

针对不同的教学内容、不同年龄阶段的学生，课堂教学采用的板书设计常常在表现上有所不同。好的板书，不应该只把知识原原本本标示出来，而应启迪学生的思维，锻炼学生独立思考问题的能力。[②]

（二）物理教学板书的优化策略

物理教学板书是物理教学的辅助，想要更好地利用教学板书的辅助功能需要注意以下方面。

1. 目的性

物理教学板书的设计与优化要体现课堂的教育价值，要在教学设计的基础上进行概括、提炼、构造。要充分地研究课程标准、教材和学生，在明确了教学目标、教学重点、教学内容、教学策略、教学评价，确定了教学主线和教学活动之后，再来确定教学板书。教学板书应该指向教学目标和教学重点。教学板书最后留下的应该是教学中最核心的概念、规律和方法，以及物理思想和观念。

2. 清晰性

物理教学板书要注意清晰性。清晰性，一是指外观清晰。书写清晰工整，字迹清楚，大小合适，排列结构合理，赏心悦目，美观大方，具有艺术性。二是内容清晰。条理清楚，逻辑顺畅，重点突出。

---

① 乔际平等：《物理学科教育学》，223 页，北京，首都师范大学出版社，1999。
② 张大均：《教育心理学（第三版）》，329 页，北京，人民教育出版社，2015。

3. 简练性

物理教学板书要注意简练性。简练，指简要、精练。物理教学板书不要面面俱到，而要努力做到画龙点睛。黑板的版面有限，板书的书写也有时间的要求，繁杂的内容也不利于学生记忆。这些都要求物理教学板书少而精，简约而不简单。按照教育心理学容量有限原理，人们加工材料的每一个通道一次只能加工一小部分材料。工作记忆不能加工所有进入其中的信息，人们要对材料进行选择性关注。所以对物理教学板书的内容要注意选择、加工、整合、提炼，帮助学生把握物理核心、本质，以期在解决问题时能够提纲挈领、顺藤摸瓜、收放自如、游刃有余。

4. 适应性

板书要适应现代多媒体物理课堂教学环境。现代中学物理课堂中计算机、投影仪、幻灯片成了标配，手机和平板在物理课堂上的应用也屡见不鲜，如何在现代多媒体丰富的环境中发挥教学板书的作用，是物理教师要思考的问题。发挥教学板书的优势，宁缺毋滥，扬长避短。比如，相比幻灯片，板书具有保留时间长的优势，把教学重点、要点较长时间地保留在黑板上，有助于给学生长时间的视觉刺激，加强学生的记忆和理解。另外，板书也具有灵活性，可以设计一些区域，随时进行书写、调整。板书也具有生成性，在课堂教学过程中，伴随教学的思维逻辑逐渐生成，展开了学生的思维路径，有助于学生理解和记笔记。

（三）案例分析

"磁场"这一节的板书，牢牢抓住了重点，宁简勿繁，抓住了教学主线。教学的关键问题是磁场的性质，可进一步展开成以下几个问题：磁场有什么特点？如何研究磁场？如何描述磁场？有哪些具体的磁场？

磁场的特点是对铁、钴、镍有吸引力；对磁极有力的作用；磁场看不见，摸不着。研究磁场的方法：类比小布条被风吹受力，利用小磁针在磁场中受力。描述磁场的方法：利用小磁针、铁屑演示磁感线，画出磁感线，归纳出磁感线的特点，使用磁感线来描述磁场。具体的磁场，如条形磁铁、蹄形磁铁、地磁场等。这节板书将教学的重点做了凸显。比如，类比方法、磁感线特点等。板书能够起到启发学生思维，提升学生抽象概括、归纳总结、理解记忆的能力的作用。

🖇 | 实践操练 |

请您结合对本讲内容的理解，选择中学物理某一课时的特定教学内容进行教学过程设计。要求：

1. 重点思考如何创设教学情境？这节课的教学主线是什么？如何设计学习活动？如何设计板书？

2. 完成设计后与同学交流，并进行优化和改进。

单元小结 ……▶

教学设计是运用系统方法分析教学问题和确定教学目标，建立解决方案、评价试行结果和对方案进行修改的计划过程。进行教学设计，对于教师来说是富有挑战性的工作。如何更好地进行教学设计，是每位教师，尤其是新教师始终面临的问题。新教师需要认识到教学设计包含多个基本构成要素，认识到各要素的特点及要素间的关系，需要从整体性的实践着手系统地进行教学设计，并且反复练习、改进，提高教学设计能力。

单元练习 ……▶

选择中学物理某一章节的教学内容开展教学设计，并进行交流、优化和改进。要求：

1. 结合本单元所学教学设计的各个基本构成要素及其使用策略；

2. 从整体视角进行系统的教学设计；

3. 做完教学设计后进行小组交流，然后优化和改进。

第二单元　教学实施

1. 学会运用营造氛围、组织互动、倾听观察、课堂调控等课堂教学策略，实现对物理课堂教学的有效管理与调控。

2. 掌握教学语言、讲解、提问、强化等教学技能的要素和特征，以及在物理课堂教学中恰当使用信息技术的原则，实现对教学内容的有效组织和呈现。

3. 理解物理实验和实验教学的价值，掌握创新实验的策略。

如果说教学设计解决的是"做什么"的问题，那么教学实施解决的是"怎么做"的问题。教学实施过程既要考虑教师教，也要考虑学生学，在落实教学设计预设时会受很多变量影响，具有不确定性，对于新手教师，这是更大、更复杂的挑战。

基础教育课程改革的一个重要具体目标是改变课程实施过于强调接受学习、死记硬背、机械训练的现状，倡导学生主动参与、乐于探究、勤于动手，培养学生收集和处理信息的能力、获取新知识的能力、分析和解决问题的能力，以及交流与合作的能力。因此本单元的学习，将会帮助新教师学习如何通过营造氛围、组织互动、倾听观察、课堂调控等，实现对物理课堂教学的有效管理；帮助新教师提升讲解、提问、总结等教学技能，实现对课堂教学内容的有效组织和呈现；帮助新教师学习如何在教学中恰当使用信息技术，深刻认识物理实验和实验教学的价值，掌握创新实验的策略等。通过本单元的学习，以及对多项基本功的"修炼"，相信新物理教师将会更快更好地胜任物理课堂教学。

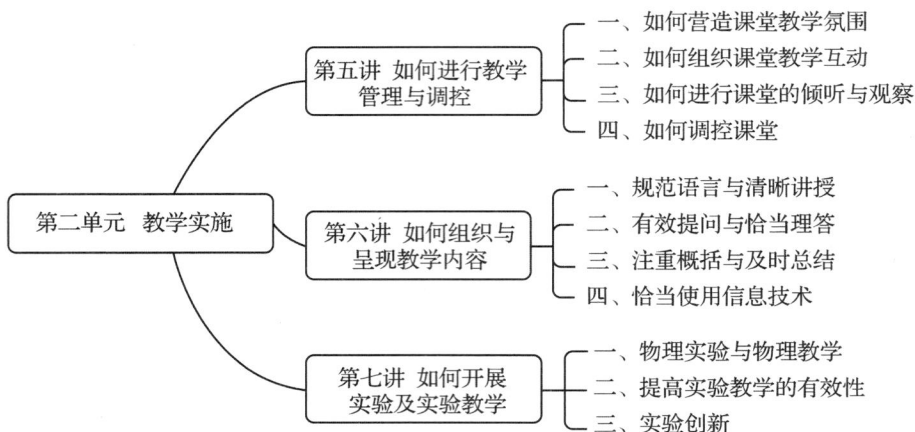

教师当然须教，而尤宜致力于导，导者，多方设法，使学生能逐渐自求得之，卒底于不待教师教授之谓也。

——叶圣陶

▶ 第五讲
如何进行教学管理与调控

　　课堂教学管理是教师在每节课中都要做的工作，是确保课堂教学质量的重要因素。新课程改革理念在教师的课堂管理实践中也应该体现出来。课堂管理不仅仅是维持和控制课堂状况，更要注重学生学习的心理感受和情感体验。

　　课堂教学管理是以教学的全方位为对象，遵循课堂教学活动的规律，运用现代科学管理的理论原理和方法，对课堂教学活动实施监控，维持、促进和调动教师与学生的积极性，使课堂总是持续着有意义的教学活动，有效地实现预定教育目标的一系列教学行为方式。[①] 课堂教学管理主要是课堂教学过程中的管理。

　　课堂教学过程中的管理主要包括两个方面：一是课堂进程的管理；二是课堂教学秩序的调控。课堂进程的管理包括：①教学节奏的处理，即对教学的速度、强度、密度等在时间上进行整体把握，使教学内容按一定的次序交替出现；②课堂环节的管理，即针对教学过程中的主要环节进行把控。这两个方面不是割裂的，而是共同贯穿整个课堂教学过程。课堂教学秩序的调控包括：①对学生课堂注意力的调控；②对学生课堂行为的管理；③ 对课堂偶发事件的处理。[②] 课堂教学秩序的调控与学生对教学进度的反馈紧密相关。教学节奏的快慢和对教学环节的理解直接影响着学生的注意力，学生的注意情况可通过学生的行为反映出来，这就形成了相应的教学秩序。教师要在教学互动中通过倾听和观察教学秩序，判断学生的学习心理，及时调控并维持正常的教学秩序。

　　本节重点讨论课堂教学管理中营造氛围、组织互动、倾听观察、课堂调控四个方面的内容。

---

　　① 陈月茹：《课堂教学组织与管理》，103 页，济南，山东人民出版社，2010。
　　② 陈月茹：《课堂教学组织与管理》，105 页，济南，山东人民出版社，2010。

一、如何营造课堂教学氛围

案例 2-1

"压强"的导入

教师在讲授"压强"这部分内容时，请一位男生和一位女生分别钉木板，并向其他学生提问："谁会钉得快一点？"学生纷纷笑话教师"故弄玄虚"。结果在相同时间内，女生钉好了，男生却失败了。当想象与实际形成巨大反差时，最容易使人产生强烈的求知欲望。男生在回座位时，丢下一句话"不公平"。

教师及时抓住了这句话，引导学生进行猜想："同学们想一想，除了男生比女生力气大不公平之外，还有什么不公平？"

"起初大家认为男同学会毫无疑问地胜出，主要是基于什么考虑的呢？"

学生答："男生力气大。"

于是教师接着问："也就是说，从大家的常识来看压力的作用效果与什么有关系？"

学生答："力的大小。"

最后教师展示了两名学生用的铁钉，进一步提问："男生说不公平，是因为他用了哪个铁钉？"引导学生观察铁钉。通过问题引导和实验观察，学生提出压力作用效果可能与受力面积的大小有关。[①]

问题聚焦

Q1：上面的教学片段反映出课堂教学应在什么样的教学氛围中进行？

Q2：在上面的教学案例中教师在课程的导入环节创设了什么样的教学情境？教学情境有哪些要素？

---

① 葛美丽：《创设有效问题情境促进学生科学探究》，载《新课程研究（基础教育）》，2008(5)。

课程的开端是至关重要的，是形成平等、尊重的师生课堂交流氛围的开始。这不仅取决于教师以什么样的教学态度去营造民主、和谐的教学环境，而且取决于教学导入环节创设的教学情境。

（一）课堂氛围及其类型

课堂氛围是指在课堂教学过程中，师生之间信息传递、情感交流的状态，它反映了课堂教学情境以及师生、生生之间的关系状态。良好的课堂氛围能够调动教师教学的积极性和学生学习的积极性，而且直接影响着课堂教学的效率和效果。

课堂氛围可以分为民主型、专制型和自由放任型。民主型氛围是指教师的行为能满足学生的要求，能给学生充分自由的表现机会，善于采纳学生的合理建议。师生之间和生生之间形成和谐、平等、民主的关系。在这样的课堂气氛中，教师与学生相互尊重、友好相待，学生能够产生满足感，处于愉快的互动、合作的积极情感状态，这极大地促进了师生之间的情感交流和信息的传递，能够获得最佳的教学管理效果。[①] 专制型和自由放任型的课堂氛围，要么是要求学生无条件服从教师，要么是学生任意妄为，使得师生之间的关系比较紧张，这两种都不能够产生和谐的、良好的教学气氛。因此，创设民主型教学氛围是我们要达到的良好教学状态。

创设良好的课堂氛围，有利于调动学生学习物理的兴趣，形成主动探究物理的学习习惯，有利于引导学生用物理知识进行思考。

每位教师都希望课堂有良好的教学状态，并且在整节课中一直保持着这种良好的状态。形成良好的教学状态取决于学生是否想学习，也就是学生是否有学习的动力，即学习动机。学习的主要动力因素是学习主体对学习内容和学习活动本身的追求，是一种发自主体内心的学习愿望或要求。[②] 如果学生具有学习的愿望，就会全身心地投入学习中，课堂交流能够顺利进行，生成融洽的师生关系和生生关系，会形成良好的课堂学习情境。

物理难学可能是部分学生不想学、不爱学的原因，物理学习的最大障

---

① 陈月茹：《课堂教学组织与管理》，157 页，济南，山东人民出版社，2010。
② 李春艳：《教师教学技能培养系列教程　中学地理》，89 页，北京，中国轻工业出版社，2019。

碍是学生的抽象思维能力不足，难以处理一些抽象的知识。然而，物理源于自然，它研究声、光、力、热、电等形形色色的生活中常见的物理现象，物理知识本身就具有情境性。所以，在教学实践中，通过创设物理情境使物理知识具体化、形象化，使学生具备利用物理知识解决生产、生活中的实际物理现象和问题的能力，培养学生的开拓创新意识和热爱科学、献身科学的精神等成为物理教学的必然选择。通过创设拉近师生之间、学生与物理学科内容之间距离的情境氛围，营造合适的物理探究环境，让学生的情感活动参与认知过程，体验物理知识的获取过程，激发学生的物理探究兴趣和思维创新能力，这样可以在"真实物理情境"中达到掌握知识，培养能力的教学目标。

美国心理学家布鲁纳说过："教学过程是一种提出问题和解决问题持续不断的活动。"学生对物理的学习是在知与不知的矛盾中进行的，这形成了学习过程中的"问题情境"。"问题情境"是一种具有特殊意义的教学环境。从心理意义上讲，它充分地反映出学生对学习的主观愿望，能激发学生的学习兴趣，能唤起学生对知识的渴望和追求，让学生在学习中伴随着一种积极的情感体验，使他们积极主动地投入学习中去。[①] 导入环节创设的教学情境就多为问题情境，使学生从课堂教学一开始即进入解决问题的学习状态。

由案例 2-1 可以看到，教学导入环节是营造课堂气氛的开端，在这个环节中教师的作用非常关键。在课堂教学开始之时教师要关注学生的学习动机，从学习动机入手，选用适合的教学手段和方法创设问题情境，引发学生进入自觉学习的状态。

（二）好的课堂导入可以营造良好的课堂氛围

1. 什么是课堂导入

课堂导入是教师在一个新的教学内容或教学活动开始时运用一定的方法和手段，创设一种问题情境，使学生对新教学内容做好认知的心理准备，

---

① 毕晓白、杨梅玲：《大学课堂教学技能》，127 页，北京，清华大学出版社，2015。

引导学生关注即将开始认知的内容，使他们出现求知欲或产生兴趣，从而形成学习动机。[①] 课堂导入技能是每位教师必须掌握的教学基本技能。

教师与学生的交流从导入环节就开始了，其直接影响到学生的课堂情绪和学习态度的形成。如何让学生对课堂内容充满期待和兴趣，课堂的开场铺垫尤为重要。正如苏霍林姆斯基所说："如果教师不想办法使学生产生情绪高昂和智力振奋的内心状态就急于传授知识，那么这种知识只能使人产生冷漠的态度，而给不动感情的脑力劳动带来疲劳而已。"

2. 课堂导入技能的内容要素

教学对象和课程类型不同，导入技能的呈现方式也不同。导入的方式多样，可以是讲故事、谈诗词、聊热点、听音乐、提问题，也可以是看图片、看录像、看动画，还可以是做游戏、做模型、做实验、做展示，可以根据学生的学习状态和课堂教学效果选用一两种导入方式。不管采用什么方式，导入技能都有确定的内容要素。

利用导入技能营造课堂教学氛围时的呈现程序是不同的，有些学者将课堂导入分为引起注意、激发动机、建立关系和指引方向四个步骤，有些学者以此四步为基础将其发展为六个步骤：创设问题情境、提出探究问题、点出涉及课程、实施思维定向、明确学习课题和阐明新课任务。[②] 北京教育学院教师培训团队经过研究和实践，在借鉴了前两种程序的基础上，确定营造课堂教学氛围的课堂导入包括四个基本内容要素：呈现教学资料、引出教学问题、形成认知衔接、阐明教学方向。四个基本内容要素呈现的顺序可根据教学内容和学生学习目标的需求而定，不用拘泥于内容要素哪个先呈现，哪个后呈现。

（1）呈现教学资料。

出示教学资料的作用是明确课程讨论的对象或内容，让学生知道要探究的物理内容，为进入物理学习做好心理准备。

根据内容，教学资料包括：文字、图片、实物、录音、视频、动画等。

---

① 毕晓白、杨梅玲：《大学课堂教学技能》，127 页，北京，清华大学出版社，2015。
② 毕晓白、杨梅玲：《大学课堂教学技能》，131 页，北京，清华大学出版社，2015。

其中，文字类型的可以是故事、新闻、诗歌、谚语，图片包括照片、表格等。

教学资源的内容要选择积极的、有意义的、发生在学生身边的、能引起学生好奇的、让学生感兴趣的材料。苏联教育学家巴班斯基认为："一堂课之所以必须有趣味性并非为了引起笑声或耗费精力，趣味性应该使课堂上掌握所学材料的认识活动积极化。"教学资料要考虑到是否触及学生学习的兴奋点，是否具有启发学生积极思考的要素，要能够把学生从课间的状态拉到这节物理课中，或者从上一个教学环节进入新的教学内容中。

例如，在讲"磁场"时，教师首先呈现与我国古代的司南相关的图片、视频等资料，学生在历史课上知道了司南是我国四大发明之一，物理课上又开始讲，会很快激起学生的兴趣，教师接着话锋一转"司南为什么指南"，然后让学生讨论。这就很好地把学生领入了这节课的学习中。

（2）引出教学问题。

在学生原有认知结构中找到与新知识既有联系又有区别的内容，提出相关的教学问题，让学生陷入新的认知"困境"，以形成新的认知冲突。[①] 让学生用原有物理学认知进行思考，认识到认知中的差异，通过课堂学习进行补充，以解决新问题。

原有的认知结构包括已有的生活经验和已有的学科知识，大部分是从课堂上学到的，也有从生活中通过各种形式习得的，如通过长辈或媒体获得，从身边的观察过程中得到，或是通过特定的情境习得。

例如，在"力的合成与分解"的教学中，教师在课堂导入时做了以下"拔河"实验：让十几个学生拉紧一根绑在柱子上的绳子，教师只在学生与柱子之间轻轻地拉了一下绳子，所有的同学都被拉了过来。为什么会这样呢？这种有悖常理的疑点，会引发学生的认知冲突，使学生产生强烈的求知欲。

（3）形成认知衔接。

通过问题凸显学生的认知冲突，问题的提出和解决应与学生的原有认

---

① 李春艳：《教师教学技能培养系列教程 中学地理》，90页，北京，中国轻工业出版社，2019。

知水平相连接，为新知识的学习和构建做好铺垫。以学生的原有认知水平为起点，使学生感知认知上的缺失，有意识地探求和理解新知识，主动在新知识和已有知识间建立联系，将其纳入已有认知结构中。心理学研究表明：人都有填补认知空缺，解决认知失衡的本能。学习者必须积极主动地使新知识与自己已有的认知结构中的有关旧知识发生相互作用，旧知识才能得到改造，新知识才能获得实际意义。[①]

（4）阐明教学方向。

教学目标对教师而言是教授目标，对学生而言是学习目标。通过课堂导入环节，教师要把教学目标转化为学生的学习目标，学生知道了学习目标就能明确学习的方向，自觉地以目标来规范自己的行为，主动地逼近目标。[②] 导入环节的问题设置应指向教学内容，引导学生的思维朝向将要开启的学习目标，为达成课堂教学目标服务。

从课堂教学活动的整体结构看，导入只是一个开端，只有四个要素完整才能够真正创设出课堂中的问题情境，才能迅速集中学生的注意力，营造课堂学习氛围。通过创设与实际生活有紧密联系的问题情境，设计与学生相关的话题，让学生无意识地进入有意识的物理学习当中。

（三）案例分析

在案例 2-1 这个教学片段中，教师创设出了一个有认知冲突的问题情境，这个情境与学生原来的认识存在矛盾，这样就引起了学生的注意和兴趣。只有在学生原有知识与未知知识之间存在差距时，才能激发起学生对问题进行探究，引起学生兴趣。

在案例 2-1 这个教学片段中，教师恰当地设疑，使得问题情境起到了很好的效果。在这个例子中，如果没有教师提问的引导，课堂就会变成热闹的玩耍，起不到教学作用。

① 毕晓白、杨梅玲：《大学课堂教学技能》，132 页，北京，清华大学出版社，2015。
② 李春艳：《教师教学技能培养系列教程　中学地理》，89 页，北京，中国轻工业出版社，2019。

二、如何组织课堂教学互动

📎 | **案例 2-2** |

"电动势"教学片段中的互动

教师播放 PPT，展示化学电池结构图及电势变化曲线。

师：同学们，在闭合回路当中，随着电荷的移动，电势发生着循环，那么电势能呢？

生：也在变化。

师：对，也一定发生着改变，那么同学们，能量的变化又是通过什么来实现的？

生：通过做功。

师：好，通过做功来实现。那下面我们就来讨论，闭合回路当中的功能关系。同学们看看，根据我们闭合回路中的一个电势变化的图线，可以把整个回路分成几段？

生：四段。

师：嗯，四段。那下面，同学们可以分组来讨论一下在每一小段中，分别是什么力做功，发生着怎样的能量转化呢？我们前后四位同学可以相互讨论一下。

学生进行小组讨论，教师巡视，同时参与部分小组的讨论。

师：好，那么现在大家来说说看，在外电路大 A、大 B 段，和内电路的小 b、小 a 段是什么力做功？

生：静电力做功。

师：好，是静电力做功，把什么能……？

生：电势能。

师：噢，电势能，然后呢？

生：转化成其他形式的能。

师：对，很好，那么在发生化学反应的薄层上，又是怎样的变化过程呢？

生：通过非静电力做功，其他形式的能转化为了电势能。

师：嗯，我们发现，回路中电势有两降、两升，而能量的变化也有两个反复，为了更加清晰地理解这个过程，帮助同学们进行理解，老师……

问题聚焦

Q1：在上面的教学案例中，教师运用了哪些互动方式？

Q2：在上面的教学案例中，学生能否有效理解闭合回路中的功能转化？

在案例 2-2 中，教师不是单纯地给学生展示"电动势"这个概念的文字，让学生按照文字表述死记硬背下来，而是通过 PPT 呈现图片和图像，创设出一系列开放性问题，让学生小组讨论、交流，回答问题，进行归纳，逐步理解新概念——"电动势"。在这个过程中，图片与学生之间有着信息传递与交流，教师与学生、学生与学生之间通过对话进行信息交流。在师生分析和讨论中不断有新的问题生成，使得学生始终处在不断地积极思考的状态中。这个教学过程就是课堂教学中的互动。

（一）认识互动

1. 教学中的互动

互动有广义和狭义的界定。广义的互动是指一切物质存在的相互作用与影响。狭义的互动是指在一定的社会环境中，人与人之间的相互作用和影响。教学过程是以学生为主体，以教师为主导，以教材为主线的特殊的认识和实践活动过程，是一种狭义上的互动。《基础教育课程改进纲要（试行）》指出：课堂教学互动是教师与学生之间、学生与学生之间的对话、相互沟通和相互理解的过程。

中学物理课堂教学的互动是指：在教室内的学习情境中，教师与学生之间通过每种媒介发生的各种形式、各种形状、各种程度的相互作用和影响的过程，不仅包括行为上的互动，还包括心理上的交互作用。[1]

---

[1] 李高峰、刘杨：《互动教学能力实训》，4 页，北京，高等教育出版社，2019。

2. 教学中互动的形式

课堂交流互动不仅是教师和学生之间进行的交流互动，也包括学生个体之间、小组与小组之间、班与班之间、年级之间的交流互动，是多方向的交流；互动既有课堂中人与人之间的互动，也有人与物（文字、实物、影像等）之间的互动。互动还可以延展到课后活动以及社会实践中，是多维度的全方位沟通。

根据互动中互动对象的不同，可将物理教学中的互动分为师生互动、生生互动和学生与教学媒介的互动。

（1）师生互动。

教师在课堂中面对一个班的学生，师生互动可以是教师与全体学生的互动，也可以是与一个小组的互动，还可以是与一位学生的互动。选择哪些学生作为互动对象，利用哪一种互动方式要依据学情和教学内容而定。

师生互动是双向的，既有教师的活动，也有学生的反馈。在这类互动中，教师的主导作用明显。教师有意识、有计划地调动学生的积极性，起到引导和促进的作用。[①] 但是，不能忽略学生的反应，若只按照自己的思路继续教学，会导致学生产生的疑问被忽视，学生没有经过真正思考就被动地接受了知识内容和观点，学生不能真正地主动学习。

（2）生生互动。

由于学生在年龄、知识范畴、认识水平、评价标准，以及在教学中的角色地位都与教师存在差异，这使得学生之间处于更为平等的关系，他们的交流比师生间的沟通更易展开。学生间的互动有组内学生互动、组间学生互动和班级间的学生互动。

小组或班级是一个学习共同体，但学生之间的认知结构、性格特点也存在着差异，从学生动手能力、理解能力、表达能力和知识迁移能力等方面的表现能够区别出来。正是由于这样的差异，每位学生都有自己的观点，同学之间的观点也不同。由于观点不同的学生之间会产生认知分歧，这会

---

① 杨文斌：《化学教学互动理论与运用》，35页，上海，上海教育出版社，2017。

引起学生间的观点争辩，形成思维的碰撞，学生会不自觉地调动自己的学习能动性。通过思考与交流，学生间最终会达成较为一致的观点。这个互动过程使学生真正做到共同学习，成为学习的主体。

教师在学生的互动过程中要关注其表现，掌握互动过程的方向和节奏，及时给予相应的指点和引领，起到主导教学的作用。

（3）学生与教学媒介的互动。

学生与教学媒介的互动是指学生与教学媒介之间信息的传递和交流的过程。教学媒介可以是文本制品，如教材、学案；可以是实验器材、模型等；可以是挂图、影像、PPT 等多媒体资源。这种互动通过刺激学生的各种感官，将学生的思想、精力和情感融入学习情境中。实际存在的物体对学生的认知产生的内化效果持久性较长，即使物体在不出现的情况下也能有效地支持认知活动。[1]

3. 实现互动的条件

互动是否有效就要看在较短的时间内，学生在和谐的教学氛围中通过教学活动达到教学目标的程度。[2] 和谐的教学氛围是有效互动的前提，需要教师熟知学生的喜好和习性，在充分预知学情的基础上，针对学生的特点创设学习情境，只有这样才能引导学生自主认知、主动学习、互助答疑解惑，达成学习目标，最终完成教学目标。

（1）创设平等的教学环境。

互动教学需要一个开放的教学环境，这个开放的环境首先是一个轻松的、和谐的课堂空间。在这个环境里师生关系平等，学生的心理是开放的，在课堂中能充分享受学习自由，不受他人的压抑。教师在课堂中要微笑面对学生，语言平和、幽默，不反感学生提出的各种问题，用学生能够接受的方式表达否定性的意见、提出建议或批评学生，有意识地适当保持沉默，不与学生当面冲突，以打消学生的畏惧感。尊重学生，不偏袒、不歧视学生，公平对待不同层次的学生，让所有的学生参与到教学互动交流当中。

① 杨文斌：《化学教学互动理论与运用》，45 页，上海，上海教育出版社，2017。
② 李高峰、刘杨：《互动教学能力实训》，119 页，北京，高等教育出版社，2019。

(2)提供自主学习的时间和空间。

有时教师认为，提出的问题太难，以学生现有的知识肯定答不上来。教师的提问如果不是记忆水平的问题，就不要急于让学生立刻回答问题，给他们多一点时间思考，要相信学生有知识和能力回答出来。凡是学生能看懂的内容就放手让学生自学；凡是学生通过动手操作能得出规律的，就放手让学生去完成；凡是学生能独立解决的问题，就放手让学生去解决。学生讨论或实践后也不要期望其展示的内容就是标准答案。尊重学生的想法，让学生说出自己见到的、想到的，让学生之间先进行评价交流，尽可能不打断学生的话语。给学生辩论的空间，让学生间的互动交流成为学习的常态，保障自主学习的有效性。

✐ | 理论书签 |

分布式认知理论

传统认知理论只关注个体内部的认知过程。直到 20 世纪 90 年代，赫钦斯认识到完整的认知过程实际上不依赖于认知主体，还包括其他认知情景、认知个体、认知工具及认知对象。他提出了分布认知的概念。分布认知是一种认知活动，是对内部和外部表征的信息加工。赫钦斯的分析表明，交流是分布认知的必要条件，共享聚焦的信息是支持问题解决的重要手段，各要素相互依赖是任务完成的重要保证。[1]

（二）组织互动的教学原则

中学的课堂教学过程是教师与学生双向、生生多向的交流活动，是教与学相互作用、相互影响的过程。互动的目的在于让学生动起来，不仅是让学生说出来、做出来，更要使学生的思想动起来。

1. 体现学生的主体地位

在物理教学过程中，教师的主导作用很重要，但是，学习的发生还是

---

① 杨文斌：《化学教学互动理论与运用》，29 页，上海，上海教育出版社，2017。

第二单元
教学实施

依靠学生本身的认知内容和认知过程的变化。学生是学习活动的中心，是学习的主体。学生在宽松的课堂气氛中参与学习，思维活跃，可以产生积极的学习意愿，成为教学互动交流的中心。互动过程是学生对学习过程的体验，是"做中学"的过程。学生在互动中可以体验到实验的失败与成功，体验到学习的艰辛与快乐。

2. 引导学生重建认知结构

建构主义认为，学习是一个积极主动的建构过程，每个学生都以自己原有的经验系统为基础对新的信息进行编码，建构自己的理解，而且，原有的知识又因为新经验的加入而发生调整和变化。[①] 从教学效果的角度看，就是学生能够有所收益，即能够理解相应的概念、原理、规律，掌握动手实践的方法、实验操作等技能，在课堂中的短时间内将相应的概念进行认知构建，并且收获相应的能力。[②] 互动教学是教师组织学生进行思维碰撞的过程，教师鼓励学生通过独立思考，发现原有认知结构中的缺欠，引导学生用自己的理解方式进行补充和更新，重新搭建新的知识结构，建构新的认知结构。

3. 引发学生的深度思维

互动教学是教与学的交流过程，不仅是表面的课堂上的学生活动、语言交流，也有学习行为的改变。教师联系生活实践，利用各种教学方法引导学生有意识地发现问题，结合学生原有的物理认知引导学生进行主动思考，同时结合其他学科的知识，引发学生的深度思维。

（三）教学中互动的策略

根据课堂互动交流的形成可以得到相应的师生互动策略、生生互动策略和学生与教学媒介互动的策略。

1. 师生互动策略

师生互动是物理教学过程中常见的互动方式。课堂上教师与学生之间有语言交流、思想交流和情感交流。以与物理相关的话题交流为例，由一

---

① 刘恩山：《中学生物学教学论（第 2 版）》，45 页，北京，高等教育出版社，2009。
② 李高峰、刘杨：《互动教学能力实训》，119 页，北京，高等教育出版社，2019。

个话题引出讨论的内容，之后师生共同进入教与学的情境。话题多是针对教学情境提出的问题。因此，师生互动策略中有一个重要的内容：问题情境。这些问题情境源于对已有生活经验的解释、已有经验与科学解释的冲突、学习过程中的新发现等。

2. 生生互动策略

（1）认识合作学习。

合作学习从 20 世纪 90 年代在美国兴起，能够弥补个别学习者与班级整体学习进度存在差异的不足。合作学习一般是以小组为学习单位而展开的一种教学互动。教师安排小组学习任务，组中的学生相互协作，共同完成学习目标。[1] 小组合作学习包括小组讨论学习、小组实验学习和小组辩论学习等形式。

（2）合作学习小组的建构。

根据学生的认知水平和性格表现，教师指定合作小组中的成员。每个小组一般由 2～6 个学生组成，小组成员都有自己的角色，每个角色分工不同。设组长一名，由有责任心、比较活跃的学生担任。每次活动由组长安排组内讨论发言、实验操作、结果记录、总结、汇报等任务，在活动中鼓励并督促组内不同的学生承担相应的任务，扮演好各自的角色。[2]

也可以根据学习任务的不同，重新建组，进行动态编组。

（3）实现小组合作学习的要素。

小组合作学习的活动内容是多种多样的，形式也有所不同，但是每个合作学习活动都有共同的活动要素：目标准确；内容明确；有评价机制；关注合作情况；引领小组合作学生方向。每一个要素都有相应的操作要点，彼此间形成了有效互动。

①目标准确。课堂中的每一个活动环节都是围绕学生的学习目标和内容展开的，是为突破学习重点和难点而设计的，不能为了讨论而提问，为了互动而活动。

---

① 郑晓蕙、胡继飞：《生物课堂教学行为研究及案例》，235 页，南昌，江西教育出版社，2009。
② 郑晓蕙、胡继飞：《生物课堂教学行为研究及案例》，236 页，南昌，江西教育出版社，2009。

　　选择互动讨论的话题要准确，具体到：是服务于学生对物理知识的理解和构建，还是服务于物理观念的理解和形成；是对实验器材的操作、学习技能的培养和提升，还是对科学探究能力和科学思维的养成；是用物理知识解释、解决生活中的现象和问题，还是树立社会责任。创设的问题情境要与教学问题高度匹配，只有这样才能够为达成教学目标服务，避免成为看起来热闹但没有教学目的的互动活动。

　　②内容明确。每一个学生都要参与到小组合作学习中，在合作学习前教师要说明每个学生的任务，让所有人都有机会承担学习任务，不能出现学习旁观者。

　　提供给学生的教学媒介内容要简洁、明确、清晰，与教学内容和学生的知识水平相符。根据讨论的要求设置有针对性的讨论题，让学生快速捕捉到关键词，进行有效的阅读和观看。问题设置应注意难易程度和认知层次，让全体学生都能参与。教师讲解的内容清晰，问答声音洪亮，要使教室内的学生都能听清楚。演示动作熟练、准确、有节奏、高度适宜，让全体学生都能看到。

　　③有评价机制。小组合作学习是班级的每位成员都要参与的集体学习，除了要保证每一个学生都能主动地参与组内工作外，还需要有互相帮助、互相评价、互相监督的任务，这需要建立有效的评价机制来做保障。评价可以是学生分组根据评价量表对本组或本班内的同学打分，教师也可以使用这个评价量表对学生进行过程性评价。评价量表中的标准要在互动活动之前确定，并且得到教师和学生的共同认可。

　　评价量表的内容包括：参与度——活动中的表现，可以以学生发言、动手操作时是否主动为标准；尊重度——针对别人的发言或对不同意见的态度表现，可以以倾听别人述说时的表现为标准；荣誉度——"学习小组"的集体感，可以以是否感到自己的行为会影响整组的学习结果为标准（见表3-1）。

表 3-1　小组活动评价量表

评价要点	优秀(5分)	良好(4分)	一般(3分)	不好(0)	权重
参与度	积极参加组内发言,主动动手操作,主动快速准确地完成自己的任务,主动提出建议	能够参加组内发言,能够动手操作,能够完成自己的任务,能够提出建议	有时参加组内发言,有时动手操作,有时能够完成自己的任务,有时提建议	不参加组内和班级发言,不动手操作,不完成自己的任务,没有提建议的意识	0.5
尊重度	主动与组内同学合作,主动启发其他同学发言,主动帮助其他同学或纠正其他同学的操作,认真倾听其他同学发言,给予客观的评价	能够与组内同学合作,有时启发其他同学发言,有时帮助其他同学或纠正其他同学的操作,能够倾听其他同学发言,能够给予较客观的评价	有时与组内同学合作,在同学的启发下发言,操作时被帮助或被纠正,有时倾听其他同学发言,有时给予评价	不与组内同学合作,不给予其他同学任何启发,不帮助其他同学或纠正其他同学的操作,不倾听其他同学发言,不做任何评价	0.3
荣誉度	积极展示个人或本组的活动成果,相信本组的活动成果一定会被全班同学认可,认为自己的表现一定会影响本组成果的形成	能够辅助展示本人或本组的活动成果,认为本组的活动成果会被全部认可,认为自己的表现可能会影响本组成果的形成	有时展示本组的活动成果,认为本人或本组的活动成果可能会被全部认可,认为自己的表现不一定会影响本组成果的形成	不愿参与展示本组和班级的活动成果,认为本组的活动成果不会被全部认可,认为自己的表现与本组成果的形成无关	0.2

④关注合作情况。

学生以小组形式进行学习时,教师和学生都要根据上述评价量表的内容观察大家的合作情况。小组发言人展示后,观察其他成员做补充和辅助工作的情况,以及其他小组是否认真倾听。

⑤引领小组合作学习方向。

在小组合作学习的过程中,学生活动相对分散,干扰因素相对增多,教师通过巡视发现问题,使用提示、点拨、引导等方法引领活动的方向。控制好互动时间,保证互动为提高课堂效率而服务。找到互动活动中学生存在的共性问题,为下一步的教学环节做准备,引导互动方向向精准达成教学目标靠近。

对学生的展示表述及时做出反馈。根据学生的理解程度，指导学生进行分析。激发学生进行思考，引导问答的指向。适时引领学生的思维水平向高阶发展，激发学生的创新思维。

依据设计好的评价标准进行小组间的评价。教师在进行学生和小组评价之前，让学生对展示的内容和过程提出自己的想法和修改意见。对展示结果出现的差异进行讨论和分析并找到出现分歧的原因。适时鼓励学生客观对待不同的意见，从多个视角思考，有意识地进行批判性思维的养成。

3. 学生与教学媒介互动的策略

教学媒介有文本性的和非文本性的。[①] 关注学生与教学媒介的交流主要是关注学生对其阅读、观察、加工和反馈的表达。

在与教学媒介的互动中，教师要提前做好准备，根据学生的认知情况选择适当的教学资源，教学媒介与教学内容紧密相连，能够对教学目标的达成起到很好的辅助作用。

互动要求学生要动起来，有了学生的声音、行为和思考，交流才有了前提和意义。教师在互动过程中通过倾听学生的表述，检查学生写出的文字，观察学生的动作等，了解学生的学习状况，厘清学生的思路，调整交流的方向。适当给予一定的提示，帮助学生找到思考的方向，得到正确的答案和解决问题的科学方法。

（四）案例分析

案例 2-2 中的教师以学生对重力和非重力的理解为基础，类比电源内静电力和非静电力的关系，来帮助学生理解电动势的意义，即电源内非静电力做功的本质，并进一步给出电动势的概念。

教师遵循了物理概念教学的一般规律和方法，使学生在教师的引导下经历了由具体到抽象、由感性到理性、由已知到未知的认知过程，通过对直观事实的抽象理解，建立了科学的物理概念。

案例中的教学片段很好地展现了教师提问的特点。可以发现，教师的

---

① 杨文斌：《化学教学互动理论与运用》，25页，上海，上海教育出版社，2017。

提问比较密集，难度有按梯度升高的趋势，但所提问题几乎都是开放性的问题，学生需要不断地寻找答案，在教师的引导下，一步步建立起对闭合回路中功与能的转化关系的认识。在回答问题的过程中，学生不是像回答是否题那样很快地对问题做出反应，而是需要有一个思考的过程。最初，教师的提问只是考查了学生对化学电池的结构的认识，如"是什么力做功""什么能发生了变化"。但接着，问题的难度进一步升级，学生不仅需要正确理解在薄层上发生的化学反应，还需要用自己的语言将其表述出来，但在教师之前的引导下，学生可以较为轻松地完成这一任务，形成对电势能、静电力、非静电力等概念的科学理解。

另外，在提出问题之后，学生多数情况下对教师的提问行为做出了回应，并与教师进行互动，这表明教师注重提问过程中对学生的引导。此外，教师在提问后也留给了学生一定的思考时间。

除了师生互动，本案例也关注生生互动。教师通过实验演示、讲授等一系列过程向学生铺垫了电源内电荷移动的规律和电路各部分的功能关系，并使学生认识到不同电源能量转化情况不同的特性，那么如何来描述电源能量转化的过程呢？学生通过与小组内同学的交流，很快产生了很多想法，包括从电荷移动的快慢、多少的角度，以及从电源内非静电力做功情况的角度等。

对学生的想法，教师给出了不同的回应，通过连续设问，一步步引导学生得出了正确的结论，从而突破了学生理解电动势物理意义这一教学难点。

三、如何进行课堂的倾听与观察

📎 | 案例 2-3 |

"电子的发现"课堂实录片段

教师：19 世纪是电磁学大发展的时期，七八十年代发电机、电动机和变压器出现后，电气工业开始有了极大的发展，但是漏电现象严重，虽然电火花的存在是一瞬间，但如果满足条件的话，这一瞬间可以成为永恒，于是电气照明吸引了许多科学家的注意。问题涉及低压气体放电现象，于是，人们竞相研究与低压气体放电现象有关的问题。

演示实验：用气体放电管展示通电后气体的发光情况。

实验现象明显，学生兴趣浓厚。

教师：通电后气体为什么发光？请同学们讨论后提出你们的猜想？

学生思考后小组讨论。

教师巡视，注意观察。个别学生未充分参与讨论，教师及时引导，让所有学生都参与讨论。教师倾听学生的小组讨论，并适当加以引导。

学生提出自己的猜想。

教师倾听学生的想法，及时归纳，解释原因：气体分子在高压电场下可以发生电离，使本来不带电的空气分子变成具有等量正、负电荷的带电粒子，使不导电的空气变成导体。科学家在研究气体导电时发现了辉光放电现象。

教师：演示低压气体放电实验。之后，提问学生观察到的现象。

学生观察并回答：看到了玻璃管壁上淡淡的荧光及管中十字金属片在玻璃壁上的影……

教师：1858年，德国物理学家J.普吕克尔利用低压气体放电管研究气体放电实验时发现，在对着阴极的玻璃管壁上出现了绿色的荧光。如果把磁铁放在放电管附近，荧光斑就随着磁铁的移动而改变位置。

1876年，德国物理学家戈德斯坦研究辉光放电现象时认为，这是从阴极发出的某种射线引起的。所以他把这种未知射线命名为阴极射线。

演示实验：阴极射线管接高压放出阴极射线。

……

问题聚焦

Q1：在上面的案例中，教师通过什么方式了解学生上课的参与程度以及学生对于阴极射线等概念的认知情况？

Q2：课堂中的倾听和观察技能在教学过程中的作用是什么？

在案例 2-3 中，教师通过巡视、观察，关注每个学生的课堂投入情况。在学生回答问题时，教师通过倾听学生的回答，分析学生语言中传递出的信息，并及时引导和归纳，引领学生逐步建立对相关概念的认知。教师在这个教学环节中使用了倾听和观察的教学技能。

（一）课堂倾听和观察

通过课堂互动交流形成生成性课堂教学，使得学生成为课堂教学中真正的学习主体，如何确定学生在课堂教学中真正地进行了学习，学习效果是否达到了预设的教学目标呢？课堂倾听和观察是进行初步判断的方法之一。课堂倾听与观察是教师了解学生在课堂上的参与程度的基本技能，对有效组织课堂教学、提高课堂教学效果也能起到积极的作用。

倾听是一种主动的听。课堂倾听是用耳朵听学生对学习内容和学习心理活动的表达。观察是一个动词，是仔细看事物或现象。课堂观察就是通过眼睛看学生的学习行为。这两种教学行为同时进行，共同作用而又相互补充。

课堂倾听和观察是在课堂上教师以积极的情感态度，运用感觉器官接收课堂中传递的信息，感知学生的学习状态，感知课堂情绪和了解自身授课效果的行为方式。

在进行课堂倾听和观察时，教师要有良好的精神状态，要专注学生，不要边听边进行其他的操作，不要心不在焉，要用动作和表情给予回应。要有耐心不要着急，给学生更多的思考时间，不要随便打断学生讲话。

（二）课堂倾听和观察的原则

1. 使学生成为学习的主体

学生对学习的愿望、需求、情感和思想是通过他们的声音表达出来的，对这些声音所表达的欲望和要求进行倾听、理解与应答是教师的重要任务。[①] 教师不仅是一个头脑清醒的讲授者，也是一个反应灵敏的倾听者。教

---

① 李政涛：《倾听着的教育——论教师对学生的倾听》，载《教育科学》，2001(4)。

师要对学生发出的声音予以足够的重视，让学生充分表达自己的真实认知状态和思维路径，根据学生的真实情况引导和激发学生主动学习，使他们真正成为课堂学习的主体。不能只听那些符合自己教学设计方向的声音，对那些不是自己想要的回答或者对学生提出的其他问题充耳不闻、不予理睬。

课堂上的倾听者和观察者不仅是教师，也包括学生。学生倾听教师的讲解，倾听同学之间的讨论，观察教师和其他同学的言行和态度，也是一种参与学习的方式。当学生展示并发表自己的观点时，能够将学习过程中的态度、知识收获和思考过程表达出来。

2. 分析并判断学生的真实学习状态

学生的真实学习状态包括对物理知识的接受和内化程度、课堂中的参与程度两个方面。[①] 通过倾听和观察可以判断出学生的真实学习状态。

（1）对物理知识的接受和内化程度。

通过学生的语言表达、肢体动作及面部表情等传递的信息，可以推断学生对知识的记忆程度、对知识的理解水平、运用知识的能力和由此展现的思维路径，进而推断教学效果。如果学生对知识表示认同并接受，行为规范，表情兴奋，课堂气氛就活跃。当出现学生举手发言的人减少了，学生发言时声音比平时小、语气犹豫、眼睛游离，或出现翻看教材、相互询问的情况，就表明学生对之前的学习内容还没有完全理解，教师应及时停下来，询问学生对前面哪些内容存在疑问，找到问题点及时解决问题。[②]

（2）参与课堂的程度。

语言和神态表情可以体现出学生的心理活动，也可以将他们的学习结果和观点表达出来。学生能够用自己的方式判断是否受到了教师的关注，教师的反应决定学生对学习态度和参与程度的认同，也会影响学生后续学习的态度。

在教学过程中，如果学生积极参与互动活动，按时完成课堂学习任务，

---

① 李涛：《教师常用教学技能训练》，170 页，北京，中国轻工业出版社，2014。
② 李涛：《教师常用教学技能训练》，173 页，北京，中国轻工业出版社，2014。

积极参与课堂发言，发言时声音洪亮，没有影响课堂学习的不良动作，课堂交流顺畅，就可以推断出学生参与教学的程度高。这说明学生一直处于积极学习、思维活跃的状态，教师应积极回应，及时予以鼓励。如果学生中有人目光游离、表情木然，不参与互动活动，不参与课堂发言，做小动作影响其他学生的学习等，教师应该及时干预。

推断的准确性与教师对学生的了解密切相关。准确地判断课堂状况不仅需要教师在课堂上观察，还需要教师在课下与学生进行接触和交流。学生的神态表情是丰富的，学生的心理活动和神态表情具有对应关系，教师通过与学生多接触才能对其进行了解和把握。

3. 及时调整课堂教学

对课堂教学进行调整就是在对学生的真实学习状态已有判断的基础上及时调控教学活动。如果学生的认知效果良好，参与程度较高，教师可以按照原定的教学设计方案继续后面的课堂教学活动。如果学生的认知出现了困难，注意力发散，并引起了课堂上的骚动，教师要及时通过调整教学方式，调动学生的情绪，帮助学生回归到良好认知状态，重新组织、维持良好的课堂氛围。

如果是学生的认知出现了障碍，一定要停下，弄清问题的症结，及时解决，不能为急于完成教学内容而置之不理，应避免影响之后的认知过程。如果是理解水平上的问题，可以通过举例，说明所学的知识。如果是分析水平上的问题，可以通过追问，帮助学生厘清思路。如果是判断水平和应用水平上的问题，可以从知识结构的角度找到相关内容。

学生的参与程度下降时，教师可以用眼神暗示，或在学生身边稍作停留，作为一种提醒。教师在教学方式上也要做一些改变，可以采取点名提问、增加语言的幽默感或改变语音大小和节奏、采用多媒体等手段，缓解学习引起的疲劳，活跃课堂气氛，集中学生的注意力。对课堂进行调整的有效性与教师的技能经验和教学机智密切相关，需要教师在教学实践中不断探索和总结经验。

课堂倾听和观察没有更多的、更明显的外显教学行为，属于心智操作的教学技能。这要求教师对教学内容有深刻的理解，对课堂有敏锐的知觉能力，有准确的思维判断力和机智的教学应变能力。

（三）课堂倾听和观察的策略

1. 课堂倾听的策略

课堂倾听是进行课堂交流的基础，倾听使教学成为可能。学生的表达只有在教师的倾听中才有意义。课堂倾听不但要用耳朵倾听，还要用心去倾听。在课堂中，不仅要倾听学生的语言，还要倾听课堂中的其他声音。[①]

(1)听学生语言表达出的内容、语音、语调和语速。

当学生回答问题时，注意内容的准确性，由此推断出学生对知识的理解和掌握情况。通过语调可以推断学生的学习态度；通过语速快慢可以推断学生的思维状况；通过语音大小可以判断学生对学习的自信程度。通过学生提出的问题，如学生所提问题与课程内容的关系，可以综合判断学生的学习水平并做出及时反馈。

(2)听教室内学生发出的其他声音。

学生在教学过程中的每个环节都有不同的反应，学生对教学的回应声音也是不容忽视的。例如，疑惑声、叹息声、赞同声等，这些声音表达了学生的学习情绪，反映了学生的学习状态，是教室中学习气氛的一部分。学习气氛不仅会影响学生在课堂上继续学习的态度，也会影响到教师完成课堂教学的心情。

2. 课堂观察的策略

课堂观察是视觉感知，教师通过眼睛看学生的眼神、面部表情、身体状态、动作表现和行为变化，由此判断学生学习过程中的情绪态度变化和认知状态。[②] 学生的认知情况和情绪的变化直接影响课堂纪律状况，而课堂纪律状况又会反作用于学生的情绪态度和认知过程。观察的同时也要以倾听做辅助，只有这样对教学状况才能做出较准确的判断。

---

① 李春艳：《教师教学技能培养系列教程　中学地理》，75 页，北京，中国轻工业出版社，2019。
② 李春艳：《教师教学技能培养系列教程　中学地理》，74 页，北京，中国轻工业出版社，2019。

（1）情绪态度变化。

情绪是个体对外界事物的一种情感态度，往往通过机体反应表达出来，像喜、怒、哀、乐等情感就是人心理和生理的综合反应，因此情绪具有个性特点。情绪与心情、气质、性格和性情有关，也跟外界刺激有关。在课堂教学中，学生的心情变化是通过情绪表现出来的。学生容易受到情绪的影响，课堂上的学生情绪变化，可以影响课堂的教学气氛。

情绪可以通过眼神、语言、语调、行为表现出来。学生的情绪有积极情绪、消极情绪和焦虑情绪之分。[①]

积极情绪的行为表现为：眼睛看着教师、发言的学生或展示的教学媒介；积极参加课堂互动；积极举手回答问题；有疑问或不理解之处时向教师提问；按照教师的指令做出正确的反应；没有过度影响他人学习的声音和动作。学生有这些行为表现时，教师要积极回应学生，并予以表扬和鼓励。

消极情绪的行为表现为：眼睛不看发言人而是看着其他地方，目光呆滞，甚至昏昏欲睡；不积极参加课堂互动，不积极举手回答；对教师的指令没有反应；发出影响他人学习的声音或做出动作，甚至还找机会起哄。如果有学生有这些行为表现，教师应及时发现并用眼神给予提醒，或走到学生附近予以关注，还可以通过提高语音或提问改变学生的消极状态。要回顾教学策略是否有效，确定是否要改变教学策略。

消极情绪可能是由学生在认识过程中形成的问题引起的。如果学生对知识内容不理解就容易产生学习焦虑，即焦虑情绪。其行为表现为：不听讲，交头接耳，随意翻阅教材等。学习焦虑不解决会引起学生情绪削弱，使学生的情绪由积极转为消极，最终迫使学生放弃学习和思考，做出极端的行为，破坏课堂学习氛围。学生出现焦虑情绪后，教师要及时找到学生出现问题的关键点，使用其他的教学方式帮助学生解决困惑。

---

① 李涛：《教师常用教学技能训练》，174页，北京，中国轻工业出版社，2014。

（2）认知状态。

根据布卢姆对认知水平的分类，教师可以将学生的认知分为对知识的记忆、理解、应用、分析、评价和创造。可以通过学生对物理现象、概念、规律的复述的准确性来判断学生的记忆状况。检测学生的理解状况的方法是，看学生能否恰如其分地使用学过的物理语言，有见地、合理地说明物理学中的事件、理论和观点。对应用水平的判断则看学生在新的、不同的现实情境中是否能有效地使用物理知识。[①]

学生能否综合运用物理知识针对现实情境中的问题选择合理的应对方法是了解学生分析水平的标准，这个水平的分析标准往往是开放性的。对评价水平的判断是看学生运用已有的物理知识，依据标准进行综合价值判断的能力，如判断实验结论是否与支撑的数据相符。针对创造水平，是看学生能否提出新见解、新的研究问题的思路、新的解决问题的方案、新的质疑角度等。[②]

由于学生之间存在差异，教师要通过倾听和观察来判断不同层次学生的认知状况，确定相应的教学方法和策略进行有针对性的教学。例如，通过有层次的设问做判断，搭建相关的、有逻辑性的系列问题帮助学生进行理解。

（四）案例分析

在案例 2-3 中，在学生进行小组讨论时，教师巡视，观察到有的学生在讨论时出现无关举动，并进行了及时的制止和引导，保证学生活动的顺利进行。

学生对电子的发现过程是知之甚少的，很多学生会有疑问："什么是阴极射线？它存在吗？它是怎样产生的?"教师可以让学生回忆在研究磁场对运动电荷的作用力时接触过阴极射线，并且可以演示阴极射线管实验，重现普吕克尔实验的现象。

---

① ［美］格兰特·威金斯、［美］杰伊·麦克泰格：《追求理解的教学设计》，95 页，上海，华东师范大学出版社，2018。

② 李春艳：《教师教学技能培养系列教程　中学地理》，74 页，北京，中国轻工业出版社，2019

　　另外，学生对电磁学知识的应用能力比较薄弱，特别是碰到真实的物理情境时，往往无从下手，所以在这节课中，教师精心设计，紧紧围绕着汤姆孙发现电子的过程展开教学，首先利用气体放电管发光和阴极射线管的实验，激发学生的兴趣，解决了学生心中"阴极射线"是否存在的疑问，为进一步探索阴极射线的本质做好了准备。

　　在课堂中，教师注意倾听不同小组的讨论内容，了解学生讨论的方向和参与程度。观察学生的讨论结果，判断学生对知识的理解以及运用程度。通过学生各组之间的比较和评价，发现和补充学生的不足，通过分析学生的语言，用提示的方式让学生展示关键信息，引导并鼓励学生敢于表达自己的观点，对学生的观点及时予以反馈和引领，达到了与学生互学共进的效果。

　　教师在课堂教学过程中有效地运用了课堂倾听和观察技能，确保了教学效果。

四、如何调控课堂

案例 2-4

"声音的特征"教学突发状况的处理[①]

　　教师让学生动手实验，把直尺紧压在桌面上，用手拨动直尺伸出桌外的一端，之后改变直尺伸出桌面的长度，重复实验。听直尺发出的声音有什么不同。结果，同学们通过实验基本都得出了尺短振动快，发出的音调高，反之，振动慢，音调低。

　　但下面却传出另一个声音："不是的，老师，尺越长，振动越慢且听不到声音了。"同学们都朝他望去，看到该同学拿了一把较长的钢尺在做实验，于是教师让他上台来演示，他把大部分钢尺都露在桌面外，然后拨动钢尺，果然看到了钢尺大幅度的振动却听不到声音。

――――――――――
　　① 刘学山、成际秋：《巧妙处理物理课堂突发事件举例》，载《教育实践与研究》，2012(18)。

这时教师临时决定，增加教学内容，让学生自学课本第四节"人耳听不见的声音"5分钟，思考并分析出现这种现象的原因。很快同学们知道了"人耳的可听声是有一定的范围的"，尺子伸出长，振动慢，频率低，人耳听不到，这与蝴蝶拍动翅膀，人听不到它发出的声音道理一样。

问题聚焦

Q1：课堂教学过程中出现了在教学设计中没有涉及的情况该怎么办？

Q2：在上面的案例中，教师对课堂突发事件是怎样处理的？

教师在"声音的特征"教学中原预设，让学生通过实验得出尺短振动快，发出的音调高，反之，振动慢，音调低的结论。但是，出现了教师没有预料到的情况，一个学生用不同的尺子做实验得出了不同的结论：尺越长，振动越慢且听不到声音了。教师对课堂教学进行了及时而又恰当的调控，增加了教学内容，把下一节的内容提前到本节课中，既解释了实验中产生差异现象的原因，又完成了前后教学环节的过渡，使得学生对声音形成了较完整的认知，顺利地达成了本节课的教学目标。那么，什么是课堂调控呢？在什么情况下要对课堂进行调控呢？用什么方法进行课堂调控？下面就课堂调控进行分析。

（一）课堂调控

1. 认识课堂调控

课堂调控是指在教学活动中根据课堂互动活动时学生的学习状况与教学预设出现偏差的情况，教师及时调整教学方法或采取相应补救措施的教学控制行为[1]，属于课堂管理的行为。课堂调控是一种教学手段，是顺利实施教学和实现教学目标的重要手段。

为了保证课堂教学活动的顺利进行，教师都会提前对课堂进行预设。由于课堂是变化的，学生的学习也是生成性的，学生在学习过程中会出现这样或那样的问题。教师通过倾听和观察对影响课堂的生成性问题做出及

---

① 查伟燕：《初中教师课堂有效调控行为研究》，苏州，苏州大学硕士学位论文，2010。

时判断，并予以及时化解，引导学生积极参与教学活动。对于课堂的调控其实是在解决教学预设与生成的关系。

2. 教学预设与课堂生成

教学预设是指课前备课，教师对课堂教学做出规划、设计和安排。为了达到一定的教学目标，对学生学习的课程内容、教学组织方法、教学媒体的使用等进行预先设计，课堂上的师生教学活动按照教师课前的设计和安排，按计划、有序地展开。预设课堂结束时学生可以获得预设性的发展，这样教师就完成了预设性的教学方案。[1]

"生成"是一个哲学概念。不同的学者和教育家对生成有不同的解释。目前多数学者认为课堂生成是教师与学生、学生与学生在一定的教学情境中，围绕多元目标，在开展合作、对话、探究的过程中，即时形成的、超出教师预设方案的新问题、新情况。[2] 因此，课堂的生成具有不确定性、多样性和隐蔽性。有时稍纵即逝，有时能够引发教学过程中的突发事件。例如，案例 2-4 中那位学生的实验结果就属于突发事件。突发事件的出现可能会引发教学情境的变化，如果处理不当会导致课堂秩序出现骚乱，也可能会打击学生学习的兴趣，或是引起学生的认知混乱。如果教师及时智慧地调整教学策略，控制教学生成的方向使其指向课堂预设的目标，就能够开发出预设外的教学价值，给课堂教学增加意外的收获。

教学预设和课堂生成存在对立的关系，表现在教学目标、教学过程和教学效果评价等方面。但是，它们又是相互联系、相互影响的，教学预设是课堂生成的前提，是课堂生成的基础，没有开发学生思维的预设，就不会有动态生成性的课堂。课堂生成是教学预设的追求，为之后的教学预设提供了思考方向。

（二）课堂调控的原则

课堂调控是教师对课堂的因势利导，使预设与生成相得益彰。在教学预设的过程中，教师要对学生的认知水平和思维路径有准确的了解，在课

---

[1] 余文森：《论教学中的预设与生成》，载《课程·教材·教法》，2007（5）。
[2] 朱志平：《教学预设与生成关系论》，18页，北京，教育科学出版社，2013。

堂教学过程中，从课堂纪律到学科教学，教师要灵活运用各种调控方法，在全面理解和整体把握科学知识的前提下，提升学生的认知水平和思维能力，以顺利达成教学目标。

1. 把握学生的认知水平和思维路径

在备课时，进行学情分析时要对与学生学习物理知识密切相关的因素进行分析，包括学生的物理知识结构、理解思维能力、学习习惯等。教师假定学生理解并且能够运用学过的物理术语、概念，在此基础上进行互动设计。在课堂教学过程中，教师会发现对学生的能力有时会高估，有时会低估。高估是指教师认为非常简单的内容，学生却觉得很难；低估是指设计的教学环节刚开始学生就表示早就会了。这都是在教学过程中反映出的教学起点与实际的学习起点不匹配的现象。[1] 在课堂教学过程中，学生会暴露出自己真实的生活经验、兴趣取向、知识结构、思维路径和心理特点，有利于教师更进一步地确定学生的最新认知发展情况和真实的执行能力，也能为教师更准确地制定和修改教学设计起到积极作用，进一步提高教学预设的针对性。

2. 及时纠正偏差，顺利达成教学目标

课堂调控可以促使学生的课堂学习向着预设的目标推进。教师应敏锐地发现和捕捉课堂生成中的各种情况，通过对学生认知的了解和分析，思考通过什么样的教学方式来解决学生的认知障碍，正确引导学生的理解方向，纠正学习偏差。而不是有意回避，强行将课堂的走向拉回"正轨"。

课程中的动态生成不仅涉及知识和能力，还有方法、情感、态度和价值观等。把动态生成的资源有机地纳入教学内容中，使其成为教学的有力辅助，从而高效地达成教学目标。

3. 整体构建知识，加深对物理学科知识的理解

由于物理学科的知识是具有层次的，且知识之间有着密切联系，不是彼此独立的。学习物理知识必须在原有的知识基础上进行。物理观念贯穿

---

[1] 朱志平：《教学预设与生成关系论》，144 页，北京，教育科学出版社，2013。

不同的教学阶段，在初中和高中所有学段的教学中都应该有所体现。物理的教学内容与学生的生活息息相关，教师和学生在教学互动中进行思想和知识的不断碰撞，会出现新的学习需求，这些往往与生活相关，也会使得教学方向发生变化。面对新问题，教师要帮助学生分析生活现象与物理知识的关系，指引思辨过程的思维方向，之后再回归到教学内容、教学目标和物理观念上，形成出现问题—解决问题—提升理解的学习过程。相比学生只接受、不思考，没问题的课堂，这样能更有效地加深学生对学科知识的理解。

理论书签

皮亚杰建构主义理论

皮亚杰(Jean Piaget)的结构理论认为，一个结构包括三个特征：整体性、转化性和自身调节性。他的科学认知理论是以认知主体为基点的，认为认知是主体与知识之间产生了转化，随后发展成为建构主义理论。建构主义理论认为，学习不是由教师把知识简单地传递给学生的过程，而是学生自己建构的过程，学生不是简单地被动接收信息，而是主动地建构知识的意义，是根据自己的经验背景对外部信息进行主动的选择、加工和处理，重新认识和编码，构建自己的理解，重新获得自己的意义。[①]

（三）课堂调控的策略

1. 及时发现课堂动态生成的问题

在教学过程中，教师通过对课堂的倾听和观察敏锐地感知课堂生成。关注学生的对话及学生应答时超出教学设计范畴的内容，观察教学情境中学生的表现或行为是否规范。

要培养对课堂动态生成的敏感性，一方面教师要读懂教材，把握知识

---

① ［瑞士］皮亚杰：《结构主义》，倪连生，王琳译，1 页，北京，商务印书馆，1984。

的整体性，增加知识储备，不仅是扩充和更新物理学科知识，还要补充跨学科知识，重视与其他学科知识的整合；另一方面要走进学生生活，了解学生关注的热点和焦点，与教学有机结合，为教学提供生成性资源。

2. 分析和判断课堂生成的问题

在学生学习过程中产生预设之外的情况的原因有两种：一种是在学习活动中，学生对知识的内容表述不理解，或有误解，这类生成可以归为是因理解分歧引起的内生型的课堂生成；另一种是与教学无关的突发事件，由此引起的生成为外生型课堂生成①。例如，课堂上有学生突然流鼻血，教师需立刻解决。

教师要具有准确的判断力，对生成性问题的价值做出准确判断。可以从生成的问题是否符合课程内容要求，是否影响对当前教学内容的理解，是否会对后面的教学内容产生障碍，是否具有积极作用等方面进行判断。还要判断偏差是个性化的还是全班性的。如果对后面的教学和学生的理解有很大影响且是全班性的问题，应立即进行解决。

3. 调整教学方法及时化解冲突

教师和学生在教学互动中进行思想和知识的不断碰撞，会出现新的学习需求和教学方向的变化，有时会使得预设的教学方法在新的变化中失去作用。教学过程是一个教学方式不断变化和运用的过程，在这个过程中教师对教学方法要不断选择和灵活运用。② 调整教学要从"大处着眼，小处着手"。"大处"是指调整教学节奏，从学生情绪、课堂气氛等方面对课堂教学进行调控。课堂教学活动是错综复杂的，教师不能对每一个方面都关注并进行完全的调控，应该将注意力集中，从某个局部"小处"出发，针对重要的、关键的因素实施重点调控。

及时制止扰乱教学的课堂生成性事件。教师要立刻制止学生破坏纪律的行为，或者是学生毫无目的地东拉西扯。教师可以用眼神示意，也可以走到学生旁边做警示，还可以提高说话的声音，或在说话的时候突然停顿

---

① 朱志平：《教学预设与生成关系论》，25 页，北京，教育科学出版社，2013。
② 朱志平：《教学预设与生成关系论》，178 页，北京，教育科学出版社，2013。

用以警告，甚至可以用委婉的语言加以制止。消除不良影响，让混乱的课堂秩序迅速回归到有序状态，让学生从对偶发事件的注意中转回到课堂情境中。

对学生的生成性问题给予肯定，因势利导解决问题，引导学生思考。可以用追问的方法进行问题探寻，找到问题的原因后，发现其中有利于课堂目标实现、有利于学生思维发展的元素，随机应变，灵活运用；可以采用多层互动的方式，让学生之间互助解疑，或者教师讲述解疑，使教学从偏移的方向回到教学目标上，让学生的思维回归课堂。[1]

如果遇到了不能解决的问题，先放下，可以留着进行课下解决，或者暂时搁置等待时机成熟后再解决。

（四）案例分析

初中物理的教学内容是以"章节"的形式呈现的，在每一章的内容中，各小节之间又有前后联系，因此，灵活处理课堂突发的某些事件时要注意知识点之间的前后联系，达到由此及彼的目的。在案例2-4中，教师对突发情况的处理，使学生既掌握了音调与振动频率的关系，又初步了解了"次声波"的知识，真是一举两得。这是一位经验丰富、课堂调控能力很强的优秀教师。

出现课堂突发事件后，如果教师不予理睬，也许会压制学生的情感，也无法解决学生学习中的困惑。但其实只要教师把握得好，因势利导，常可变被动为主动，取得较好的教学效果。

例如，在教学"大气压"时，教师演示了"瓶吞鸡蛋"实验，很成功，突然，下面有一个学生提出："被吞进去的鸡蛋如何取出来呢？"备课时教师根本没有想到学生会提出这个问题，一时之间也不知道怎么回答。通常情况下，这个实验做到鸡蛋被压入瓶内，说明外界气压大于瓶内气压即可。教师稍作思考说："你提的问题很有研究的价值，让我们大家来想想办法。"于是教师放弃原有的教学设计，和学生们一起来研究：有人提出在里面点火，

---

① 贾亚东、李芸芸：《课堂调控研究文献综述》，载《基础教育研究》，2014(20)。

再把瓶子倒过来将鸡蛋压出来；有人提出，直接把瓶子倒过来，在瓶子底部淋热水或敷上热毛巾……课堂气氛非常热烈，学生们想出了好几种办法，而且都有物理道理，效果非常好。

教师根据新情况，及时调整了教学思路，并组织了后续的教学活动，让学生自己解决了"让瓶吐蛋"的问题。这样的处理，不仅没有影响教学效果，反而满足了学生探索的兴趣，使学生更加热爱物理学科了。

教学是一个动态过程，学生是这个动态过程中充满情感、富于想象的生命体。这就使得课堂教学中突发事件的出现成为正常现象，新课程倡导"以人为本"的教学理念，它要求我们的教学应为学生的有效学习服务。新教师缺乏经验，尤其要锤炼课堂调控技能，让课堂绚丽多彩，焕发勃勃生机。

✎ | 实践操练 |

请选择中学物理某一节内容进行教学，通过对本讲内容的学习针对教学过程中的课堂管理和调控进行反思和优化，要求：

1. 参照本讲所学习的课堂管理和调控的策略与方法。

2. 对于优化改进之处要明确说明前后对比，指出所采用的策略。

3. 思考课堂管理和调控对于教与学两个方面分别有哪些影响？

▶第六讲
如何组织与呈现物理教学内容

教学内容的组织与呈现是在教学过程中教师根据一定的教学目标和学生学习的特点，对教材内容进行合理的补充、删减等处理的结果。它是现实和生动的，具有一定的开放性和灵活性。[①]

---

① 俞红珍：《课程内容、教材内容、教学内容的术语之辨——以英语学科为例》，载《课程·教材·教法》，2005(8)。

美国教育家加里·D. 鲍里奇在《有效教学方法》一书中谈到了促成有效教学的五种关键行为。第一，清晰授课——授课过程中突出重点和难点，综合运用多种教学手段，如举例、图解、示范，了解学生的知识水平和理解能力，使提出的问题有足够的针对性。第二，多样化教学——课堂中教师提的问题、安排的活动和提供的材料等要力求多样化。第三，任务导向——教师为学生提供较多的机会去学习将要评估的材料，在时间上合理安排授课内容，充分有效地传授教学内容。第四，引导学生投入学习过程——提高学生的注意力，讲解知识的同时关注学生的反应并且严格要求课堂纪律。第五，确保学生的成功率——教学中采用的题目应该与大多数学生的理解水平和能力要求是相符的，使他们能通过自己的努力得出正确的结果。这五种关键行为中，清晰授课、多样化教学都与教学内容的组织与呈现紧密相关。这两种关键行为离不开对讲解技能、语言技能、提问技能、结束技能等教学技能的锤炼。

一、规范语言与清晰讲授

🔗 | 案例 2-5 |

牛顿第三定律内容的讲解

A 老师：还有一个问题，同学们在学习牛顿第三定律时，感觉它好像没有第一定律和第二定律的用处大。那么它是不是就不是一个独立定律呢？其实牛顿第三定律也是以大量的实验为基础总结出来的，是描述物体之间力和关系的一条定律，所以它是独立的。

这块呢，我把对它的理解简单说一下。牛顿第三定律是一个独立反映力学规律的重要内容，是第一定律和第二定律的补充，定量地给出了所遵循的规律以及作用力与反作用力的规律。这些名词我们都有，只是没有给出定量关系。现在我们给出来了。

B 老师：我们刚刚一直在研究作用力与反作用力他们的关系啊特点啊，其实早在很多年前，就被牛顿通过实验证实了。也就是我们今天所要学习的牛顿第三定律。那么，牛顿第三定律是实验定律吗？可以通过实验验证吗？可以，所以这是一个实验定律。我请一位同学起来说一下牛顿第三定律是什么？（两个物体间的作用力总是大小相等，方向相反，作用在一条直线上）。

这条定律需要大家注意的是哪两个字呢？总是。什么是总是呢？总是，一直，我们这样来理解这个总是：对于任何物体，不论是固态的、液态的，还是气态的，这条定律都适用。那么，不管这个物体的运动状态是什么样子的，是静止的、匀速的、加速的、减速的，作用力与反作用力的大小关系、方向关系、作用线的问题，会受影响吗？不会。不会受影响，一定要注意这个总是的问题，来体会一下这两个字。我们来看一下，两个力的大小相等，如果一个力用 F 来表示，另一个力用 F' 来表示，那么 $F=-F'$，方向相反，所以 $F=-F'$ 就是牛顿第三定律的表达式。在刚刚的实验中，做受力分析时已经画出 F 和 F' 了。这两个力的作用点一样吗？不一样，分别作用在两个物体上。同学去推墙的时候对墙的作用力的作用点在墙上，那么墙对同学的作用力的作用点在哪？在手上。

问题聚焦

Q1：A，B 两位教师在讲解牛顿第三定律的时候有什么不同？效果如何？

Q2：如何做到使用规范的语言进行清晰的授课？

（一）规范的语言

1. 什么是教学语言技能

要清晰地讲授自然离不开规范的语言，离不开教师对于教学语言的锤炼。因此，新教师要关注教学语言技能的训练。

教学语言技能是教师用正确的语音、语义和合乎语法逻辑的口头语言，对教学内容、问题等进行叙述、说明的一类行为方式。教学语言形式多种多样，主要有课堂口语，即口语表达；书面语言，包括文字、图像、符号等，如板书、批阅作业的评语等；体态语言，即用示范性或示意性动作来表达。在这三者中，课堂口语是课堂教学语言表达的主要形式。

好的教学语言吐字清晰、语速适中、语调抑扬顿挫。例如，使用标准规范普通话，吐字清晰，没有习惯用语。声音洪亮，声音的高度适中。一般情况保持每分钟 200～250 字，节奏和谐，张、弛、停顿合理。语调抑扬顿挫，有亲和力，可以通过语调吸引学生的注意力。能恰当地应用物理学术语阐释概念、规律、问题，术语语言通俗易懂。当然，如果能配合一些面部、肢体动作，讲解时适时步入学生中间，适当给予学生肯定或者否定的眼神等，都会使教学语言更加形象生动、有感染力。

在讲解概念、规律时，要强调其中的关键词，多次重复，做到抑扬顿挫，以加深学生的印象。例如，案例 2-5 中讲解牛顿第三定律的内容时，"两个物体间的作用力总是大小相等，方向相反，作用在一条直线上"，要强调"总是"，不仅是要深刻阐释"总是"的意义，还要在课堂教学语言的语音、语调等方面体现出这个词的重要性。

2. 教学语言的特征

好的物理教学语言还应该具备以下几个特征：准确、规范、简洁。物理课堂教学的语言首先应该具有科学性，这就要求教师能准确、严谨地描述物理现象，阐明物理定律和概念，不出违背科学性的错误。其中，准确、熟练地使用物理学术语显得十分重要，物理学术语是严格的规范的科学语言，不能随意杜撰。物理基本概念、基本定律的叙述同数学中的几何定律类似，应该是最简洁精练的，教师要能准确、熟练地讲述大纲规定的物理定律和概念，这是一条基本的要求。因此，课堂教学中的语言应尽可能准确、规范、简洁。

（1）准确。

有的教师上课时甚至会把纯电阻电路随口说成完全电阻电路，这体现出教师学科功底不够扎实，备课时也不够细致。教师在备课时必须认真钻研教材，查阅资料，时刻力求科学准确。在课堂中，讲解概念、规律，介绍科学思想与方法，对实验操作进行讲解时，都要注意语言的科学严谨。例如，在介绍影响摩擦力大小的因素的结论时，大家喜欢说压力越大摩擦力越大，往往忽视了前提条件"接触面相同"，这就对学生科学准确地理解物理规律造成了干扰。

（2）规范。

要做到教学语言规范，教师首先应仔细研读教材，清楚教材中对于不同章节、不同内容的重难点是如何进行表述的，对于定义、概念是如何进行界定的；其次，在教学中要做到一丝不苟，字斟句酌，反复推敲，训练扎实的语言基本功，特别要注意用语尽量避免过于生活口语化。教学语言过于生活化、口头禅过多，不利于学生建立物理概念、学习使用物理语言。例如，在阐述热与功的关系时，可以说"做功产生热"或"消耗热可以做功"，而不可以说"功可以转变为热"或"热可以转变为功"；又如，在讲述磁场概念时，可以说"在磁极或电流周围空间存在磁场"，不可以说"磁极或电流周围的空间叫作磁场"；还应该避免将"熔化"说成"化了"，"沸腾"说成"开了"等。

（3）简洁。

物理学科追求简洁美，物理公式、符号就是追求简洁的一种表现方式。教学语言更是要体现简洁美，要简要、精练地将教学内容的精华讲出来。这种能力的提高有赖于教师对于教学内容的深刻理解和准确把握。

（二）清晰的讲授

1. 什么是讲解技能

讲解技能是教师利用语言及各种教学媒体向学生传授知识和方法，启发思维，表达思想感情，引导学生理解重要事实，构建概念、原理、定律、定理等的一类教学行为方式。课堂上的讲解可分为陈述性知识（概念规律）的讲解与程序性知识（解题、实验）的讲解。

有人认为，讲解教学是传统的授受式教学，新的教学理念要求教师转变角色，成为学生学习的引导者、促进者和合作者，讲解技能不应该再作为教师的基本技能。也有人认为，在教学过程中，教师对许多问题需要进行叙述、描述、解释、推理和论证，讲解技能不可缺少，掌握讲解技能仍然是教师应具备的基本技能。只不过在讲解的过程中教师不要忘记学生，讲解中不仅要对学生进行启发、引导，还要让学生参与进来，在师生互动的过程中完成讲解任务。

讲解不同于讲授和讲述，它是针对学生认识内容时的难易程度，针对学生的思维过程，运用叙述、描述、解释、说明、分析、归纳、演绎等推理论证和概括方式，使学生认识事物的现象、发展变化、本质特征和内在联系。使用讲解技能时教师要根据不同类型的内容采用不同的讲解程序，使讲解的过程符合学生的认知规律。

讲解不是照本宣科，不脱离教材，讲解是对内容的说明，要讲清道理，引导学生的认识，澄清学生的认识。培养讲解技能时，要把对教材中需要学生学习的每一个事件的讲解作为一个完整的认识过程，不仅要考虑内容的清晰、准确、科学，更要注意学生的认知过程，思考如何引入、认识、反馈和结束。

讲解过程是教师用生动的富有启发性的语言激发学生的思维活动，引导他们想象，利用逻辑推理等方法，发展学生思维能力的过程。培养讲解技能时，要把引导学生思考的过程呈现出来，把隐藏在方法背后的思考显性化，即按照不同的讲解程序有步骤、有计划地引导学生的思维活动，为学生学会学习建立一套编码系统，实现讲解的目的，发挥出讲解的作用。

2. 讲解技能的特征

好的讲解应该具备以下特征：目标明确、结构合理、语言清晰、重视知识间的联系、学生参与、结论明确。

（1）目标明确。

达到一定的教学目标是对讲解的基本要求。课堂教学中的讲解与平时的讲故事、谈心等不同，虽然这些活动都需要"语言表达"，然而与教学中的讲解相比所要达到的目标不同。讲解是为达到一定的教学目标服务的，无论是讲解概念和规律，还是讲解习题、实验，都是为突破教学重难点服务的，因此，讲解的内容和方式要随着教学目标和教学重难点的变化而变化。

（2）结构合理。

讲解的结构是教师在分析学生情况和教学内容的基础上，对讲解过程框架的设计。这一技能要素是整个讲解成功的基本保证。在讲解过程中既要关注整个讲解过程的条理性和清晰度，还要关注讲解过程的结构合理性和环节的逻辑性，确保过程连贯，更要关注讲解的过程与讲解的目标间的一致性，不同的目标选择不同的讲解框架结构。

（3）语言清晰。

教学是一门艺术。而教师的讲解又和一般的交谈、辩论、演讲等有所不同。讲解技能的重要特点之一就是语言清晰、条理清楚，语速快慢适宜。在课堂上，讲解语言常常与板书、媒体、动作等其他语言形式结合使用。还有，知识的类型不同，选择的讲解语言类型就不同，物理学科往往会涉及大量的物理量、符号、公式等物理语言，讲解的时候要清晰、规范。

（4）重视知识间的联系。

物理学科强调从生活走向物理，从物理走向社会，作为一门与生产生活实践紧密联系的学科，教师在讲解时要把物理学与学生生活之间存在的联系讲解出来，还要把知识前后之间、学科之间的联系讲出来。然而，这种联系有时在教材中并没有被明确地表现出来，有时学生也不能很好地去领悟，需要教师去引导、挖掘和创造。教师要在讲解中明确这些联系，使学生很好地建构起学科知识间、跨学科知识间、知识与经验间的关联网络，以利于学生牢固地掌握知识，建构良好的认知结构。物理教师在讲解时要注重知识的内涵和外延，注重物理与生活、科技的联系，关注物理学的最新进展。

例如，在讲解牛顿第三定律的内容时，既要知道结论，也要知道适用条件；既要让学生理解定律的内容，也要让学生理解定律的得出过程；既要让学生理解定律，也要让学生能够应用定律解释生活中的各种现象。

（5）学生参与。

教师的思维离不开学生，学生的思维也离不开教师的指导，可见讲解是师生共同思维的过程。因此，讲解技能要求教师要有意识地引导学生参与讲解活动，通过讲解在学生思维上的关键处、模糊处和障碍处加以引导。

（6）结论明确。

在讲解的过程中，教师不断地向学生传递信息，如果缺少让学生回忆、整理、联系旧知识或实践的过程，那在学生头脑中形成的知识可能就是杂乱无章的。因此，在完成一个讲解过程或讲解活动时，教师要带领学生一起梳理、总结和归纳，以得到明确的讲解结论，并且讲解结论要直接为教学目标的达成服务。没有讲解结论的讲解过程是不完整的，学生建构起的认知也是不完整的。

（三）案例分析

A 教师让学生对比已学过的牛顿第一定律和牛顿第二定律，通过对比和联系来讲解牛顿第三定律的内容。在讲述牛顿第三定律时，语言含混不清，如："那么它是不是就不是一个独立定律呢？"教师想表达的是这是一个独立的定律，但目前这种表达方式不仅会让学生觉得晦涩难懂，而且不利于学生记忆。讲解牛顿第三定律的内容时，A 教师讲解没有说明内容，仅对内容做出了解释，并且也没有提到定律的得出过程，认为这个不是重点就没有进行讲解，这样不符合现在的教育理念。

B 教师在讲牛顿第三定律时，对于牛顿第三定律中的"总是"这一关键词做出了解释，间接说明了应用的范围。讲到了相互作用力之间的关系很早之前就被牛顿通过实验证实了，有对定律的深入挖掘，但是这一说法实际上是不正确的，对于现有的发现来讲，关于牛顿第三定律牛顿并没有做过实验。根据《自然哲学的数学原理》，牛顿根据两球碰撞得到了大体的物体之间存在相互作用力这一观点，而后在惠更斯、雷恩等人的理论的基础上进行修正得出牛顿第三定律。显然，B 教师的讲解是比较恰当准确的。

二、有效提问与恰当理答

案例 2-6

分子热运动一节中的提问

人教版初中物理九年级"分子热运动"一节的难点是"分子间存在相互作用"，教材中安排了演示实验"将两个铅柱的底面削平、削干净，然后紧紧地压在一起，两个铅柱就会结合起来，甚至下面吊起一个重物都不能把它们拉开"。A 教师在处理此处时，让学生观察课本插图，或是播放小视频，简单提问甚至不提问就迅速得出结论。

同样是"分子热运动"这节，B 教师让学生在一个注射器中装入一些水，用手指堵住注射口，用力压活塞，发现水的体积没有明显变小。B 教师提出问题：扩散现象说明分子间有间隙，为什么水的体积不容易被压缩呢？再请同学双手各捏住一个小铁块的两端，向两端拉，铁块不易被拉伸。B 教师提出问题：分子间有间隙，且分子还在不停地做无规则运动，为什么铁块不容易被拉伸呢？

问题聚焦

Q1："分子热运动"这一节如何设计问题？

Q2：如何有效提问？

（一）什么是课堂提问

每一位教师都需要运用课堂提问，每一堂课都少不了课堂提问。提问技能是指教师通过提出问题的形式，通过师生的相互作用，检查学习目标、促进学生学习、发展学生物理思维及语言能力的教学行为方式。

学生回答任何一个问题时都要经历一定的认知过程，按照认知过程的六个维度，可以把课堂提问相应地分为记忆型提问、理解型提问、应用型提问、分析型提问、评价型提问和创新型提问。

新课程理念对课堂提问提出了新的要求，课堂提问不仅仅是教师提出问题学生进行回答，还要注重有效性，即教师在精心预设问题的基础上，在教学中创设良好的问题情境，在教学中生成恰当的问题引导学生主动思考和参与对话，全面实现预期的教学目标。

（二）有效提问的特征

有效的提问应该具备以下几个特征：核心问题明确、构成问题链、措辞恰当、停顿节奏合理、分布广泛、理答及时恰当。

1. 核心问题明确

核心问题是一节课中数量最少却能支撑全课的问题组合。核心问题也是一节课中教学活动要解决的主要问题，是课堂提问设计的主线。核心问题往往源自教学重点内容，教师可以通过对于课程标准、教材和学生认知水平的分析来确定核心问题。

2. 构成问题链

一节课的几个核心问题之间本身就构成了一个逻辑链条，构成了全课的逻辑结构。此外，这里所说的问题链也是指围绕每一个核心问题而设计的次一级的一系列问题组合，有条理和层次，前后贯通有所递进，这也使所有问题成为一个认识层次逐渐递进的系统，形成了与知识结构相匹配的问题框架。问题应该意图明确，紧扣教学重点，能引发学生的思考、讨论。任务量要适中，并针对问题给出多种预设性答案。

例如，在人教版初中物理九年级"两种电荷"一节中，教学的难点之一为"知道电荷间的相互作用规律"，为突破这一难点，教材中安排了两个演示实验："①用丝绸摩擦两根玻璃棒，手持一根玻璃棒，靠近一根被吊起的玻璃棒。观察有什么现象。②手持用毛皮摩擦过的橡胶棒，靠近被吊起的丝绸摩擦过的玻璃棒。观察有什么现象发生。"这两个实验，很容易完成，若天气状况不佳，教师还可以利用多媒体展示。在实验①中，学生很容易观察到两根玻璃棒相互排斥；在实验②中，学生也很容易观察到玻璃棒与橡胶棒相互吸引。教师希望学生最后能够得出结论"电荷间有相互作用，相同电荷及不同电荷间相互作用不同"。考虑到学生在之前已知道"用摩擦的方法使物体带电"，教师可设计如下问题：①摩擦过的两根玻璃棒带电相同吗？②这两根玻璃棒相互排斥，说明了什么？③摩擦过的玻璃棒与橡胶棒带电相同吗？请说明理由。④这两根棒相互吸引，说明了什么？

有的教师认为不需要问题①和问题③，学生便能够得到实验结论。然而，这两个问题的存在就是希望先让学生明确玻璃棒和橡胶棒所带的电荷情况，然后再得出结论。如此层层递进地设计，学生的思维水平逐渐提升，也能更好地归纳结论，而不至于显得唐突。设计问题的时候，不能主观臆断，应充分考虑学生的认知水平，将难点分解，逐步解决。

另外，"是不是""对不对"这样的问题少问，既没有深度，也无益于学生建构知识结构，基本都是无效提问。

3. 措辞恰当

提问措辞是指教师在提问过程中的语言应用，包括提问引导语、提问用词、表述问题，是教师提问技能的体现。

关于问题的表述，语言要准确、明白、简洁。提问要有效，不产生歧义，有一定的启迪性，避免问模棱两可，学生不知如何作答的问题。问题的表述要注意措辞，"你们听明白了吗"和"我是否讲清楚了"，提问者的出发点不同，给人的感受就不一样。还可以问："你有不同的看法吗？""你是如何理解的？"引导学生进行更深刻的思考。

4. 停顿节奏合理

停顿节奏是指教师在一个完整的提问过程中，如提问前、提问中、提问后都要有必要的等待时间和合适的语速控制。

5. 分布广泛

提问分布是指教师的提问应该有计划、有目的地在全体学生中进行，而不是只局限在少数学生身上。对不同难度的问题，提问相应程度的学生，既给学困生创造成功的机会来增强自信心，又给好学生提出更高的要求，从而调动各类学生的积极性。

6. 理答及时恰当

教师在课堂提问后的对于提问反馈的处理，即理答，非常重要。理答是指在学生初始回答问题后，为了帮助学生对最初的问题形成更合适的答案，教师要对学生的回答给予及时恰当的反馈或追问。

此环节为整个提问过程的核心，若是处理得好，不仅有利于学生对问题的理解，还会影响学生参与课堂互动的积极性。好的理答应该具备两大特征：及时性和引导性。对学生提出的问题和作答，教师及时给予反馈，能够点燃学生思维的火花，激发他们的求知欲，还能有意识地为学生发现问题、解决问题提供抓手，引导他们一步步建构知识。

在这个环节，教师要给学生留出思考的时间，对学生的解答进行及时反馈和评价，对学生答不上来的问题应因势利导，点拨学生得出符合物理知识规律的答案。学生回答完问题应给予合理的评价，并示意学生坐下或回到座位上。

（三）案例分析

对比 A、B 两位教师的两种提问方式，A 教师的处理方法节约了时间，但忽视了学生的主体性，学生的教学参与度不高，考虑到初中生以形象思维为主，这样的处理方法不符合初中生的认知规律，不利于学生进行知识建构。B 教师的处理方式更为合理，B 教师安排了简单易行的演示实验和探究实验，并提出问题，通过这些问题不仅将教学内容紧密结合在了一起，而且通过制造认知冲突，充分调动了学生的思维，学生便能顺理成章地想到分子间可能存在引力和斥力，这就为教师突破这节课的难点做好铺垫。可见，有效的提问能够大大提高课堂效率，提问技能也是新教师必须掌握的技能。

三、注重概括与及时总结

📎 | 案例 2-7 |

某"牛顿第二定律"课堂结束环节解析：

（1）教师概括、板书，学生思考、做笔记。

教师："现在我们已经得出了牛顿第二定律的表达式，$F=ma$，其中，质量是标量，只有大小没有方向，力和加速度都是矢量，有大小又有方向，且方向相同。在使用这一公式的时候要注意各个物理量单位的统一，一般情况下都使用国际单位制，力 F 单位是牛顿（N），质量单位是千克（kg），加速度单位是米每二次方秒（m/s²）。在公式中，力 F 指的是物体所受的合外力，因此，选取的物体不同，其相对应所受的合外力也不同。在牛顿第二定律中，力是瞬时作用规律，力和加速度同时产生、同时变化、同时消失。且 F、m、a 必须对应同一个物体。"

（2）教师提问，学生思考回答。

"例 1：质量为 1100 kg 的汽车在平直路面试车，当达到 100 km/h 的速度时关闭发动机，经过 70 s 停了下来。汽车受到的阻力是多大？重新起步加速时牵引力为 2000 N，产生的加速度是多大？假定试车过程中汽车受到的阻力不变。"

"例 2：光滑水平桌面上有一个物体，质量是 2 kg，受到互成 120°角的两个水平方向的力 F_1 和 F_2 的作用，两个力大小都是 10 N。这个物体的加速度是多大？

（3）教师讲解，深入挖掘。

"牛顿第二定律成立的参考系叫惯性系，惯性系就是惯性参照系，即选取地球或相对地球静止或做匀速直线运动的物体做参照物。"

（4）教师布置作业及课后思考。

"质量不同的物体，所受的重力不一样，它们自由下落时加速度却是一样的，你怎么解释？"

问题聚焦

Q1：什么是结束技能？

Q2：课堂结束环节应该如何高效地组织和呈现教学内容？

（一）什么是结束技能

结束技能是教师在完成课堂教学活动时，对本节知识进行归纳总结，使知识更系统，重点更突出，促进知识记忆、迁移的一种教学行为方式。主要分为知识总结及布置作业。

好的课堂结束能给人以美感和艺术上的享受，但这不是教师仅凭灵机一动就能达到的效果，而应在平时的教学中增强对课堂结束环节的设计意识。课堂结束的好坏，是衡量教师教学艺术水平高低的标志之一。许多优秀教师都很讲究恰到好处地结束课堂，或归纳总结，强调重点；或留下悬念，引人遐想；或含蓄深远，回味无穷；或新旧联系，铺路搭桥等。这也显示出了教师精湛高超的教学艺术。

（二）结束技能的特征

好的结束环节应该具备以下特征：概括性、完整性、教学目标评价。

（1）概括性。

概括性指的是能用语言、提纲、表格、思维导图等对本节课的内容进行提纲挈领的概括总结，结合板书，形成逻辑结构清晰的知识结构网。教师在结束环节重在引导学生进行如下反思：这节课我们提出了什么问题？是如何进行科学探究的？解决问题的逻辑顺序是什么？所学知识之间有什么联系？所学的各个具体知识点和哪些背景经验相联系？结束环节要突出主干，进一步强调重点，而不是对本节课内容的二次复述。总结可用提问、简述、列提纲、列表格、画图示等方法，用以强调要点、强化记忆，使学生对整堂课形成一个完整、清晰的印象。例如，在讲完"浮力"一节课后，可以把计算浮力的方法用提纲法做一个总结：

称重法 $F_浮 = G - F_拉$

排液法 $F_浮 = G_排$

阿基米德公式法 $F_浮 = \rho_液 g V_排$

这样学生对本课的内容就可一目了然，还为以后学习浮力的计算方法埋下了伏笔。也可以采取形式更加灵活的思维导图来呈现。

（2）完整性。

完整性指的是能根据课堂时间调控总结的方法和形式，使得课程有始有终，为本节课画一个完美的句号，同时承上启下，适当引出下一节内容，让学生提前预习。教师在新课导入中，常常设置问题悬念，引导学生去探究问题，然后开始课堂学习。课的结束环节也应当紧扣教学内容，使其成为整个课堂教学的有机组成部分，做到与导入环节相呼应，而不要游离主题太远。如果在导入环节精心设疑布阵，而在讲课和课堂结尾中却无下文，则在结构或逻辑上会让学生感觉不完整。特别是有些课的结尾实际上就是对导入环节设疑的总结性回答或是对导入环节的思想内容的进一步延续和升华。因此，在一堂课结束时，教师应用准确简练的语言，提纲挈领地把整节课的主要内容概括归纳一下，给学生以系统、完整的印象，促使学生加深对所学知识的理解和记忆，培养其综合和概括能力。

（3）教学目标评价。

教学目标评价指的是结束时可以通过提问、练习、布置作业等形式考查本节课的教学目标是否达到，对学生的学习情况进行诊断，为下节课调整教学策略提供参考。教师要注意评价形式应灵活多样，内容紧密地围绕教学目标，要有梯度，便于精准了解学生的学习效果。教师对作业形式及交作业时间要交代清楚，作业量要适中。

（三）案例分析

把"牛顿第二定律"这节课的结束环节分解成四个部分，可以看到，在整个结束环节教师注重了概括与及时总结、强化。在第一部分教师进行要点概括，强调知识、结论中的关键成分，明确牛顿第二定律的概述和公式的使用条件。在第二部分，教师通过学生练习，例题（1）使学生明确了力和加速度的瞬时效应，学会运用该公式求解问题。例题（2）将结论推广到在多个力共同作用下求加速度，同时巩固"力的合成"知识。在第三部分，教师进一步拓展，使学生了解了惯性系的概念，强调牛顿第二定律的适用条件。在第四部分，教师通过布置作业来考查学生是否已经掌握本节课的内容，本节课的教学目标是否达到，进一步提出了有挑战性的问题。

这样，"牛顿第二定律"这节的教学顺利结束了，学生在结束环节既对本节的重难点知识进行了概括和强化，也进行了相应的习题训练来巩固认知和进一步迁移，后续还有相应作业来评价、诊断学习效果。教师在处理该环节时表现出来的举重若轻，正是好的课堂结束技能的体现。

四、恰当使用信息技术

| 案例 2-8 |

使用信息技术设计"加速度和力的关系"探究方案：

A 方案：气垫导轨、滑块、钩码、光电门（两个）、细线、微机辅助教学系统、计算机。将气垫导轨调平，滑块一端系细线，使细线通过气垫导轨一端的定滑轮后挂钩码，这样通过改变钩码的质量就可以改变拉力的大小；利用微机辅助教学系统和两个光电门分别测量滑块经过两个光电门的速度以及中间的时间间隔，计算加速度。

B 方案：力传感器、加速度传感器、小车、数据采集器、计算机。

将加速度传感器与小车固定，用力传感器对小车施加拉力使其在水平光滑表面上做变速运动，运动过程中两个传感器实时采集力和加速度的数据。

问题聚焦

Q1：什么是信息技术？

Q2：案例中的两种方案分别是如何使用信息技术的，效果如何？

Q3：如何在物理课堂教学中恰当使用信息技术？

（一）什么是信息技术

信息技术的发展，使人们的学习和交流打破了过去的时空界限，为人类能力的提高和发挥作用带来了新的空间。

21 世纪是信息化的时代，随着信息与通信技术的不断发展，新技术层出不穷，在教育中的应用越来越普遍，产生的效果也越来越明显，越来越多地得到了教育工作者的重视。利用技术，我们可以把浩瀚的宇宙和微小的分子原子世界展现在学生面前；利用技术，学生在教室就可以遨游世界。信息技术的发展使我们拥有几乎覆盖了所有领域的数字资源。信息化教育将带来整个人类的学习和教育方式的变革，将会把整个世界推进到一个崭新的全民教育、个性化教育、终身教育的时代。

现代信息技术主要是指以计算机为核心，以数字技术为基础，融合通信技术和传播技术，能处理、编辑、存储和呈现多种媒体信息的集成技术。其中，媒体信息通常包括文本、图形、图像、视频、动画和声音等。我们耳熟能详的现代信息技术包括电子白板、传感器、虚拟现实、人工智能等。

现代信息技术可以对多种媒体信息进行数字化技术处理，从而使集成的多媒体信息在本质上具有多样性、集成性和交互性特征，在表现形式上具有新颖性、艺术性、趣味性等特征，并能以一种全新的、图文并茂、声形辉映、生动逼真的形式予以再现。充分发挥现代信息技术的优势，能为学生的学习和发展提供丰富多彩的教育环境和有力的学习工具，有利于开阔学生的知识眼界，启迪学生的形象思维，增强学生的理解和记忆能力，激发学生的学习热情，改善学生的认知方法，大大提高学习的效率和效益。[①]

2001 年 6 月 8 日，教育部颁布的《基础教育课程改革纲要（试行）》指出："在课程的实施过程中，加强信息技术教育，培养学生利用信息技术的意识和能力。""要大力推进信息技术在教学过程中的普遍应用，促进信息技术与学科的整合，逐步实现教学内容的呈现方式和师生互动方式的变革，充分发挥信息技术的优势，为学生的学习和发展提供丰富多彩的教育环境和有力的学习工具。"

2012 年 3 月 31 日，我国教育部发布的《教育信息化十年发展规划（2011—2020 年）》提出"面向未来，育人为本、应用驱动，共建共享、统筹规划，分类推进、深度融合，引领创新"的工作方针，强调要"探索现代信息技术与教育的全面深度融合，以信息化引领教育理念和教育模式的创新，充分发挥教育信息化在教育改革和发展中的支撑与引领作用"。

1913 年，当电影应用到教学中时，托马斯·爱迪生就宣布："不久将

---

① 韩志坚等：《现代教育技术教程》，3 页，北京，人民邮电出版社，2000。

在学校中废弃书本……有可能利用电影来教授人类知识的每一个分支。在未来十年里，我们的学校机构将会得到彻底的改造。"但是，十年后爱迪生的预言并没有成为现实。时至今日，这个预言仍然离我们很遥远。有人预言一对一的智能专家系统将会进入教育系统，有人预言分布式学习和远程协作将会使课堂教学和教室消亡。但目前这都没有发生。

这让我们意识到新技术的诞生并不能取代教师的作用，反而使得教师的角色在新技术中变得更加重要。教师面临的挑战是掌握新技术，有效地将技术和学习、教学融合在一起。

2013 年以来，教育部实施全国中小学教师信息技术应用能力提升工程，教师应用信息技术改进教育教学的意识和能力普遍提高，但仍然存在信息化教学创新能力不足，乡村教师应用能力薄弱，支持服务体系不够健全等问题，同时大数据、人工智能等新技术变革对教师的信息素养提出了新要求。根据《教育信息化 2.0 行动计划》和《教师教育振兴行动计划（2018—2022 年）》的总体部署，2019 年 3 月教育部发布《关于实施全国中小学教师信息技术应用能力提升工程 2.0 的意见》，希望推动教师主动适应信息化、人工智能等新技术变革，积极有效开展教育教学。

信息技术与学科教学深度融合是时代的要求。

（二）恰当应用信息技术的原则

教育信息化对教师信息素养、学生信息素养和信息技术的软硬件条件都有一定的要求。从 20 世纪 90 年代末，一所学校只有录课室有计算机多媒体设备，到现在大部分教室都有计算机多媒体设备，从挂图、实物投影，到虚拟现实、增强现实设备、手机投屏，从教育行政和教研部门鼓励和提倡教师在课堂教学中使用 PPT 教案，到现在的教师课堂教学离不开多媒体设备，信息技术应用到学科教学中经历了多年的尝试和发展，取得了丰硕的成果。信息技术与教育融合经历了起步、应用、融合、创新四个阶段，人们的观念在不断变化，对于教育信息化有了更深刻的理解。

这些年兴起的 Webquest 探究教学、混合课堂、翻转课堂、智慧教室等信息技术支持下的教学模式，使教师体会到了应用信息技术的优越性，如激发学生的学习兴趣、提高课堂教学效率、利用多媒体工具和软件提高教学质量等。甚至有的学校和教师能够应用信息技术，如大数据、人工智能来建立每一个学生的数据库，及时了解和诊断学生的学业情况。信息技术的教学功能可以概括为七个方面：①创设教学情境，激发学习动机；②呈现复杂过程，促进自主建构；③丰富教学资源，活跃学生思维；④实现资源共享，促进师生交互；⑤促进自主学习，支持协作学习；⑥促进课程整合，提高信息素养；⑦支持即时评价，改进教学过程。

然而，信息技术的使用也会带来一些问题，如有的教师对于信息技术不熟悉、不会用，在课堂上就会出现问题。新教师往往不存在使用技术的问题，问题在于应用技术。新教师往往过于求多求新，造成信息技术滥用，流于形式。新教师往往也缺少优质的信息技术资源。因此在教学中如何恰当应用信息技术，如应用信息技术呈现什么内容，如何呈现等，是新教师需要琢磨、训练的技能。

技术融入教学的根本宗旨是通过变革教学方式、优化教学过程，提高教学的有效性。可见，有效教学是信息技术教学应用的价值追求。恰当应用信息技术，提高教学的有效性，需要遵循以下原则。

(1)必要性原则。

不少课堂的信息技术应用异常热闹，表面上技术与教学似乎进行了融合。但是仔细端详后发现整个课堂的教学目标并未实现，当问及学生是否掌握了学科内容时，学生会表现出一脸茫然。针对当前信息化教学中出现的"技术滥用""技术至上""技术崇拜""只见技术不见人"等现象，有必要提出信息技术应用的必要性原则。必要性原则也称为实用性原则，即只有在教学中需要应用信息技术时才使用，而不是把信息技术作为教学"花瓶""摆设"。也可以把该原则理解为如果不使用信息技术手段就难以达到预期的教学效果、教学效率或教学效益。教师遵循必要性原则需要在正确认识信息技术教学价值的基础上，关注信息技术应用与教学效果、教学效率、教学效益之间的关系，即信息技术的应用能否提高教学效果、教学效率或教学效益，能否有利于促进学生的素质发展。具体地说，信息技术的应用能否促进教学目标的达成，如果不能将信息技术与教学目标建立明确的关联，那么就需要认真考量教学是否真的需要应用信息技术了。

（2）适宜性原则。

在中小学课堂教学中经常出现信息技术使用不恰当的现象，比如技术应用不符合学生的认知特征、不适合学习内容、不适合学习目标、不具备客观条件等。适宜性原则是指信息技术的选择类型、应用方式、应用时间均与学生的认知规律、学习内容、学习目标、学科特点、具体情境等是相适应的，能够真正提高教学效果、教学效率或教学效益，从而促进学生的素质发展。适宜性具有以下几方面的内涵：一是选择合适的媒体类型。二是选择合适的应用方式。同一种媒体的应用方式不同，取得的效果可能也不一样。互联网时代，网络也是一种学习媒体，如果让学生在课下基于互联网开展某一特定主题的研究性学习，可能效果比较好。但是如果让学生在课上使用互联网搜索某个主题的信息后再进行了加工展示，在有限的时间内让学生在茫茫网络中搜索信息难度较大，学生很容易陷入网络迷航；如果此时让学生在制作好的专题网站中查找相关内容并进行加工展示，可能针对性更强、效果更好。三是选择合适的应用时间。教师经常使用视频媒体创设教学情境，如果选择的视频的内容和时间比较恰当，效果一般比较好。但是如果通过播放视频来代替操作演示，显然就喧宾夺主了。

在"探究加速度和力的关系"教学中，A方案就是符合这一原则的教学设计。A方案通过测量瞬时速度和计算加速度，帮助学生回顾加速度的物理意义，又将新、旧知识联系起来，最后得出结论。B方案利用加速度传感器直接测量加速度，就达不到理想的教学效果，不符合适宜性原则。

（3）辅助性原则。

在信息技术与学科教学的整合过程中，技术与教学的关系一直是困扰教师的一个难题。学者们曾经为教育技术是姓"教"还是姓"技"争论不休。无论如何争论，"技术是为教学服务的"始终正确。当前我国中小学课堂教学存在着一定程度的"唯技术化"倾向，主要表现为教师在教学过程中过度依赖技术，甚至忽视了教学的"主体地位"，课堂教学被技术主宰，离开媒

体就无法上课。最为典型的就是用播放视频代替操作演示、利用 PPT 呈现
推理演算。

针对教育信息化过程中出现的"技术凌驾于教学之上"的现象，有必要
提出辅助性原则。辅助性原则是指信息技术的应用是为教学服务的，一切
以教学需要为准。尽管我们现在大力倡导信息技术与教学深度融合，期望
信息技术能够与学科内容、教学方法融为一体，但是在讨论技术与教学之
间的关系时，教学依然处于主体地位，技术处于辅助地位，技术一定是为
教学服务的，任何脱离"服务教学"的技术应用都是不合理的。

（4）情境性原则。

建构主义理论、情境认知理论都认为真实的情境是有效学习的重要条
件。戴尔的经验之塔把人类获取经验的方式分为三类：做的经验、观察的
经验、间接经验。认知学习主要是通过符号学习获取人类已有的经验，用
这种方式获得的经验基本上都属于间接经验，往往脱离了现实情境。

学生仅获得间接经验难以培养其问题解决能力和创新能力。由于社会
文明的发展，学生需要学习的知识种类数量繁多，不可能所有经验的获得
都通过做的方式获得。因此，观察的经验就是直接经验和间接经验的桥梁，
它弥补了书本学习脱离现实情境的困境。信息技术可以为教学创设逼真的
情境，弥补符号学习剥离现实情境的问题。情境性原则就是充分利用信息
技术手段为教学创设逼真的教学情境，引发学生的学习动机，建立符号学
习与生活情境的关联，帮助学生获得对知识的直观感受和情感体验。情境
主要包括：生活情境、虚拟情境和知识情境。生活情境就是学习者所在的
社会情境，可利用媒体技术还原事件发生的过程或背景。虚拟情境就是利
用虚拟现实和虚拟仿真所创建的模拟情境，适用于那些生活情境难以表现
的领域。知识情境就是知识所发生的背景与过程情境，能够帮助学习者建
构知识的意义。需要说明的是，并不是在所有教学中都需要创设以上三种
情境，而是要根据内容和学情的需要进行设计。

（5）伦理性原则。

信息技术在为课堂教学带来便捷性、生动性、功效性的同时，在教育

信息化高速发展的冲击下，似乎已经跨越了技术的"辅助角色"，教学的重心不断地向技术倾斜，甚至产生了教学的"技术化倾向"。不少教师似乎已经认为技术进入课堂的正面价值是必然的，然而"技术至上""媒体作秀""技术中人的隐退"等现象不断呈现。依据辩证唯物主义技术观和科学人文主义教育观，任何技术在课堂教学中展现积极价值的同时，也都存在着某种教学风险。信息技术的应用是师生主体间通过"技术中介物"进行的一种相互作用过程，是一种"为人至善"的活动，因此探索信息技术的应用不得不考量技术实践所折射出来的伦理问题。信息技术应用的伦理性原则是指我们在应用信息技术的过程中，尽量规避技术给学生、给教学带来的负面效应，让信息技术发挥其正面教学价值。要遵循伦理学原则需要通过职前学习、职后培训、教学研讨等多维路径在发展教师教育技术能力的同时，提升教师的信息技术伦理素养；让教师能够辩证地认识信息技术教学价值的双重属性，防止技术给学生带来的不利影响，加强学生的信息伦理教育，观照技术应用的伦理品性。

在"探究加速度和力的关系"教学中，B方案的设计就存在滥用技术、技术作秀的问题，压缩了学生动手动脑参与教学活动的空间。信息技术手段的选择要考虑能否促进学生开展自主学习、探究学习、合作学习等能动活动。

(6)经济性原则。

任何媒体的使用都需要一定的成本，我们在教学中选用信息技术时要遵循经济性原则。经济性原则就是选用媒体的概率是由媒体功效和媒体代价来决定的，尽量选择那些功效高、成本低的媒体。何克抗教授提出在选择教学媒体的过程中要遵守"代价最小原则"，也就是在教学媒体的选择上，根据媒体的效能和需要付出的成本来决定，尽量实现以最低的成本来取得最大的效果。[①]

（三）案例分析

对比这两个方案，它们都使用了传感器、计算机等现代信息技术，但

---

① 蒋立兵：《信息技术在中小学课堂教学中应用的有效性研究》，武汉，华中师范大学博士学位论文，2016。

是二者又有所区别。很显然 B 方案操作简便、用时少，而且数据都是通过传感器直接采集的，误差会比较小，而 A 方案实验步骤多（需多次测量）、用时长，还需要学生进行一定的数据处理。

这么一比较，B 方案的优势似乎很突出。但如果我们能仔细想想"加速度和力的关系"这个知识点在物理知识体系中的位置，我们就能做出正确的判断。学生进入高中，物理学习的第一章是"力"——研究物体的受力，第二章是"直线运动"——研究物体的运动，第三章是"牛顿定律"——研究物体的受力和运动的关系，而"加速度和力的关系"就属于这一部分。根据建构主义学习理论，教师应该帮助学生建构当前所学知识的意义——牛顿定律是联系物体受力和运动的桥梁。为实现这一目的，教师应该为学生创设一个能够揭示新、旧知识之间联系的情境。A 方案就是符合这一要求的教学设计。通过测量瞬时速度和计算加速度，帮助学生回顾加速度的物理意义——描述速度变化快慢的物理量，此外又可将新、旧知识联系起来，力决定加速度，加速度决定速度变化的快慢，最后可以得到结论：一物体所受合外力恒定时，加速度也恒定不变，物体做匀变速直线运动；合外力随时间改变时，加速度也随时间改变；合外力为零时，加速度也为零，物体就处于静止或匀速直线运动状态。B 方案使用加速度传感器直接测量出加速度，无须学生动手动脑，对于学生来说也就失去了一次复习的机会，同样也就不会意识到新、旧知识之间的联系了。

在这两个方案中，教师都应用了传感器、计算机等信息技术，但是应用信息技术的方式、手段不同，导致了教学效果的差异。由此，在物理教学中如何恰当使用信息技术，是一个值得研究的问题，也是新教师必备的技能。

✎ | **实践操练** |

1. 按照规范、准确、简洁的要求，讲解牛顿第三定律的内容，要求有设计文本，并多次练习，优化讲解。

2. 针对"分子热运动"一节，请设计问题链，帮助学生理解分子间存在相互作用，并将你设计的问题链进行小组交流讨论，并进行优化。

3. 请按照概括性、整合性、教学目标评价的要求，设计牛顿第二定律教学内容的结束环节的框架和流程，用思维导图的形式呈现，并与他人交流讨论，并优化。

4. 请依据信息技术在课堂教学中的应用原则，设计"探究加速度和力的关系"的探究方案，就方案设计中信息技术如何提高教学的有效性加以简要说明，并交流分享。

▶ 第七讲
如何开展物理实验及实验教学

任何学科都有它的研究方法，物理学也不例外，物理科学方法是物理学发展的灵魂，在物理理论发展过程中，人们用过许多研究方法，其中实验方法是最主要的方法之一。物理学是一门以实验为研究基础的科学，物理学中许多重大发现，都是通过复杂的科学实验实现的，实验为物理学提供了丰富的新事实和新规律，它既是物理学的基础，同时又是检验理论的唯一依据。

一、物理实验与物理教学

（一）物理实验在物理学发展中的作用

物理实验是物理学理论的基础，也是物理学发展的基本动力。物理实验在物理学发展中的作用具体体现在以下几方面。①发现新事物和探索新规律：库仑定律、欧姆定律、法拉第电磁感应定律等，无一不是在大量实验的基础上总结出来的。②验证理论：理论是物理学的核心，理论的正确与否必须经过实验来检验，实验是检验理论的重要手段。没有实验，理论是空洞的；没有理论，实验是盲目的。③测定常数：物理学中的常数有两类，物理常数和基本常数（物理常数，如比热、电阻率、折射率等；基本常数，如光速、万有引力常数、基本电荷等）。在物理学中，大量的实验是围绕常数进行的，特别是基本常数的研究和确定，在物理学的发展中占有极其重要的地位。④推广应用：现代社会的许多技术，如蒸汽技术、电工和电子技术等都离不开实验。

（二）物理实验与物理教学

物理实验有科学实验和教学实验，其中科学实验具有：实验条件可以严格控制、实验可以重复、需要借助各种仪器、可以在特殊条件下或特殊环境中进行等几个特点。而在物理教学中做的物理实验是教学实验，它与科学实验既有联系又有区别。表 2-1 对二者从几个方面进行了比较。

表 2-1

	科学实验	教学实验
目的	发现新现象，探索新规律	帮助学生掌握知识和学习方法，培养能力，提高素质
内容	由需要探索的新问题而定，内容是新的，一般是未知的	按一定的教学目的设计，根据教学实际的需要安排，是比较成熟的
形式	通过实验观察、测量、记录、计算和分析，总结出规律	使学生形成概念，掌握规律

1. 物理实验在教学中的地位

物理实验及其教学是物理教学的重要组成部分，它既是物理教学的重要基础，又是物理教学的重要内容、方法和手段。

（1）实验是物理教学的重要基础。

在物理教学中，运用实验的目的主要在于给学生学习物理创造一个良好的物理环境，使学生能主动地获取物理知识和发展能力，促进学生科学品质和世界观的形成。同时，通过学生的观察实验，使学生掌握实验的基础知识和基本方法，培养他们的实验技能和能力。中学物理教学必须以实验为基础，这是由实验本身的特点及其在物理教学中的作用所决定的。

（2）实验是物理教学的重要内容。

首先，物理实验本身就是物理学不可分割的重要内容。决定物理学的三种因素为实验（事实）、物理思想（逻辑方法论）和数学（表达式或计算公式）。实验内容本身就是教师要教、学生应该学的重要内容。

其次，实验教学是物理教学的重要组成部分。实验是物理概念和规律教学中必不可少的基础。没有实验，物理教学只能是"空中楼阁"，使本来生动的、丰富的物理知识变成一堆枯燥难懂的材料，不利于激发学生的学习兴趣和调动学生的积极性。

最后，实验是培养学生实验能力（特别是操作能力）的保证。在教师的演示、示范和学生自己动手操作的过程中，学生可以学到实验的基本知识、基本技能和基本方法，可以发展能力，培养良好的实验素质。

（3）实验是物理教学的重要方法。

首先，实验是物理学研究的重要方法。其次，实验是教师教物理、学生学物理的重要方法。通过观察和实验，学生能知道科学家探索、发现物理规律的过程，可以培养和提高学生的观察能力和逻辑思维能力，培养学生的实验动手能力和创造能力，帮助学生掌握科学的学习方法。最后，实验是物理教学的重要手段。在教学中运用实验手段，能取得很好的教学效果。

2. 物理实验在物理教学中的作用

（1）有利于培养学生的兴趣和激发学生的求知欲。

实验具有真实、直观、形象和生动的特点，易于激发学生的学习兴趣。实验应该是一种有目的性的操作行为。

（2）帮助创设使学生有效掌握知识的学习环境。

许多物理概念和规律都是从大量的具体事例中抽象出来的。在教学中必须重视感性知识，这是形成概念、掌握规律的基础。感性知识可以来源于学生的生活，也可以来源于物理实验提供的物理事实。与生活事例相比，实验有一些特点：典型性、重复性、趣味性、定性和定量研究的全面性等。

（3）培养学生掌握科学方法。

用实验手段去验证事物的属性，发现事物的变化、联系和规律，让学生从中学习科学的研究方法，掌握科学的学习方法。实验是对学生进行创造意识训练和科学方法训练的有效途径。

二、提高实验教学的有效性

案例 2-9

"作用力与反作用力"实验引入

教师演示实验：在一个天平的右盘上放置砝码，左盘上放置盛水的杯子，将天平调至平衡的状态。

教师：将手插入杯子，直至接触到杯底，天平是否还会平衡？

学生：不平衡。

教师：如果手插入水中，并没有接触杯底呢？

学生：平衡。

教师演示实验，学生观察到天平仍然向左边倾斜。

教师：为什么天平会向水杯方向倾斜？

……

问题聚焦

Q1：你是如何设计作用力与反作用力的实验的？这位教师的演示实验能否起到良好效果？

Q2：物理教学实验包括哪些类型，什么是物理实验能力？

物理学科是以实验为基础的，无论如何强调都不过分。实验是物理教学的重点，又是难点和弱点。实验的教育价值在于在教学过程中，能化无形为有形，化抽象为形象，从而降低学生的学习难度，让学生从感性的体验上升到理性的认识。正如《全日制中学物理教学大纲（修订本）》（人民教育出版社 1990 年第 2 版）所说："物理是一门实验科学。通过演示和学生实验，能够使学生理解物理概念和规律的建立与实验的关系，培养学生一定的实验能力。演示和学生实验对于培养学生学习物理的兴趣也是十分重要的。"

（一）物理实验的分类

物理实验的分类有一定的标准，分类标准不同，物理实验的分类结果也就不同。

例如，以实验知识、技能、能力等训练目的与功能为标准，物理实验可分为：技能训练型实验、测量型实验、探究性实验和验证性实验等。

根据实验地点的不同，物理实验又可分为课内实验和课外实验。

根据实验本身的性质不同，物理实验又可分为：探究性实验、验证性实验、开放性实验和设计性实验。

根据实验操作者的不同，物理实验又可分为"教师实验"和"学生实验"，而"教师实验"主要是"演示实验"，"学生实验"则主要有"学生边学边实验""学生分组实验"和"学生课外实验"等。

1. 演示实验

演示实验是在教学过程中由教师操作，学生进行观察、讨论的实验。在演示实验的过程中，要鼓励学生多参与、多观察，培养学生的观察能力。演示实验在目录中不出现，且不单独成节，该类实验用时较少，且实验内容相对比较简单，是为学习物理概念或物理规律所做的实验，演示实验是将抽象的物理概念或规律直观、形象、具体地表现出来，用直观又有趣的实验轻松引出本堂课所要学习的内容，引发学生的学习兴趣，使课堂气氛变得活跃。例如：观察桌面的微小形变、自由落体运动、做曲线运动的物体在某一时刻速度的方向等。

2. 学生实验

学生实验是学生在教师指导下自主完成的实验。学生实验一般在实验室内完成，一般是利用实验室内的实验器材进行分组实验，即学生分组实验。在教材编写过程中学生实验会被编入正文，并且在教材目录中出现且单独成一节，在节的标题中都带有"实验"二字，如"学生实验：用打点计时器测速度"。学生实验在编写的过程中，多数被设计成探究性的实验，如"学生实验：探究小车速度随时间变化的规律、探究加速度与力、质量的关系、探究功与速度变化的关系"等，当然也有验证性实验，学生实验是学生都必须掌握的相对较复杂的实验，一般要用一到两个课时的时间才能完成，用时较长，而且实验数据的处理一般是在课下完成的。

"实验"在高中物理教材中是以栏目的方式出现的，与学生实验不同，实验不出现在目录中更不单独成节，实验多数为定性的实验且较为简单、用时相对较短，实验一般情况下是课上学生独立完成的，教师在讲授内容的同时学生做实验，在这个过程中，学生将听到的教师讲解内容运用到动手的过程中，即学生边学边做实验。例如，"实验：探究求合力的方法、探究作用力与反作用力的关系、探究弹性势能的表达式"等。

（二）物理实验能力

物理实验，是为了掌握物理要素及各物理要素之间相互作用的规律，人为地控制物体的状态，以便很好地探究物理规律的科学实践活动。依据对物理实验概念的理解，物理实验能力应该包括实验操作能力和实验思维能力两部分。其中思维是操作的保证，及时有效的思维保证实验操作可以按正确的方向进行，即思维是依据操作展开的，且该过程当中夹杂着抽象思维。实验操作具有人为因素，且灵活多样，出现意料之外的情况是不可避免的，这就要求思维在实验操作的过程中，要具有综合性，应是抽象思维与具象思维的统一，综合性的思维要能够有效地把控实验操作的方向，及时解决实验过程中遇到的各种问题。实验操作能力是物理实验能力的主要部分，在完成一个具体的物理实验的过程中，物理实验操作表现为操作者的实验技能和实验技巧。实验思维能力是物理实验能力的关键，思维与操作，二者相互作用、相互联系，共同构成了物理实验技能。

广义的物理实验能力是指通过物理实验来加深对物理概念和物理规律的理解，并能通过物理实验来检验物理理论的正确性，在此过程中得到新的认识的能力。它主要包括学生能够及时发现问题的能力；准确地确定实验目的的能力；对实验进行猜测与假设的能力；合理制定实验方案的能力；寻求适当的实验方法的能力；正确使用实验器材的能力；能够粗略地记录实验现象的能力；记录和收集实验数据与实验资料，并对实验数据进行分析与处理，从而发现实验规律的能力；能简单地描述实验过程的能力；能准确地表述实验结论，最终解决物理问题的能力；等等。物理实验能力从狭义上讲，则是指学生能够顺利完成物理实验操作的能力，主要包括能够准确地使用实验仪器的能力，动手操作能力、合作探究能力、实验观察能力，处理实验数据的能力，等等。狭义的物理实验能力从科学方法论的观点来看是不完整的，它不能满足社会培养创新型人才的需要，狭义的物理实验能力只注重动作技能方面，而对学生思维方面关注过少，培养出来的学生往往是"照方抓药"的实验操作员，既不能很好地培养学生的创新性思维，也不能真正培养学生的实验能力。[①]

（三）提高实验教学有效性的策略

1. 引导学生在实验之前做好准备工作

教师在教学活动中处于主导地位。在物理实验教学中，教师要引导学生做好各方面的准备，提前考虑到学生在实验活动中可能会遇到的各种障碍，并为学生清除。同时物理教师还必须在课前准备好学生实验的各种物品，比如提供各种实验仪器设备以及进行实验的场所等。在课前准备的环节中可能会遇到一些问题，如有些设备学校可能没有，这就要求教师发动学生自己制作。有些实验比较复杂，实验的结论可能受到多种因素的影响，学生在操作时不容易得出完善的结论，因此教师必须抢在实验课之前做好探究准备，发现可能会出现的问题，找到能够解决问题的方法，研究、探索更好的实验办法，以便在学生探究的过程中能够有的放矢地给予他们提示和指导。

---

① 陈芳桂：《中学生物理实验能力的调查与研究》，成都，四川师范大学硕士学位论文，2007。

2. 使实验教学能够起示范带头作用

我国的学生在世界性的知识竞赛中往往能取得高分，但动手操作比赛的成绩却略逊一点。这种现象的出现在很大程度上与我们的教师从小学开始就对学生进行灌输式的教学脱不了关系。我国地域广阔，不同地区的经济有着不同的发展状况，学校教育的状况也大不相同，经济状况落后的地区在教育上也相对滞后。例如，在西部地区的高中物理实验教学中，很多教师都将教材安排的学生分组实验改为演示实验，甚至更差的情况是教师在黑板上讲实验。当然这种实验教学方式有可能使学生顺利完成实验考题，但是却缺少真正的动手能力和创新精神。教师在进行物理实验教学时首先应当身体力行，对让学生探究的内容教师也要进行深入探究，这样我们的学生就会在教师的带动下潜移默化地学到很多探究的方法和培养对科学的执着追求精神。

3. 在实验中精心指导

在实验教学中教师必须向学生讲清实验步骤，先做什么后做什么，分几个环节进行，应注意什么问题等。指导实验方法，鼓励学生做好实验，这是实验课中占主体地位的教学环节，这一步骤要有比较充分的时间，学生做实验时，教师要巡回指导，给学生一些方法性的指导，启发学生多实验、勤观察，主动探索知识的奥妙，围绕问题和现象积极思考。有时教师还要根据实验的难易程度，循序渐进地加以指导。引导学生深入生活中去观察物理现象。如果有学生在知识储备、经验或某方面能力比较欠缺，进而影响实验进程时，教师就要适时进行帮助。

4. 实验后认真总结和汇报交流

口头汇报交流要求学生如实描述实验的结果，充分发表意见，哪怕是不同意见也要让学生讲出来，以引起更多学生的关注和思考。必要时可以通过重新实验进行验证，以达成共识。

书面汇报交流指学生根据实验的客观情况填写出简单的实验报告单，教师要指导学生填写实验报告，并告诫学生一定要客观，绝不能以主观的想象或用课本中的结论来替代自己实验的真实结果。教师应引导学生对实验结果进行分析、概括，使他们透过现象认识规律。

5. 进行实验评价

实验完成之后教师还要组织学生认真总结。如问学生通过实验学到了什么，要引导他们从知识、技能等多个方面进行总结。教师还要对学生的表现进行评价："你认为在实验中哪些地方你做得好？别人的哪些地方值得你学习？"从而创造出和谐的课堂气氛为后续的学习奠定基础。

6. 给学生动手机会，营造主动探究的氛围

对中学生而言，提出问题相对于解决问题难度更高，在物理实验过程中他们处理数据时容易出现以偏概全、抓不住根本的现象。因此，在物理实验教学中不但要鼓励学生勇敢去发现新的问题、提出新的见解，而且还要提倡学生与学生之间的交流与合作，让学生自主地掌控课堂。教师在对学生的错误回答进行评价时，要给予学生鼓励而不能全盘否定。要多给学生一些表达自己思想的机会，对学生的观点不要轻易地否定，在进行师生互动的同时，更要关注学生与学生之间的互动。

教学的发展要求改变教师是课堂中心的传统教学模式，还学生主体地位。在物理实验教学中教师起着主导作用，肩负着为学生营造主动探究的学习氛围的重任。教师要从尊重学生出发，用和善的语言、温文尔雅的教态，实现良好的师与生、生与生之间的人际交流，并在交流中营造出良好的让学生可以主动探究的学习氛围。在物理实验教学中应该通过课堂上学生与教师的教学互动，让学生去争取自己的主体地位，消除学生学习物理实验的消极情绪，感受学习物理实验的乐趣。[①]

（四）案例分析

在讲解牛顿第三定律时，作用力与反作用力的实验通常运用磁极之间的相互作用来呈现，这对于高中学生来说，早已不是什么新鲜事情，会大大削减他们对于演示实验的兴趣。教师可以设计新的实验方案，重新吸引

---

① 唐海强：《提高高中物理实验教学有效性的研究》，哈尔滨，哈尔滨师范大学硕士学位论文，2013。

学生的注意力和兴趣。

在案例 2-9 中教师在课堂上设计了一个这样的实验方案：在一个天平的右盘上放置砝码，左盘上放置盛水的杯子，将天平调至平衡的状态。教师在演示实验时，向学生抛出一个问题："将手插入杯子，直至接触到杯底，天平是否还会平衡？"学生大部分会回答"不平衡"，教师可以演示给学生观看，天平会向左偏。此时，教师再抛出一个问题："如果手插入水中，并没有接触杯底呢？"这时大部分学生会不假思索地回答"两边平衡"。教师可以通过实验演示给学生观看，实际上天平仍然向左边倾斜，这个实验现象会让大部分学生感到惊讶，出乎他们的意料。那么教师就可以引导学生思考，为什么天平会向水杯方向倾斜？教师可以抓住学生好奇的心理，向学生讲授什么是牛顿第三定律？什么是作用力与反作用力。教师在演示过程中，手伸入水中，会受到一定的浮力，同时水也会受到手的反作用力，这恰好解释了作用力与反作用力。

教师通过设计这种新的实验方案，可以在很大程度上吸引学生的兴趣，为学生呈现出一个别出心裁、生动、有趣、直观的演示实验，充分调动学生的物理学习兴趣。在这个演示实验教学中还能积极引导学生充分思考，从而达到高中物理演示实验教学的良好教学效果。

"三人行，必有我师"。互助学习是物理教师发展实验能力的重要路径。每一位物理教师走上教学岗位之后，不可避免地要面对各种物理实验教学问题。物理教师要勇于面对自己在教学中所存在的各种问题，主动寻求专家的帮助和指导或请同事帮忙，查找问题根源，利用其他对自己有帮助的资源，促进自己实验能力的发展。

三、实验创新

案例 2-10

"加速度和力的关系"实验方案

方案一：气垫导轨、滑块、钩码、光电门（两个）、细线、微机辅助教学系统、计算机

将气垫导轨调平，滑块一端系细线，使细线通过气垫导轨一端的定滑轮后挂钩码，这样通过改变钩码的质量就可以改变拉力的大小；利用微机辅助教学系统和两个光电门分别测量滑块经过两个光电门的速度以及中间的时间间隔，计算加速度。

方案二：力传感器、加速度传感器、小车、数据采集器、计算机。

将加速度传感器与小车固定，用力传感器对小车施加拉力使其在水平光滑表面上做变速运动，运动过程中两个传感器实时采集力和加速度的数据。

对比这两个方案，很显然方案二操作简便、用时少，而且数据都是通过传感器直接采集，误差会比较小，而方案一实验步骤多（需多次测量）、用时长，还需要学生进行一定的数据处理。

问题聚焦

Q1：两个方案有什么异同？能否取得良好的教学效果？

Q2：如何通过创新实验取得良好的教学效果？

物理是以实验为基础的自然科学，实验是物理教学的重要基础、内容、方法和手段。在中学物理教学中，开发创新实验，不仅能够弥补现有实验教学的不足，提升教学效果，同时又能够培养学生的创新意识和创新能力。实验创新主要是通过自制教具和引进新技术来实现的。

（一）自制教具与物理实验

对于物理实验，课程标准提出了更高的要求。学校的实验室是重要的

课程资源之一。物理课中的科学探究多是通过实验来进行的探究活动，学校应开放实验室，在保证课堂教学的，为学生的科学探究活动创造条件。要做到这一点，目前大多数的学校还有很大困难的，农村中学困难更大。因此，我们大力提倡，推广自制教具、"坛坛罐罐做仪器，因陋就简做实验"。

自制教具就是师生利用简易便行的方法，自己动手制作或组合设计出适合自己教学风格的教具，我们称那些凝聚了师生智慧的教具为自制教具。工厂批量生产的仪器虽然也凝结了人类的智慧，它的前身也是自制教具，但却不能称之为自制教具，因为制造者和使用者已经分离了。自制教具要强调自己制作并为自己所用。

物理教材中的"做一做"栏目，有很多都是些比较有实验性的活动。"做一做"中的实验活动用到的生活中的小器材涉及范围广，有的要用到计算机、传感器等精密仪器，也有的提倡用生活中易得的瓶瓶罐罐自制实验器材，当然自制器材的过程体现了实验的趣味性。这些实验性的活动一般属于扩展性试验，学生可以根据自身情况进行选做，有的称为"课外小实验"，课程标准中称为"选做实验"。这类实验是学生根据所学的物理知识，自己设计的，并且所用实验材料都是自己准备的。学生在这个过程中可以体会物理实验的趣味性，感受科学探究以及科学知识的重要性，如借助传感器用计算机测速度、用计算机绘制 v-t 图像、测定反应时间等。

（二）新技术在中学物理实验中的应用

物理是一门以实验为基础的学科，实验教学的质量在某种程度上决定了物理教学的效果。当前物理课程改革更加突出实验教学，要求实验手段应多样化和现代化，物理课程标准明确提出要重视将信息技术应用于物理实验，加快物理实验软件的开发和应用。

1. 计算机在中学物理实验教学中的应用

计算机应用于物理实验教学，有它得天独厚的优势，必将使物理实验教学上一个台阶。计算机在物理实验中的应用主要在以下几个方面：①用计算机处理数据；②用计算机模拟物理实验；③用计算机采集实验数据，控制实验等。

（1）用计算机处理数据。

计算机具有运算速度快的特点，因此在处理实验数据方面得到了很快的发展。大部分高校在十几年前就应用计算机进行数据处理的尝试，如用计算机进行求平均数、解方程等运算。另外计算机也具有很强的图形处理能力，应用计算机还可以拟合图线、求经验公式等。

（2）用计算机模拟物理实验。

中学物理教学内容对中学生的抽象思维能力提出了较高的要求。一般在初期，学生在分析问题时要借助于实物的帮助，有时常常因脱离实物而无法对物理现象进行抽象。现行教材又有很大一部分内容没有与之配套的直观教具，有些内容涉及微观或宏观过程，因此无法在课堂教学中进行演示。由于必要的直观演示不足，所以有些抽象的物理概念、物理规律未经感性认识阶段而直接上升为抽象的理论，使得抽象思维较弱的中学生难以认识这复杂的世界，造成了中学物理难教、难学的被动局面。用计算机作为辅助教学的工具，则可充分发挥它的优势，在传统演示教具无法涉及的地方大显身手，弥补学生直观感觉的不足，减少其抽象思维的难度。

①课堂演示，强化学生的直观感受。计算机具有彩色作图的功能，所以在演示实验中可利用图形的变化来激起学生的好奇心和兴趣，并可补充演示实验的不足。例如，在讲解光的双缝干涉时，演示实验必须在暗室进行，学生对单缝及双缝对干涉条纹形成所起的作用印象不深刻。若用计算机来模拟双缝干涉实验，则无须在暗室就能模拟双缝干涉的原理。学生在荧光屏上看到七条彩色条纹所代表的白光，由狭缝射入并经双缝分成两束相干光源。由于各色光的波长不同，相邻同色亮条纹之间的宽度也不同，因此在中央由七条彩色条纹组成的白光，两边出现彩色纹，并且紫光在内红光在外。整个过程都暴露在学生的视野范围内。它不但弥补了常规演示的不足，同时声音和色彩也给学生留下了直观印象，能使学生注意力集中，脑、眼、耳等器官同时工作，加深了感知程度，提高了学生动态思维的能

力，也使物理概念的抽象性降低了，进而使物理规律牢牢地印在学生的脑海中。

②建立物理模型。探索物理问题时不仅要从实验出发，同时要忽略次要因素，抓住反映过程的主要因素和本质来形成物理模型，这是研究和学习物理学的一种很重要的方法。在常规演示中，往往无法突出其主要矛盾，学生容易被表面现象所迷惑。例如，布朗运动，从显微镜中只能观察到花粉颗粒在非常缓慢地移动，无法观察到它运动的原因在于液体分子对它碰撞的不均匀性。若用计算机来模拟，学生就会看到一个大的花粉颗粒在不停地受到来自各个方向的小的液体分子碰撞，花粉颗粒的移动正是液体分子碰撞的结果。花粉运动的不规则性恰好反映了液体分子运动的不规则性，可以使学生牢牢掌握分子杂乱无章的运动正是布朗运动的本质。又如，用计算机来模拟交流电对电容的充放电过程时，它能让学生看到电子在电场力的作用下运动，两个极板上会分别呈现出多余的正、负电荷并且不断变换，这些用常规演示一般是无法实现的。因此，在一定范围内，直观、具体，有时甚至是夸张的模拟能协助学生化抽象为具体，逐步建立起一个个物理模型，最大限度地发挥学生的创造力和想象力。

③展现宏观世界或微观世界。物理学所研究的物体小到微观粒子，如原子、电子等，大到宏观天体，用普通办法无法向学生演示，虽然可用挂图等来描述，但不能反映其动态的变化规律。在这方面计算机的辅助教学是可以发挥很大作用的。例如，在讲解开普勒定律时，计算机能为学生描绘一幅天体运动图像。行星围绕太阳运转时，其轨迹为椭圆，太阳位于椭圆的一个焦点上。用计算机还能向学生展示行星和太阳的连线在相等时间内扫过的面积相等的概念。在微观领域，可用计算机来展示带电粒子在磁场中运动、电子能级的跃迁等现象，化微观为宏观，这样的演示实验形象、生动、活泼，可以调动学生的注意力，使学生在轻松、愉快的气氛中学习，极大地调动学生探索自然的兴趣。

④显示实验的中间过程。有些演示实验，我们一般只能看到其最后的

结果，而形成结果的原理却很难反映出来，这给学生学习带来了一定困难。例如，在示波器的使用中，学生只能从荧光屏上看到各种各样的图形，对这些图形在形成过程中与电场的关系不甚明了。用计算机模拟时，可展示一剖开的示波管，再把电子在电场中运动的轨迹显示在屏幕上，改变各种条件，可使电子束的轨迹发生变化，然后把内部构造与示波器的外部旋钮相联系，使学生理解各部分的作用，其效果就很显著了。

⑤代替危险性较大的实验演示。例如，核裂变的内容，由于条件及危险性的限制，不可能用于演示。但如用计算机来模拟核裂变的内容，可以看到在核裂变时不断有能量释放，可使学生有一种身临其境的感觉。

(3)用计算机采集实验数据、控制实验。

要把现代科技中计算机的实时测量技术引用到实验教学中，利用计算机做实验终端，通过接口电路、传感器和常规仪器共同完成物理量的测量，观察物理现象，探索物理原理。利用计算机接口技术可以完成一些常规仪器难以完成的实验，验证有关公式、定律，提高测量精度和实验效果，有利于学生在实践操作活动中掌握知识，培养能力，提高对实验的兴趣，也有利于学生创造力的培养，符合我国实验教学改革的方向。

将计算机作为现代化教学手段，并非仅限于教学软件的操作。计算机是一个有效且强有力的工具。应充分发挥计算机硬件、接口的功能与作用。进行数据的实时采集、处理是计算机的重要功能，这在某种意义上符合物理演示实验的教学规律。

在物理教学中，常用的实验方法是将待测的物理量转化为电压信号，通过示波器等显现出这些物理量的变化过程。有一些演示实验，如 RLC 的暂态过程、通断电自感现象等，用传统的方法效果不明显。用模/数(A/D)转换方法对这类信号进行采样，在计算机屏幕上实时再现原信号并存储数据，可以方便人们后期进行进一步处理。充分利用计算机处理信号的功能，可使相关结果在计算机屏幕上显示出来，增强演示效果。

计算机的数据采集和处理功能，不仅适用于定性研究，同样也适用于定量研究；不仅适用于中学物理实验研究，同样也适用于大学普通物理实验及演示实验研究；不仅适用于电压信号的采集处理，同样也适用于非电压信号的采集处理，只要用一些适当的传感器（热敏电阻、光敏电阻、光电管、压电陶瓷等）将非电压信号转换成电压信号即可；不仅适用于电压信号等模拟量的采集处理，同样也适用于数字量（如光电门信号、光电编码盘信号等）的数据采集处理；不仅适用于演示实验，同样也适用于学生实验；等等。应该看到，现在有些教师开始关注物理实验，关注一些新技术在实验中的应用，如传感器在学科教学中的应用。下面，将着重对传感器等新技术在中学物理实验教学中的应用展开一些讨论。

2. 传感器及其应用

检测技术作为信息科学的一个重要分支，与计算机技术、自动控制技术和通信技术等一起构成了信息技术这一完整学科。在人类进入信息时代的今天，人们的一切社会活动都是以信息获取与信息转换为中心的，传感器作为信息获取与信息转换的重要手段，是信息科学最前端的一个阵地，是实现信息化的基础技术之一。

传感器在发展经济、推动社会进步等方面起着重要作用，"没有传感器就没有现代科学技术"的观点已为全世界所公认。以传感器为核心的检测系统就像神经和感官一样，源源不断地向人类提供宏观世界与微观世界的种种信息，成为人们认识自然、改造自然的有力工具。

传感器已渗透到诸如工业生产、宇宙开发、海洋探测、环境保护、资源调查、医学诊断、生物工程，甚至文物保护等各个领域。从茫茫的太空到浩瀚的海洋，以至各种复杂的工程系统，几乎每一个现代化项目，都离不开各种各样的传感器。

（1）传感器及其组成。

在国家标准（GB7665—87）中，传感器的定义是：能够感受规定的被测量并按照一定规律转换成可用输出信号的器件或装置。

传感器的功用可以概括为：一感二传，即感受被测信息，并将其传送出去。传感器的组成，如图 2-1 所示。

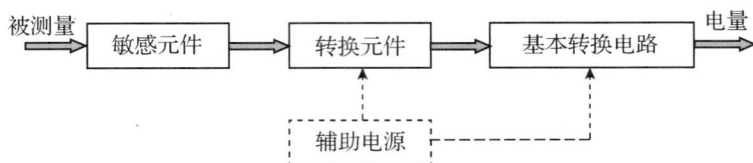

图 2-1　传感器的组成

（2）传感器的分类。

传感器的种类名目繁多，分类不尽相同。常用以下四种分类方法。①按传感器检测的物理量分类：力学量、热学量、流体量、光学量、电量、磁学量、声学量、化学量、生物量、机器人。②按传感器工作原理分类：电阻、电容、电感、光栅、热电耦、超声波、激光、红外、光导纤维等传感器。③按传感器的输出信号性质分类：数字式传感器和模拟式传感器。④按信号处理方式分类：直接传感器、差分传感器、补偿传感器。

（3）传感器发展的现状和趋势。

我国的传感器技术及产业在国家"大力加强传感器的开发和在国民经济中的普遍应用"等一系列政策导向和资金支持下，近年来取得了较快发展。

传感器技术大体可分为三代。

第一代是结构型传感器，它利用结构参量变化来感受和转化信号。

第二代是 20 世纪 70 年代发展起来的固体型传感器，这种传感器由半导体、电介质、磁性材料等固体元件构成，是利用材料的某些特性制成的。例如，利用热电效应、霍尔效应、光敏效应，分别制成了热电偶传感器、霍尔传感器、光敏传感器。

第三代传感器是刚刚发展起来的智能型传感器，是微型计算机技术与检测技术相结合的产物。它使传感器具有了一定的人工智能。

新的材料、新的集成加工工艺使传感器技术越来越成熟，传感器种类越来越多，除了早期使用的半导体材料、陶瓷材料外，光纤以及超导材料的发展为传感器的发展提供了物质基础。未来还会有更新的材料，如纳米材料，它更有利于传感器的小型化。目前，现代传感器正从传统的分立式，朝着集成化、智能化、数字化、系统化、多功能化与网络化，并向着微功耗、高精度、高可靠性、高信噪比、宽量程的方向发展。现代传感器具有全集成化、智能化、高精度、高性能、高可靠性和低价格等显著优点。只有借助计算机与传感器的协调发展，现代科学技术才能有所突破。可以说传感器技术已成为现代技术进步的重要因素之一。

（4）数字信息系统实验室。

数字信息系统实验室（Digital Information System Laboratory，DIS）是由"传感器＋数据采集器＋实验软件包＋计算机"构成的新型实验系统。它运用传感器采集实验数据，通过接口与计算机连接，完成数据的采集、分析，必要时可以画出数据分析表和曲线，还可以对不同条件下的实验误差进行分析与讨论，对一些原来只能进行定性分析的实验进行定量分析。采用 DIS 实验系统，可简化处理数据的工作，学生用于数据处理的时间可大大减少，这样就有更多的机会去进行探索研究。例如，描绘小灯泡 $U\text{-}I$ 特性曲线，传统实验需一节课完成，而使用 DIS 实验系统，特征曲线由计算机直接描绘，学生有充裕的时间用电阻替换小灯泡进行实验，讨论造成两图线差异的原因。DIS 不但能替代打点计时器、弹簧秤、温度计、压强计等许多传统仪器，而且能测量传统仪表无法测量的物理量，如直接测量瞬时速度（光电门）、磁感应强度（霍尔传感器）、微电流（微电流传感器）等。即使替代也不是简单的功能重复，而是大大提高了测量范围、精度、速度，这为解决电磁学实验中暂态现象的观察和记录问题提供了一种很好的方案。

DIS 实验简化了实验数据的采集过程，但要求学生有更高的设计实验方案的能力和处理实验数据，尤其是处理表格、图像的能力。系统在观测小信号和瞬间变化信号、处理数据和分析实验结果等方面具有传统实验仪器无法比拟的优势，能使学生实验的研究范围大大拓宽。同时，系统的开放性设计保证了学生可利用此平台方便地设计实验来验证提出的假设，为学生的探究活动提供了工具保证。例如，"让小车沿长木板匀速运动"的实验，消除摩擦力对运动的影响是非常重要的。教学中可充分发挥学生的主动性，让大家参与讨论，在学生提出几种不同的设想后，利用 DIS 处理数据的优点，将每一个设想都尝试一下。这个过程其实就是探究的过程。又如磁现象的定量研究在传统实验教学中始终是一个空白，借助传感器就能研究螺线管中磁感强度与螺线管的匝数、直径、长度以及通电电流的关系，研究不同位置磁感强度的变化情况。DIS 使许多实验从定性观察上升到了定量分析层面，实验质量和教学效果得到了提升。

3. 智能手机辅助教学

在信息化时代这一大背景下，为全面落实立德树人这一课程改革任务，培育出能适应社会发展的新型人才，2019 年 2 月，中共中央、国务院办公厅印发的《加快推进教育现代化实施方案（2018—2022 年）》中提出了十项推进教育现代化的任务，其中第六项特别强调：要大力推进教育信息化，推动以互联网等信息化手段服务教育教学全过程，加快推进智慧教育创新发展，设立"智慧教育示范区"，开展国家虚拟仿真实验教学项目等建设，实施人工智能助力教师队伍建设行动。教育信息化的进程不断推进，教育技术不断融入课堂，教学手段也随之不断更新，物理教学效果也有了明显的提高。

（1）认识智能手机辅助教学。

随着智能手机内置传感器种类的不断丰富，以及通过调用手机内置传感器来实现数据测量的相关应用程序的不断开发，将智能手机中内置的传感器与数据采集应用软件相结合，这一新颖的物理实验教学方式受到了越来越多的关注。相信随着时间的推移，智能手机中内置的传感器将会越来越多，相关的数据采集应用软件也会越来越多，智能手机的强大功能将为物理实验教学提供更多的发展空间。

智能手机辅助教学（Smart phone aided Instruction，SAI）是把智能手机作为一种新型教学媒体，将智能手机及其相关软件运用于课堂教学、实验课教学、学生个性化教学及教学管理等各个教学环节，以提高教学质量和教学效率的教学模式。[1]

---

[1] 贡玉佳：《手机辅助初中物理教学的实践研究——以苏科版第一章〈声现象〉为例》，南京，南京师范大学硕士学位论文，2017。

（2）手机辅助物理教学的优点。

①创设情境，激发学生兴趣。物理情境即包含了大量的物理理论与物理理念的情境，这是物理理论形成的条件，是发掘并提出物理问题的基础。唯有学生的最近发展区中创设出了相应的物理情境且内容层面具备探索与挑战价值，学生方能在现有认知的前提下激发创新的意识，努力和同学与教师互动交流，提出问题，展开探索，将问题解决，继而持续发展并健全自身的理论框架和创新技能。因此，我们在使用手机辅助物理教学时也创立了很多生活化情境，规划了和其有关的实验探索，不但让教学内容更加亲切真实，更可彰显生活处处是物理的思想。

②容易突破教学重点、难点。手机作为一种现代化教育手段能多感官刺激学生，在突破教学重点、难点时能从多方面多角度提供技术支持。例如，学生凭自己的感觉很难区分音调和响度有什么不同，教师使用手机中的迷你钢琴软件模拟了钢琴的发声，学生通过两组声音的对比，可以直观地感受到音调和响度的不同，对音调和响度的理解也会更为深刻，也能够很好地区分这两者的不同。

③有利于培养学生的思维能力和创新意识。在传统物理教学中，很多内容都有唯一的答案，在现代的教学理念中，科学的本质就有不唯一的答案，在学生的创新思维下，很多时候无论正确与否都应该支持和鼓励。在很多问题中，我们会因为器材等条件的束缚在思想上会有一些局限性，而在手机的支持下，学生能有一些新的思路和与众不同的想法，手机在教学中有时可以成为学生创新思维的验证者，这也给了学生极大的鼓励。

④提升课堂教学效果。在一定程度上可让抽象的内容逼真地演示出来，教师可结合实际的教学需求，最大程度地发挥手机资源的优势，从而提升教学效果。

手机中有一些虚拟实验的软件，在进行一些危险实验或实验时间较长的实验时可以使用。或者一些实验仪器由于价格较高而实验室不具备条件的，也可以利用手机的模拟达到相同效果。例如，在音色一节时，有条件的学校能让学生感受真实乐器发出的声音的音色的不同，然而乐器的价格并不是所有学校都能承受的。使用手机辅助教学，也能达到同样的效果。

⑤增强课堂趣味性。一些学生学习物理的兴趣在显著降低，这种现象产生的原因较为复杂，过于强化物理实验的学术意义是一个重要的原因，所以有必让物理"好玩"起来，从而调动学生的积极性。例如，在音调一课中，学生听见变声器中发出的声音后哄堂大笑，更多的学生跃跃欲试。学生在笑中加深了对音调的印象，同时，对学生来说，学习不再是枯燥的语言与文字，更多的是生活中有趣的现象。手机辅助物理教学的出现解决实验无法完成和教师只靠一张嘴进行讲解的问题。它突破了实验教学对客观条件的依赖性，满足了实际的课堂教学需要，逐步成为教师的得力助手。学生对于新鲜事物总是有更多的好奇心和求知欲，丰富的课堂教学形式能减少学生的厌倦感和疲惫感。

⑥便携性。与传统媒体相比较，手机具有便携性、移动性、个性化和多媒体融合的特点。随着手机成本的降低，通信资费的下调，手机的用户人数也越来越多，用户范围也越来越广。随着技术的提高，手机的功能也越来越强大，目前手机硬件平台可以完全满足普通的移动学习的需要，目前手机运行速度快，存储量大，屏幕分辨率高，色彩丰富清晰等优点能满足手机作为教学设备使用的需求。手机目前已有的可以用于教学的软件众多，大部分是免费的软件，教师可以根据需要下载，学生在了解软件的使用方法后在家也能自己使用。手机应用软件也能根据用户的需要定制，在使用上更能满足用户的需求。

现在教师在教学中常使用投影，教师因为要控制电脑课件，所以离不开讲台，这就导致教师与学生的互动和沟通减少。但手机最大的特征就是方便携带，教师携带手机进行投影，也能深入学生中，及时与学生互动，从而更全面地观察学生学习的情况。

（3）手机辅助物理教学的原则。

手机辅助物理教学有一定的优势，但是使用手机辅助教学，需要遵循以下原则。

①择优性原则。手机辅助教学也不是在所有情况下都合适，如果用其他更简便的方式也可达到最优化这一目的，还是选择其他方式，不要选择手机辅助教学。毕竟手机辅助教学的目的是实现教学过程最优化且取得最优化的教学效果。在使用的时候应根据这一目的来决定是否采用和如何采用手机辅助教学方式。采用手机辅助物理教学，也要把握对应的教学内容是否合适，仔细分析教材，抓住重难、难点，遵循物理学的基本原理、基本规律，不能只将书本内容进行简单、机械的模仿，更不能为追求动态效果，而违背科学法则，具体应用时应具体问题具体分析。

②技术性原则。手机作为现代教育工具中的一种，本身就具有技术先导性和个体差异性。虽然当下不同手机软件的操作都相对简便，但相关功能的实现还要依赖教师对软件做进一步研究，这样才能够将其本身的优势发挥出来。技术性是教育工作者用好手机的前提，单纯软件的使用并不代表教师的技术。教师使用手机软件进行教学时，应使得课堂整体教学流程十分连贯，能够给学生感官上进行最大的刺激，勾起学生学习兴趣的同时，也能够引导学生进行思考。教师在使用前要先做到熟练掌握其使用方法，在最合适的时机使用，教师也可以就此参加一些培训。

另外，使用手机辅助物理教学，有一些教学软件的功能需要在实践中挖掘。教师之间也应该多交流合作，这样可以使教师在使用手机教学时少走一些弯路。教师之间相互学习经验，交流使用心得，加强教师之间的资源共享，可以使更多的教师利用手机的先进功能，提高课堂效率。

③可重复性原则。大部分家庭都有智能手机，在课堂上利用手机做的实验或者其他应用在学生课后回家后应能重现。这样既可加深学生的印象，也能使学生在自己亲手试验后产生浓厚的兴趣。我们在与学生的访谈中得知，很多学生在课堂上渴望亲自实验，但是由于时间和条件的限制不能实现，学生课后回家如果能重复实验，会有很大的满足感。

④直观性与抽象性相结合的原则。在课堂上使用手机辅助教学主要是

让学生能更好地理解知识。在使用手机的过程中，可以将一些抽象的概念用直观的现象甚至数字表现出来，通过比较或者观察，能将抽象的概念化为直观的体验。但是教学不能停留在感性认识上，而应使感性认识上升为理性认识，使形象思维转化为抽象思维。

⑤经济性原则。开展手机辅助教学要花费人力财力，应从国情和各地、各单位的现有条件和实际需要出发，本着讲求节约和实效的原则，根据其使用价值与投资费用的比值来决定其取舍和规模，当然，考查其使用价值不可只看眼前，而应着眼未来。

⑥以学生为主体原则。教师在教学中要注意学生的体验，引导学生思考。学生通过积极思考和实际操作去学习，充分体现了学生在学习中的主体地位，但这并不意味取消教师的作用。

⑦手机辅助与传统教学相结合的原则。手机辅助教学为提高教育教学质量提供了新的手段，但任何一种教学手段和方法都各有其长短，任何一种课型的教法也不是单一的、僵化的。手机辅助教学不可能抛弃所有的传统教学手段。就教学过程而言，手机只是起到了辅助作用，教师富有艺术魅力的教学语言可激发学生的情感，系统优美的板书设计能帮助学生提炼知识，适时巧妙地启发诱导，可开启学生思维的闸门。因此完全丢弃传统的教学方法、手段是不利于课堂教学的。

⑧多种形式相结合的原则。手机在众多现代化的教育设备中只是其中一种，教师要能使用多种形式教学，不能单一地使用手机教学，学生在教学模式多样化的情况下也不易产生枯燥无聊的情绪，更有利于学习。

（4）手机辅助教学案例。

"乐音的特性"之响度与振幅的关系手机辅助教学案例

传统实验方案：

活动1.3 探究声音的强弱与什么因素有关

在敲鼓的时候，为什么有时觉得声音大（响），有时觉得声音小（不太响）？鼓声的响度与什么因素有关呢？

动手小实验：

1. 用手轻轻摸着喉头，第一次你用与别人耳语般的声音说话，第二次你大声喊叫，前后两次手的感觉有什么不同？

2. 在鼓面上放一些纸屑或米粒，利用转换法将振幅的大小转化为看得见的米粒跳起的高度。

活动目的：在实验中通过观察、体验等方法得出结论。

活动注意事项：要关注学生是否积极投入探索活动中，以及在活动过程中表现出来的思维水平。

手机实验方案：

教师提问并演示：在敲鼓的时候，为什么有时觉得声音大（响），有时觉得声音小（不太响）？鼓声的响度与什么因素有关呢？

学生猜测：我们在敲击鼓面的时候鼓面的振动程度不同，在鼓面上放上手机，打开手机中的振动仪软件，观察重敲和轻敲声音的振动幅度的不同。

教师引导：我们由振动仪判断鼓面振动的程度，我们称振动的幅度为振幅。

那么有没有什么办法可以不用振动仪而用其他物品来显示出鼓面振动幅度的大小呢？

学生猜测：在鼓面上放一些纸屑或米粒，将振幅的大小转化为看得见的纸屑或米粒跳起的高度。

教师总结：我们把这种不易观察或者测量的物理量用看得清或者能测量的量来表示，叫作转化法。实验得出结论：声音的响度与振幅有关。

分析：

在实际应用中，更多的还是使用转换法来将生活中看不见的现象转化为看得见的现象。对于学生来说，刚开始都是想有什么仪器能测量出振动的幅度，由此来比较判断响度的大小与振动的幅度是否有关，但是学生很难一下子想到用米粒或者纸屑。教师在使用转换法前使用振动仪更多的是让学生了解一些仪器，并能用物理思维从不同角度想问题，之后转化法的出现也就顺理成章，学生也自然能理解到转化法的优点。在本片段中手机实验运用了一个比较振幅的软件，在教学过程中主要还是学习转化法。

"噪声及其控制"之声强级手机辅助教学案例

传统教学方案：

在教室安静的情况下测量脉搏每分钟的次数，然后播放强度较大的噪声（如节奏强烈的摇滚乐），再测量脉搏每分钟的次数。比一比，脉搏有什么变化？

活动目的：使学生对噪声有一个全面的理解。

根据书中表格想象声强级的声音的大小，了解声音分贝过大的危害。

手机实验方案：

在教学过程中可以采用分贝计充分感受声音的强弱。分贝计的软件可以记录声音的强度并能绘制成曲线。在实际应用中可以在全班安静和大家热烈讨论的情况下分别测量分贝数，并做对比。由此说明噪声的危害。

分析：

分贝计在一般的实验室不会配备，学生对于分贝的概念停留在书上的数据和想象中，没有直观感受，利用手机的分贝计软件，学生能更深刻地体会到声强级的概念。

（三）案例分析

案例 2-10 中，方案二的优势似乎很突出。但如果我们能仔细想想"加速度和力的关系"这个知识点在物理知识体系中的位置，我们就能做出正确的判断。学生进入高中，物理学习的第一章是"力"——研究物体的受力，第二章是"直线运动"——研究物体的运动，第三章是"牛顿定律"——研究物体的受力和运动的关系，而"加速度和力的关系"就属于这一部分。根据建构主义学习理论，教师应该帮助学生建构当前所学知识的意义——牛顿定律是联系物体受力和运动的桥梁。为实现这一目的，教师应该为学生创设一个能够提示新旧知识之间联系的情境。方案一就是符合这一要求的教学设计。通过测量瞬时速度和计算加速度，帮助学生回顾加速度的物理意义——描述速度变化快慢的物理量，此外又可将新旧知识联系起来，力决定加速度，加速度决定速度变化的快慢，最后可以得到结论：一物体所受合外力恒定时，加速度也恒定不变，物体做匀变速直线运动；合外力随时间改变时，加速度也随时间改变；合外力为零时，加速度也为零，物体就处于静止或匀速直线运动状态。方案二使用加速度传感器直接测量出加速度，无须学生动手动脑，对于学生来说也就失去了一次复习的机会，同样也就不会意识到新旧知识之间的联系了。

我们应该更加客观地对待物理实验教学中出现的新技术、新装备，不能因为它科技含量高、操作方便、数据准确等优点，就用它完全替代传统实验仪器，也不能因为它不同于传统仪器的操作方式而抵触它。我们应该认真客观地审视它，合理有效地利用它。正如鲁迅在《拿来主义》里提出的"取其精华，去其糟粕"，根据实验的特点、学生的情况、教学的安排，适时选择，扬长避短，发挥其最大的功效，来丰富课堂、激发学生对科学的热爱和对知识的渴求。

实践操练

"加速度与力的关系"探究实验的创新改进，要求：

1. 查阅相关文献，了解各种不同的实验改进方法，分析优劣；
2. 根据现有实验条件形成实验改进方案；
3. 实验改进、分析；
4. 撰写实验改进报告。

单元小结

教学实施是教学的执行环节，是教与学行为发生的环节。好的设计离不开好的实施。教学实施环节的成败直接影响了教学效果。本单元从课堂管理与调控、教学内容组织与呈现、实验及实验教学的开展三个方面来引导新教师更好地进行教学实施。第五讲从营造课堂教学氛围、组织课堂教学互动、在课堂中学会倾听与观察、调控课堂四个方面具体帮助新教师管理和调控物理课堂。第六讲从规范物理教师的教学语言并清晰讲授、有效提问与恰当理答、在教学中及时概括总结、恰当使用信息技术四个方面具体帮助新教师更好地组织和呈现教学内容。第七讲从认识实验与实验教学及其价值、二者的关系、开展实验教学的策略、实验创新的方法等方面帮助新教师更深刻地认识到实验及实验教学对于物理学科的重要性，帮助新教师更好地开展实验及实验教学。

单元练习 ⋯⋯▶

请结合本单元所学内容，选取某一课时的教学实施过程进行诊断，要有具体问题、分析以及解决方案，最终形成一份教学实施优化方案。

第三单元 教学评价

单元学习目标 ……▶

1. 理解我国教育评价政策改革所倡导的教学评价理念。

2. 能够依据教学目标和教学内容，制订可操作和可测量的课堂学习评价。

3. 掌握如何选择和布置课后作业的方法。

4. 掌握如何应用阶段测试的方法。

5. 基于案例的分析，理解教学评价对于教学反馈的价值和意义，反思和完善教学评价量规的设计。

单元导读 ……▶

对学生的学习情况进行评价是物理教学评价的重要方面。对学生的学习进行评价，不仅能使教师借助必要的反馈信息对教学目标的达成情况进行准确判断，还能够让学生通过评估了解自己的学习进程和学习效果，思考并选择自己的学习方案等，对学生的学习具有一定的激励作用和引导作用。

本单元将进一步聚焦和探讨如何依据日常教学的预期结果，为学生不同阶段的学习提供合适的评估证据，并在日常的教学实践活动中，开展和实施与教学设计相匹配的评估量规，包括如何进行课堂学习评价、如何选择和布置课后作业、如何开展阶段测试等。

第三单元　教学评价

第八讲　如何设计与组织课堂学习评价
　　一、如何设计课堂学习评价
　　二、如何组织课堂学习评价
　　三、课堂学习评价的反馈

第九讲　如何选择与布置课后作业
　　一、什么是课后作业
　　二、如何设计课后作业
　　三、如何讲评课后作业

第十讲　如何进行阶段测试
　　一、如何理解阶段测试的意义
　　二、如何分析阶段测试结果
　　三、如何在教学中应用阶段测试

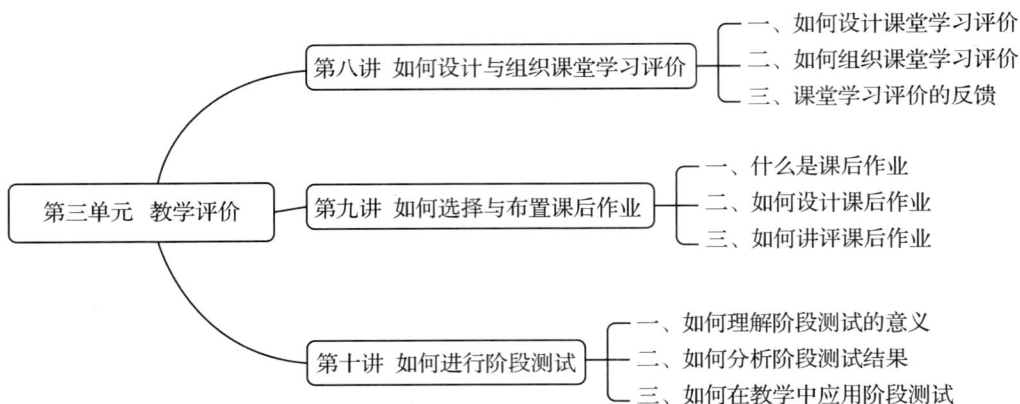

　　我从来没有凭学生在一节课上的回答（甚至所提的问题达两三个甚至更多）就给学生打分数。我给的评分总要包括学生在某一时期内的劳动，并且包含着对好几种劳动的评定——学生的回答（也可能是好几次回答）、对同学的回答的补充、书面作业（不太长的作业）、课外阅读以及实际作业等。

　　也许读者中会有人提出疑问：难道教师能把这一切都记在头脑里吗？也许，有些人会感到，要把有关学生脑力劳动的一切情况都记住有困难，但是我总觉得记住这些是一件最重要的事。难道把值得注意的事也忘记了，还能够对学生在教育中进行教学、在教学中进行教育吗？

——苏霍姆林斯基

▶第八讲
如何设计与组织课堂学习评价

教育评价事关教育发展方向，要全面贯彻党的教育方针，坚持社会主义办学方向，落实立德树人根本任务，遵循教育规律，针对不同主体和不同学段、不同类型教育特点，改进结果评价，强化过程评价，探索增值评价，健全综合评价，着力破除唯分数、唯升学、唯文凭、唯论文、唯帽子的顽瘴痼疾，建立科学的、符合时代要求的教育评价制度和机制。

——中央全面深化改革委员会第十四次会议

评估和反馈在帮助人们学习方面有着至关重要的作用。学习和理解应遵循相互一致的评估原则，首先，其应该反映教师优秀的教学过程；其次，评估作为与教学伴随而生的过程，而不能干扰其教学的原本过程；此外，评估应同时提供与学生发展阶段相吻合的相关信息。

——[美]约翰·布兰思福特等，《人是如何学习的》

课堂学习评价是教学设计和教学实施的重要组成部分，是实现有效教学的关键要素。随着基础教育改革的推进，课堂学习评价理论水平和研究质量偏低的问题日益凸显。究其原因，表面上看是教师评价意识淡薄、能力不足所导致，实际上该问题反映了教师对教育价值的选择和对新课程改革教育理念的认识程度。因此，对课堂学习评价的重视，有助于新教师更好地适应新时代的工作需要。

一、如何设计课堂学习评价

案例 3-1

Z教师在声学主题课"开场音乐会"中，创设举行音乐会为前提的情境和学习任务，鼓励学生自主选择生活中的常见材料，通过小组合作对乐器进行制作，体会并验证声音的产生条件；基于已有经验，使学生尝试改变自制乐器所发出乐音的响度、音调和音色，测试过程中发现问题、解决问题，了解其影响因素；进一步讨论并完善乐器，进行交流、展示、评价，实现最终的活动目标。

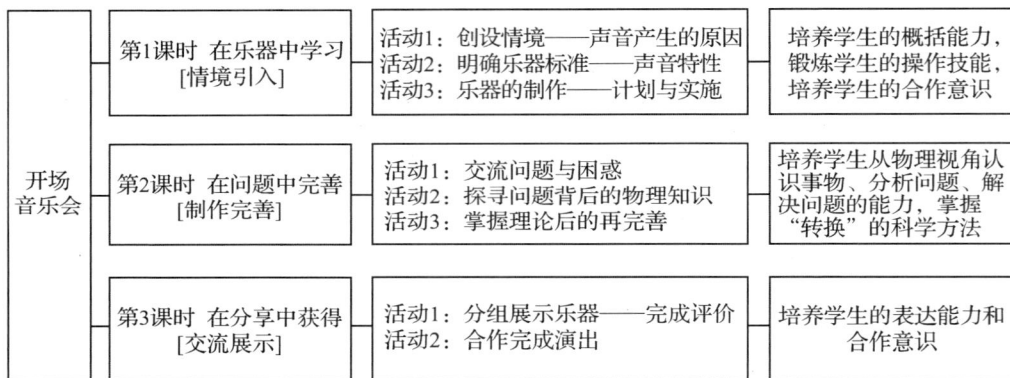

开场音乐会	第1课时 在乐器中学习 [情境引入]	活动1：创设情境——声音产生的原因 活动2：明确乐器标准——声音特性 活动3：乐器的制作——计划与实施	培养学生的概括能力，锻炼学生的操作技能，培养学生的合作意识
	第2课时 在问题中完善 [制作完善]	活动1：交流问题与困惑 活动2：探寻问题背后的物理知识 活动3：掌握理论后的再完善	培养学生从物理视角认识事物、分析问题、解决问题的能力，掌握"转换"的科学方法
	第3课时 在分享中获得 [交流展示]	活动1：分组展示乐器——完成评价 活动2：合作完成演出	培养学生的表达能力和合作意识

图 3-1 单元整体教学思路图

针对其中第1课时的学习，Z教师的课堂学习评价设计如下。

①从学生课堂回答问题的表现上可以对学生的知识获得进行简单的评价，重在鼓励学生的表达和前概念的诊断。

②从学生在制作乐器动手操作过程中的参与度和作品的阶段性呈现，可以对学生的实践操作意识和思维能力进行判断。

③从学生在学案上记录的对乐器的设计和制作过程中对问题的思考，可以对学生的思维路径进行过程性评价。

问题聚焦

Q1：上面的教学案例中Z教师分别设计了哪些类型的课堂学习评价？学习评价的内容包含哪些？

Q2：Z 教师在第 1 课时中设计的课堂学习评价活动，目标是否清晰？如何对整个单元做出课堂学习评价规划？

（一）课堂学习评价的概念

什么是课堂学习评价？教育评价是一个复杂的系统，课堂学习评价是其中一个下位概念。课堂学习评价是教师依据一定的教育目标确定学习课程的具体标准，通过课堂观察、测验、测量等多种方法对学生的课堂学习情况进行系统分析和综合判断，从而对教师的课堂教学工作和学生的课堂学习质量做出客观衡量和价值判断的过程。课堂学习评价和教师的教学设计、教学实施、教学反思密不可分。课堂学习评价可以提供学生对教师教学的反馈信息，有助于师生沟通并及时调整和改进教学，从而保证教学目标的实现，达到促进学生学习的目的。

在教育研究发展史上，课堂学习评价的概念从价值取向到内容方式、实施策略上都已经经历了几代演化。每次演化都体现了教育研究领域的重大变迁。因此，课堂学习评价作为教学研究的一大领域，其定义与不同时期学者对评价的理解不同有关。例如，泰勒认为评价是"确定课程与教学设计实际达到教育目标的程度的过程"。而美国教育评价标准联合委员会 1981 年给评价下的定义是：对某一对象（方案、设计或者内容）的价值和优点所做出的系统探查。

对评价的不同理解，主要原因在于价值取向的不同，各种价值关系构成评价活动的对象。在当前新课程改革教育理念下，教师实施有效教学的最终目标是提高教学的效果，促进学生核心素养的发展。这种价值取向使得基础教育领域越来越关注学生个体，课堂学习评价越来越成为一种重要的评价方式。因此，对课堂学习评价的理解首先要具有正确的教学价值取向，发挥教育评价的导向作用，综合体现学生的个性发展与国家、社会发展的要求。[①]

---

① 李雁冰：《课程评价论》，190～201 页，上海，上海教育出版社，2002。

✎ | **理论书签** |

我国教育评价改革的政策

我们教育政策的改革不断推动着评价领域的改革动向。《基础教育课程改革纲要(试行)》(教基〔2001〕17号)提出学科教育"三维目标",引导教师关注知识形成和学习过程的课改需求。《教育部关于推进中小学教育质量综合评价改革的意见》(教基二〔2013〕2号)中明确提出了形成性评价、过程性评价、终结性评价与诊断性评价。《教育部关于深化课程改革落实立德树人根本任务的意见》(教基二〔2014〕4号)提出了"学生发展核心素养体系和学业质量标准",并逐步推进落实。

2020年6月30日,中央全面深化改革委员会第十四次会议审议通过了《深化新时代教育评价改革总体方案》。方案首次提出了"改进结果评价,强化过程评价,探索增值评价,健全综合评价"的"四个评价"。此次方案审议通过,是对全国教育大会提出的改革任务的落实,也是未来一段时间指导教育评价改革的纲领性文件。文件聚焦两大核心问题:

1. 在学生评价方面,扭转"唯分数、唯升学"的单一评价倾向。

2. 在教师评价方面,扭转"唯文凭、唯论文、唯帽子"的单一评价倾向。

(二)课堂学习评价的类型

依据不同的出发点和标准,评价专家对学习评价的分类各不相同。常见的有:诊断性评价、形成性评价、总结性评价、增值性评价等。

诊断性评价(diagnostic evaluation),是指对学生的认知、学习状况等进行诊断,并发现其问题、原因和机制,以采取有效的教学策略,促进学生的学习。例如,教学前的安置性评价(placement evaluation)是一种诊断性评价。它是指教师在某项学习活动开始之前,通过诊断性评价事先调研学生的知识储备情况,明确造成学生学习困难的原因,以此为据设计更有针对性的活动。

形成性评价（formative evaluation）又称为过程性评价，关注知识和方法形成的过程。即在学习活动进行的过程之中，教师及时了解学习进展的情况，以便及时调整和改进教学，满足学生的要求。根据过程的长度不同，形成性评价进行的频次不同。例如，课堂学习某个探究实验活动的过程性评价、项目或单元结束后的评估、章节后的小测等，都可以进行形成性评价。

总结性评价（summative assessment）又称终结性评价，一般是在教学活动告一段落后，为了解教学活动的最终效果而进行的评价，其频次往往较少。例如，学期末进行的各科考试、考核等，其目的是检验学生的学业是否达到了各科教学目标的要求。总结性评价重视的是结果，借以对被评价者做出鉴定，并对整个教学活动的效果做出评定。

增值性评价（value-added assessment）起源于詹姆斯·科尔曼1966年向美国国会提交的《关于教育机会平等性的报告》，其研究结论引发了世界范围内对学校效能的争论：不以学生的考试成绩作为评价学校和教师的唯一标准，而是以学生的进步幅度评价学校和教师的努力程度和进步程度。通过追踪分析学生在一段时间内的标准化测验成绩的变化，并分离其他不受学校或教师控制的因素对学生成绩的影响（如学生的原有成绩水平、人口学因素、家庭背景信息以及学校周围地区的经济发展水平等），实现对学校或教师效能较为科学、客观的评价。

值得注意的是，当前利用数据驱动，人工智能和大数据对学生进行的诊断性评价，已经能够实现对学生的心理和学习状态进行个性化的有效诊断，从而为学生提供适合其特点的学习环境和多样化的学习方式，做到个性化的精准教学。例如，国家数字化学习工程技术研究中心在华中师范大学第一附中部署了个性化诊断系统。通过构建图谱精准诊断，学生不仅提高了学习成绩，而且能力、核心素养得到极大提高。

同时，课堂学习评价正逐步成为高校选拔学生的辅助参考之一，近年来越来越受到重视，综合评价正在成为教育评价的趋势。高考综合改革的目标之一，就是逐步推行普通高校基于统一高考和高中学业水平考试成绩的综合评价多元录取机制。例如，2020 年，我国高考推出的强基计划，将考生高考成绩、高校综合考核结果及综合素质评价情况等按比例合成考生综合成绩。

🔗 | **理论书签** |

评价与学习的关系

如何厘清评价与学生学习以及学生发展之间的关系，是课堂学习评价的核心问题之一。在国际上，针对此问题延伸出了三种不同类型的评价：关于学习的评价（assessment of learning）、为了学习的评价（assessment for learning），以及作为学习的评价（assessment as learning）。

关于学习的评价更多的是一种总结性评价，主要采用测验或考试的形式。目的在于对学生一个阶段（如单元或项目、一门课程、一个年级）的课堂学习进行结果判断，向家长和学生报告学习进展情况。为了学习的评价更多的是一种形成性评价，教师用多种方法收集证据，确定学生的优势和不足，从而为调节下一步的教与学提供反馈。

上述两种评价都关注学生的学习，但往往由外界实施和监控。而作为学习的评价则是以学生为中心，教师作为指导者，关注学生是否能对自己的学习过程与结果进行自我监控、自我纠正和自我调节，进而建构学习意义。

（三）课堂学习评价的内容

教师在教学设计中应关注多维目标的达成，相应的课堂学习评价也应关注学生不同方面的发展。因此，教师在课堂学习评价的设计中应考虑下列内容。

①学生对学科知识的掌握情况。

②学习能力的发展情况。如理解能力、分析能力、解决问题的能力等。

③学生操作技能的熟练程度，如实验技能、写作技能、电脑操作技能等。

④学生在学习中的情感态度与价值观，如学习兴趣、学习态度、学习习惯等形成的情况。

⑤学生核心素养的发展，包括对物理学科核心素养某要素的促进，及中国学生发展核心素养的发展情况等。

教师应从学生实际出发，围绕评价目的，针对不同学科、不同课时的具体情况进行整体规划，建立简便易行，体现公平、公正的，科学合理的课堂学习评价。

（四）案例分析

案例 3-1 中，Z 教师在筹备单元教学设计时，考虑到了不同的课堂学习评价对象和评价类型。特别是对其中第 1 课时的教学，Z 教师给出了课堂学习评价设计的初步思路。

首先，重视学生课堂回答问题时的交流互动，形成即时性评价。在课堂交流互动评价中关注知识和方法形成的过程，及时了解学习进展的情况。在此过程中对学生的前概念进行诊断，同时通过该评价方式，对学生的表现进行了及时反馈和鼓励，提高了学生的课堂参与度。

其次，Z 教师预设了可以从学生在制作乐器动手操作过程中的参与度对学生进行部分表现性评价。通过作品的阶段性呈现，以及学生在学案上记录的对乐器的设计和制作过程中对问题的思考，对学生的操作技能、思维路径进行过程性的诊断评价。

从案例中可以看出，该教师对学生的评价已经从对结果的关注，有意识地转向了对过程的关注；能够通过评价对学生进行诊断，更好地把握课堂学习过程。但评价的思路停留在理念转变和感性认识上，在具体操作上缺乏细化的工具和方法。

二、如何组织课堂学习评价

案例 3-2

J 教师在讲授"电阻"一课时，提出的教学目标是"联系实际，理解什么是电阻，了解电阻在生活中的应用"。这是初中物理教学中的一个常规目标，但这个目标因为难以考核，在传统初中物理教学中容易被忽视。经过集体研讨，J 教师这节课当堂测评给出这样一道题："电阻在生产生活中应用广泛，请列举一个教材中没有提到过的例子，并尝试解释它的工作原理。"

如果只让学生举例，考查的是学生对课堂讲授知识和事件的记忆，而不是利用物理知识解释生活现象的能力，效度不好。现在，J 教师要求学生自己走进生活，寻找生活中的电阻，然后用所学知识予以解释和探究，这不仅有效测评了学生在生活中应用电阻这一既定目标的达成程度，更引发了学生对电阻知识的兴趣。课后，很多学生聚集在一起探讨电阻在生活中的应用，有的学生还提出了一些想进一步探究的问题，如回家自制可以调节亮度的台灯。

问题聚焦

Q1：上面的案例中教师采用了哪些课堂学习评价组织方式？

Q2：上面案例中课堂学习评价中存在什么样的问题？

（一）课堂学习评价的原则

学生不可能在学校学到将来生活中所需要的每一种知识和技能，因此学校的功能不在于使学生学会事实（learn to know），而是学会如何学习（learn to learn）；测试的目的，不在于考查学生现时掌握了多少，而在于了解学生的学习潜力。

——诺尔曼·E. 格朗伦德、C. 基思·沃

教师在进行课堂学习评价的组织时，应首先把握以下原则。

1. 教、学、评的一致性

布鲁姆教育目标分类学中提到，一致性指目标、教学、测评之间彼此保

持一致。评价必须有清晰的目标，教师对评价的设计是基于教学目标的设计而来的。在进行学习活动之前，教师首先基于对理论的分析和对学情的诊断，整体设计教学目标、学习过程、课堂学习评价，保证一致性。教学目标应当有清晰、具体的描述，并且预设可检测和操作的相应的教学评价设计。

2. 课堂学习评价的伦理性

课堂学习评价是师生处理学习信息的重要工具，使用不当可能会抑制学习。美国教育评估标准联合委员会发布的《学生评价标准》中明确指出：学生评价应该是合乎道德、公平、有用、可行和准确的。教师在课堂学习评价的组织与实施中，应注意尊重学习的多样性，给予学生人文关怀；保护学生权利和隐私，平衡学生的优缺点；保证全体学生对课堂学习评价的知情权和参与权。

在课堂教学中，教师应注意评价语言的温度，给予及时的、真诚的、有效的评价，营造和谐的学习氛围。尽可能地避免因学生性别、成绩、家庭条件等方面的偏见，给学生贴上标签。为学生提供心理上的安全感，使其不会对评价产生焦虑、畏惧。

3. 学习评价的发展性

《基础教育课程改革纲要（试行）》中明确指出：改变课程评价过分强调甄别与选拔的功能，发挥评价促进学生发展、教师提高和改进教学实践的功能。新课程改革的根本目的是学生和教师的发展，课堂学习评价应是动态的、积极的、面向未来的。

教师应充分发挥评价的激励作用，把评价作为引导学生学习和发展的工具。通过课堂学习评价，教师为学生提供一种有效的教学指导方法，引导他们学习，帮助他们理解教学内容，关注学习过程，培养自主学习的能力，让学生意识到课堂学习评价是一种开放的、持续的行为，评价自身的具有不断完善和发展的特性。

4. 学习评价的开放性

课堂学习评价的开放性，首先要求教师在课堂上为学生提供一个广阔的发展空间。教师应考虑在课堂上是否全体学生中的每个个体都能积极参与到课堂学习和评价的过程中，各个层次的学生是否都能受到激励，学生的不同意见是否引起了关注。

若课堂学习评价仅仅考虑技术层面的规范，而开放性不足，将导致评价模式相对封闭。如果教师把学生看作被动的受评客体，将评价结果强加于学生，用僵化的指标来框定学生学习的行为，会抑制学生的创造性。课堂学习是复杂的、不断生成的过程，教师应给学生发挥个人特点的空间，建立民主开放的评价环境。特别是在有争议的问题上，鼓励学生多元的思维，促进学生创新精神的形成与发展。例如，教师在未知项目的探究式学习课堂中，可以和学生共同协商确定评价目标，建立不同维度的课堂学习评价模式。

5. 评价主体的多元性

在课堂学习评价中，教师、学生、家长、行业专家等都可以成为评价的主体。特别是利用信息技术手段进行在线课堂学习，使得更多元的主体参与课堂学习评价成为可能。

在日常课堂中，教师应重视学生主体在评价中的参与。学生参与评价意味着学生应当成为评价过程的主体。具体表现为：学生应明确教师制定目标的意图；学生应有机会参与学习目标的制定；学生应主动参与目标达成过程中信息或证据的收集；学生应参与评价结果的交流。

6. 评价方法的多样性

课堂评价应根据不同的目标采用不同的评价方式，将评价贯穿在课堂之中。多一把衡量的尺子，就会多一批好学生。在课堂学习评价中，不仅仅是试题、作业可以用来评价，还可以采用课堂展示评比、学习效果自评、学习档案、问卷调查、访谈等多种方法相结合。

（二）课堂学习评价的方法

在课堂学习评价中，教师根据教学目标的安排可以采用多种多样的方法，常见的有：随堂测试法、问卷调查法、访谈法、课堂观察法、作品分析法等。

随堂测试法是教师常用的课堂学习方法之一，测试的形式可以是口试和笔试，往往占用课堂结束前的几分钟，对整节课学习的内容做一个回顾和应用，用以检测课堂学习效果。

问卷调查法和访谈法是测量学生活动表现或者情感态度价值观常用的方法。问卷调查方法是由测评者根据测评目的设计出问卷或量表，要求学生按照问卷所提出的问题，提供有关自己的行为、观点、看法等情况的报告，做出相应的回答，从而获得相关目标发展的信息。

课堂观察法需要教师具备较高的课堂调控能力，能及时接收到学生的"信号"并给予反馈。课堂观察的对象可以是学生的眼神、表情、肢体语言、回答问题的表现等。需要注意的是教师应根据评价目标和学情事先做出观察的预设，课后及时反思、记录，避免课堂观察信息的流失。

在物理教学中，作品分析法也是常见的课堂学习评价方法之一。例如，在探究实验中，教师可以对学生的作品、小组的实验结果以及学生完成的实验报告进行展示分析。

📎 | 理论书签 |

李克特量表

李克特量表（Likert Scale）又称为五点量表，该项目采用心理测量中量表的形式，了解被调查者特定反应的程度。问卷设计的一般模式如下图所示。

前言 → 指导语 → 问题 ⎰ 个人特征资料
　　　　　　　　　　　事实性问题 → 感谢语 → 其他资料
　　　　　　　　　　　态度性问题

李克特量表问题设计示意：

教师在教学中经常会联系一些真实的科学、技术和社会等有关的情景。（频次型）

A. 总是；B. 经常；C. 一般；D. 偶尔；E. 从不

我喜欢做科学小实验。（程度型）

A. 非常同意；B. 同意；C. 一般；D. 不同意；E. 非常不同意

（三）课堂学习评价的组织

教师在开展课堂学习评价之前，需要按照上述原则对课堂学习评价做整体审视，根据教学目标和课堂活动任务设计，选择适切的评价内容和方法。评价活动的组织贯穿学生的整个学习过程，不仅包括课堂上的学习评价任务，还涵盖课外作业或家庭活动等。

课堂学习评价的组织需要恰当使用工具和信息技术。教师在设计评价方案时，应事先预设好相应的评价工具，如学生的表现性评价量表、课后测评题目、探究实验学案等。教师除了聚焦自己的教学目标进行评价工具开发，还可以借鉴和采用一些已有的工具，优化课堂学习评价的组织，提高课堂效率。例如，KWL 表、CSI 表，Exit card 等量表工具，Classdojo、Quizizz、问卷星等在线评估工具等。

值得注意的是，当前互联网技术正建构出一个多元、公平的混合式学习环境，课堂学习的时空正在被打破。例如，雨课堂、UMU 互动等软件平台，可以组建在线班级，并实时组织评价，及时反馈信息给教师和全班学生。"互联网＋教育"的评价借助于大数据和云计算，将模糊的、滞后的传统课堂评价的定性描述转向科学、准确、即时的定量可视化形式。通过在线评价与交互技术，采集客观、科学的课堂表现数据信息，使学生个性化学习诉求和差异化发展受到关注。教师可以对学生的学习情况进行实时评价，通过将学生的学习过程和成效进行基于数据的分析和评价。教师可据此调控自己的教学行为，以更好地对学生实行个性化的辅导和支持，从而促使学生个体的学习发展。

| 理论书签 |

课堂评价的小工具：KWL 表

KWL 表格中的 K 是 Know 的开头字母，即 What I know，表示学生已经知道的知识；W 是 Want 的开头字母，即 What I want to know，表示学生想知道什么；L 是 Learned 的开头字母，即 What I learned，表示在课堂探究过程学到的知识。

KWL 表格适宜于整个学习过程，帮助学生把学习过程中 K-W-L 三个阶段的情况，一一罗列出来，师生之间能够达到很好的互动，便于评估、掌握学生的学情。

（四）案例分析

案例 3-2 中，J 老师在对"电阻"一课的课堂评价设计时，特别重视课堂学习评价的"教、学、评一致性"原则。对于传统初中物理教学中容易忽略的教学目标，精心设计了可检测和操作的教学评价设计，通过设计测评问题来进行评价。

同时，该教师设计的评价问题——电阻在生产生活中得到广泛应用，请列举一个教材中没有提到过的例子，并尝试解释它的工作原理——具有一定的开放性和发展性。学生要回答该问题，需要亲身体验，走进生活寻找答案。开放性评价问题的设计有助于提高学生兴趣、展现个性，促使学生积极参与到学习环境中来。同时该问题的回答和延续思考，有助于体现学生后续思维和认知的发展。

三、课堂学习评价的反馈

案例 3-3

W 老师在讲"光的色散"一课前，设计的前测题目如下：

1. 阳光是什么颜色的？

2. 你认为是否存在看不见的光？请列举证据说明你的观点。

3. 生物课上老师告诉同学们叶子呈现绿色是因为有叶绿素，试从光学角度给出叶子呈现绿色背后的物理学解释。

4. 一支在白光下呈现黄色的蜡笔，如果将其放在仅有单色绿光照射的环境下观察，将会呈现什么颜色？请解释原因。

在对课堂学习前测的评价结果中分析发现，学生普遍认为所有光都是单色光，花是红色的是因为花本来就是红的。W 教师通过该前测探查学生的前概念发现，对学生来说，色光的组成是模糊概念，物体的颜色是相异架构。他以此为依据确定了本节课最重要的两个学习内容，也是学生对世界认知冲突最大的两个内容：①白光是由色光组成的，②不透光物体的颜色是由反射光的颜色造成的。为了帮助学生突破学习障碍，W 教师精心设计了光的色散和自制教具"颜色屋"两个实验与学生认知发生冲突，再通过三原色演示仪和对物体颜色的解释，将学生前概念中错误的部分纠正，形成正确的认知，阐述清楚了学生的模糊概念，同时纠正了学生的相异架构。

授课结束后，W 教师使用同样的题目对学生进行了后测，后测的结果反映出该教学设计基本达成了学生认知的转变。此外，课后 W 教师共访谈 6 位学生。好学生能掌握全部课上内容，并提出新的问题：透光物体的颜色成因是什么？中等生在预判物体颜色时有一定困难，尤其是对单色光照射不透光物体时，会呈现出什么颜色的认知存在较大障碍。学困生表示老师讲授过的案例可以掌握，但判断新物体颜色无从入手。

问题聚焦

Q1：上面的案例中教师搜集了哪些课堂学习评价反馈信息？起到了什么作用？

Q2：教师在进行评价反馈时，存在哪些问题？

（一）评价反馈的功能

学习评价的功能是多种的。这些功能因价值取向、条件、主体等不同，受到的重视程度与发挥的作用不同。

1. 选拔功能

学习评价能对学生的知识掌握程度、能力发展状况做出区分，判断学生的成绩，以便对学生进行选择和分组，了解学生的进步或不足，从而分出等级。选拔功能有助于向家长、社会有关部门报告和展示学生学习状况，为指导学生的升学和职业选择提供依据。

2. 决策功能

学习评价是教师进行教学工作决策的基础。通过对学生学习的诊断，教师可以更好地预判课堂中可能存在的问题和困难，选择和设计更切实际的教学活动进行突破。同时，大量的课堂学习评价数据信息，对更大范围的教学改革决策也起到了支撑和促进作用。

3. 改进功能

通过学习评价对正在进行的教学活动进行诊断，可以充分了解学生的学习状况，明确已经达到的水平和分析存在的问题，从而确定教学目标的实现程度，所用教学方式是否有效。帮助教师随时调整自己的教学行为，反思和改进自己的教学计划和教学方法，不断提高教育水平。同时，学生从课堂学习评价中及时获得反馈信息，可以加深对自己当前学习状况的了解，确定适合自己的学习目标，调整自己的学习行为。

4. 交流功能

美国教育评价专家古巴和林肯认为，评价本质上是一种通过协商而形成的心理建构的过程。评价可以实现教师与学生之间的有效沟通。课程改革倡导合作式学习。评价能够为教师和学生、学生与学生之间的交流合作提供机会，将教师的教与学生的学融合在一起，共同寻找问题的解决方法，提升学习质量。

当前教育改革迫切需要改变传统的单一选择功能价值取向，在课堂学习评价中更加重视诊断性评价和过程性评价。发挥评价的教育功能，旨在促进学生在原有水平上的发展。评价的主要功能是改进或增值，而不仅仅是鉴定或选拔，其最终的目的是激发和调动学生的学习积极性。教师要以发展的眼光审视学生的学习活动，注重学生个体在原有基础上的发展，鼓励学生向新的目标做出尝试。

（二）评价反馈的信息处理

众多量化研究表明，反馈是对学业成就影响最有利的因素。评价反馈的信息处理包括评价信息的搜集、分析和反馈。原则上，在课堂学习的全过程都可以收集评价信息，但实际教学中教师应预设好几个关键教学点来收集评价信息，这些关键点应设计好相应的评价工具，制定客观、明确的评价依据，并兼顾长时和短时反馈。

教师在课堂学习过程中，实时动态地将取得的评价信息进行解读，判断学生完成学习计划的情况及学习中疑难发生的原因，为反馈和课堂调控提供依据。反馈信息应该基于学习目标及设定任务进行聚焦，既包含课堂表现、课后作业等传统信息来源，又可以分析学生知识结构、学习状态、创新能力、德育等领域建构。根据实现目标的周期不同，短时反馈在取得评价信息的同时，或者学习过程结束的当下进行的反馈，可对知识性内容、技巧性方法等进行及时更正，有利于该类知识、技能等目标的掌握。长时反馈是对一个时期的学习过程总结性的反馈，对于能力、态度、素养等长期目标在整个学习过程中形成有帮助。

（三）利用评价反馈信息优化教学

课堂学习评价可以为课堂教学改革提供可以借鉴的实证信息，为教育决策提供重要的依据，从而更好地指导课堂教学改革的实践活动。评价一方面可以使教师充分理解课程改革的教育理念，不断地调控教学过程并使之优化。同时，可以利用评价反馈信息提高教学水平，寻找有效的教学模式，不断地对自己的教学进行反思、总结与改进，以促进教师的专业发展。

教师应将评价反馈融合在课堂学习活动过程中，营造氛围，鼓励学生积极回应教师的反馈、倾听和评论同伴给出的评价。通过反馈促进学生的自我调节，激发学生主动参与的意愿，帮助学生进行学习策略的改善或自我评价。让评价成为教学活动的生长点，能使教师的教学更加贴近学生，有针对性地为学生提供更加真实的教学情境。

（四）案例分析

案例3-3中，W教师通过前测和后测调查问卷的设计，有针对性地设计了评价问题，并收集了反馈信息。通过前测评价信息的反馈，精准把握了学生的前概念误区和学习难点——色光的组成是模糊概念，物体的颜色是相异架构，为教师后续教学设计的选择和决策提供了依据，同时也促使教师改进了过去的经验式教学，积极设计了创新实验和新的学习任务，帮助学生突破难点。

授课结束后，该教师使用同样的题目对学生进行了后测，后测的结果反映出该教学设计基本达成了学生认知的转变，保证了学习效果的实证可靠性。同时，该教师通过进一步深入访谈，搜集反馈信息，对信息进行分析和解读，对自己的教学进行了反思，为后续有针对性地帮助不同学生发展提供了参考。

> **📎 ｜实践操练 ｜**
>
> 请按照本讲课堂学习评价的设计原则和方法，选择中学物理某一课时的课堂进行课堂学习评价的设计、组织和反馈，并说明课堂学习评价过程中都运用了本讲内容中的哪些理论和策略。

▶ 第九讲
如何选择与布置课后作业

布置课后作业是课堂教学的延伸，有利于教师实现其教育目的与价值。因此，课后作业与课堂教学一样，有着不可替代的重要性。依据教育教学的需要设计合适的课后作业有着重要的意义与必要性。主要体现在以下几点。第一，社会发展的需要。随着社会的不断发展，社会对人才的要求也越来越高，未来的人才要能够适应社会发展的需要。因此，社会的发展要求学生全面发展。当前，许多物理课后作业形式比较单一，大多数以书面形式作业为主，忽视了学生其他方面能力的培养，难以满足社会发展的需要。第二，课程改革的需要。随着课程改革不断推进，新课程的理念也逐步渗透到教学的各个环节中。作为日常教学中非常重要的一部分，课后作业需要改变传统的作业方式，改变让学生机械地重复大量课后习题的形式。依据新课程理念，教师树立新时代作业观，充分利用好作业，做到因材施教，根据学生的能力和兴趣设计不同形式、不同层次的作业，供学生自主选择，以激活学生对作业的兴趣，调动学生做作业的积极性，将考试需要和国家对教育的要求结合，使学生得到最充分的发展。

因此，新任教师在教学中不仅要关注教学技能的研究与提升，对于课后作业的选择与设计也应该有足够的重视。教师要关注中共中央办公厅、国务院办公厅印发的《关于进一步减轻义务教育阶段学生作业负担和校外培训负担的意见》要求，提高作业设计质量，发挥作业诊断、巩固、学情分析等功能，系统设计符合年龄特点和学习规律，体现素质教育导向的基础性作业。鼓励布置分层、弹性和个性化作业。那么，究竟如何做好课后作业的选择、设计、布置与讲评呢？

一、什么是课后作业

作业在不同的文献中有不同的界定，随着理论的发展，其内涵也在不断地变化。在《中国教育百科全书》中，作业定义为学生为了完成既定的学习任务进行的活动，分为课内作业和课外作业。课外作业虽然较之课内作业与课堂教学内容的关联性要更低，但对于教学工作而言也是非常重要的。[①]《教育大辞典》一书对作业的定义为学生为了实现学习既定任务的目标，而采取的一系列实践活动；它具有课内与课外两个方面的作业内容；对于二者而言，课外作业是课内作业的延伸，有机构成了教学工作的内容。随着不断研究与发展，也有学者认为，作业应该能够促进学生全面发展，为他们提供好的发展平台，指学生在课后生活中所体验的，有助于他们在身体、社会、情感、精神、智力等方面健康全面发展的一切相关的经历。

不管作业的内涵如何变化，不可否认的是，课后作业是教学设计和完成教学计划的一个重要环节，是学生建构物理知识体系的一个必要过程，是提高学生学科素养，培养终身发展能力的一个有效方法。因此，对课后作业的深度思考和深入研究是非常有意义的。

---

① 张念宏：《中国教育百科全书》，78 页，北京，海洋出版社，1991。

📎 | **案例 3-4** |

提升学生科学思维的物理课后作业[①]

在学习完核能之后，布置学生观看核电事故电视剧《切尔诺贝利》，并要求学生回答问题：

1. 提到的"契伦科夫效应"是什么？列加索夫是如何判断出反应堆芯爆炸外漏的？

2. 核辐射预防中为什么要吃碘片？

3. 不同核辐射强度对人体造成不同影响。请说一说：核辐射对人体有什么影响？

4. 为了防止核污染扩大影响采取了哪些措施？

5. 你觉得造成切尔诺贝利事故的原因到底是什么？

6. 电视剧与实际事件有哪些出入？

7. 结合核能的利用与防护、事故处理及原因分析中"人"的作用，从科学、人文两个角度，说一说你观看《切尔诺贝利》的感想。

问题聚焦

Q1：物理的课后作业有哪些功能？依据不同功能需求又可以设计哪些类型的课后作业？

Q2：案例 3-4 中的课后作业属于什么类型的课后作业？它如何实现提升学生科学思维的功能？

（一）课后作业的功能

从宏观上说，课后作业是为了更好地实现教育教学的目标。但具体到不同的教学内容和教学目标，则可能需要课后作业实现不同的功能。常见的课后作业有哪些功能呢？图 3-2 中列举了课后作业的常见功能，大部分的课后作业都承载了其中一种或者多种功能。在作业的选择、设计与布置

[①] 案例来自大兴一中王明辉老师。

中，如果能同时承载多种功能，那么作业有效性将得到较大提升。

1. 复习巩固的功能

课后作业最常见的功能就是复习巩固课堂上所学的内容。由于课堂上时间与空间的限制，部分学生难以在课堂的时间消化吸收课堂所学内容，需要课后作业来帮其巩固课

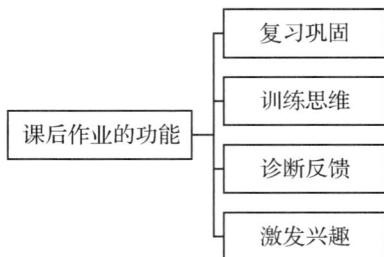

图 3-2　课后作业的主要功能

堂所学内容。在实际教学中，作业的这种功能也得到了绝大多数教师的重视。大部分教师通常以习题的形式来布置，以期待实现复习巩固的效果。然而也有不少教师在实施的过程中却适得其反，不仅没有让学生起到复习巩固课堂内容的效果，反而给学生增添了许多负担，严重损害了学生学习的兴趣。究其原因往往是作业形式单一、难度过大、重复性高等问题导致学生没有兴趣、没有时间或者没有足够的能力完成。因此，即便是以习题的形式布置课后作业来实现复习巩固的功能，也需要根据学生在课堂上的情况，根据学生的实际和所学知识的重点、难点情况进行有理、有据、有节的习题布置，在学生可承受的范围内布置作业，以起到复习巩固的作用。当然，如果能以丰富多样的作业形式来引导学生学习，实现作业的多种功能，往往会起到意想不到的效果。

2. 训练思维的功能

训练学生的思维，特别是提升其科学思维能力应该是物理课后作业所承载的重要功能之一。科学思维能力内涵丰富，在物理课程标准中包含了模型建构、科学推理、科学论证及质疑创新等要素。要实现对学生思维能力的训练，课后作业的开放性就需要更高。比如，本节前面的课后作业的案例中，第 1 个问题就是引导学生进行相关概念的学习并训练学生的科学思维。学生在回答此问题的过程中可以提升证据意识。同时，学生通过了解列加索夫的分析过程，可以学习科学家的严密思维过程，在具体问题中进一步体会科学思维的方法。

当然，思维训练功能在教材内容中也能实现。比如，在学习"动能定

理"一节课后，针对不同层次的学生可以布置如下作业。针对能力较弱的学生可以利用牛顿第二定律和运动学公式推导动能定理。这样既可复习巩固课堂学习内容，也可以提升学生的模型建构及科学推理能力。还可以针对能力较强的学生布置如下迁移性问题：给出什么是动量定理，要求学生类比推导动能定理的方法推导动量定理。设置这样的迁移作业非常有意义，因为学生在尚未学习的内容上实现了迁移应用，既锻炼了学生的思维，又不加重学生负担。

3. 诊断反馈的功能

课后作业的诊断反馈功能可帮助教师了解学生。教师通过批改学生作业可以发现学生哪些地方存在问题，包括哪部分知识点出现漏洞，掌握不牢，哪些能力还需要有针对性训练，进而对学生的学习现状进行精确的判断，便于后续课程及时有效进行补充和训练。

此外，教师还可以从课后作业的完成情况判断学生近期的学习状态和心理状态，从而更好地把握学生的心理，便于及时与学生进行有效的沟通，尽最大努力帮助学生保持最佳学习状态。

4. 激发兴趣的功能

激发学生学习兴趣与动机是教育教学中永恒的话题。在教育教学中，不是只有课上的教学设计才需要激发学生的学习兴趣，课后作业也完全可以有，而且应该有这样的功能。因此在课后作业的选择与设计中，教师可以根据学生的心理特征，布置能激发学生学习兴趣的作业。比如在本节前面的案例中，在学生学习完核能之后，布置学生观看核电事故电视剧《切尔诺贝利》进而完成相应的问题，就能有效激发学生学习的兴趣。另外布置一些动手实践类的作业，也可以有效激发学生的兴趣。例如，在学习"超重和失重"这节课之前，许多老师会布置这样的作业：让学生以小组合作的形式录制在电梯运行不同阶段的体重计示数变化情况并进行解释。这种形式的作业可以有效激发学生探究事物真相的兴趣，也可以锻炼学生动手实践能力。

当然，课后作业的功能远不只上述四种，它还有其他多种功能，如培养学生实践能力、团队协作能力、良好的科学态度等。在每一次的作业设计中，如果能在同一作业里实现多种功能，那么这样的作业就是教师所应该追求与采用的。那么什么样的作业能实现更多的功能呢？常见的课后作业都有哪些类型呢？

（二）课后作业的分类

依据不同的视角，课后作业有诸多不同的划分方法。可以从不同的知识分类视角下审视作业，进而从知识认知的角度更深刻地把握作业的本质，这有利于教师重新认识作业的重要意义，并为教师科学地进行作业的设计、实施与评价提供理论支持，也有利于提升作业的有效性。

1. 基于不同知识类型的课后作业

安德森和索斯尼克将认知领域的学习归结为四类知识的学习，即事实性知识、概念性知识、程序性知识和元认知知识。[①] 这些不同类型的知识有不同特点，表 3-1 中描述了不同类型知识的特点、作用与内容。

表 3-1　不同类型的知识

知识名称	事实性知识	概念性知识	程序性知识	元认知知识
特点	静态的、易于表述；适用于语言、文字评价		动态的、难以直接表述；适用于通过活动评价	
作用	描述客观知识		解决问题	调控认知过程和自我认知
内容	实施、术语、要素	概念、原理、规律、模型等	如何做事、探究方法、运用技能等	如何学习、如何思考、如何规划等

在各种不同的作业中，强调直接记忆、可直接表述的内容就是针对事实性知识或概念性知识的作业。比如，物理中牛顿第一定律的表述就属于概念性知识，速度的定义属于事实性知识。专门针对这类知识的记忆、表述所设计的作业就属于浅层次的作业。而在学生利用知识解决具体问题的任务中所考查的是学生的程序性知识。比如，物理中对解题过程的梳理与探究过程的总结等属于程序性知识。而对解题方法的梳理总结、物理学习方法的反思等则属于元认知知识的作业。程序性知识与元认知知识的考查

---

① 皮连生：《教学设计——心理学的理论与技术》，76 页，北京，高等教育出版社，2000。

对应的相关作业属于深层次的作业。往往在低年级或者学习的初始阶段以浅层次作业为主，而在高年级或者学习的后期阶段则以深层次作业为主。

因此，在实际的作业布置中，教师应该借助作业为学生设置相关的问题情境，为学生创建应用知识的机会。在完成作业的过程中，一方面，学生需要在解决问题的过程中选择适当的知识并将其按照情境特点进行重组，解决作业提出的问题；另一方面，学生需要不断进行问题评估与计划调整，这些过程是学生获取程序性知识的过程，也是学生个体经验积累的过程。另外，完成作业的过程也是学生自主学习的过程，对作业的完成顺序、作业过程中的求助与讨论等做出决策，根据自己的需求与能力调整作业进度等，这都是元认知知识的生成过程。

2. 基于知识不同获得阶段的课后作业

根据知识及其应用的复杂多变程度，斯皮罗等人把知识分为结构良好领域的知识和结构不良领域的知识。[①] 结构良好领域的知识是指在解决某些问题时有比较明确的规则和知识，基本可以套用法则和公式。结构不良领域的知识则是指不能套用原先办法，在新情境中需要学习者在原有经验的基础上，重新做具体分析、建构新的理解方式和解决方案而产生的知识。

针对结构良好与结构不良领域的划分，斯皮罗等人按照学习所达到的深度和水平的不同，将学习分为初级知识获得与高级知识获得两个阶段。初级知识获得只需要学习者将概念和事实进行再现，而高级知识获得则要求学习者把握概念的复杂性，并将其灵活应用到各种具体的情境中。乔纳森等人又在此基础上提出了知识获得的三个阶段，即初级知识获得阶段、高级知识获得阶段和专家化知识学习阶段。几种分类关系见表 3-2 所示。

表 3-2　知识获得的三个阶段及其特点

知识学习阶段	初级知识获得阶段	高级知识获得阶段	专家化知识学习阶段
属性	结构良好领域	结构不良领域	精细结构领域
形成基础	概念、技能	知识	活动
形成方式	以概念、技能为基础的字面加工	以相互联系、综合的知识为基础深入灵活的加工	

① 张建伟、孙燕青：《建构性学习：学习科学的整合性探索》，59 页，上海，上海教育出版社，2005。

　　如果把学生的学习按照知识获取的三个阶段进行划分，那么课后作业也可以按照知识学习过程来进行分类布置。在初级知识获得阶段，学生基本的概念和技能尚未理解与形成，缺乏可以在这一领域直接迁移和应用的知识。根据这个阶段的特点，作业可以较多地设置结构良好的问题，以此来提升学生知识掌握的牢固程度以及应用的灵活性。在高级知识获得阶段，可以设计问题情境，创设结构良好领域知识的运用环境，在运用中，学生可能会碰到结构不良领域的问题，主要是以对知识的理解为基础，着眼于知识的综合联系和灵活变通。在专家化知识学习阶段，可以设计现实情境中的真实问题，让学生以完成项目等方式进行学习。

　　在本节开始的案例中，如果按照上述知识学习阶段进行分类的话，案例中的问题应该属于高级知识获得阶段，甚至专家化知识学习阶段的作业。因为学生已经学习完核能，了解了基本的概念，具备一定的基础，而在教师设计的问题中，以结构不良领域的问题为主，比如第 7 个问题"结合核能的利用与防护、事故处理及原因分析中'人'的作用，从科学、人文两个角度，说一说你观看《切尔诺贝利》的感想"，学生在解决该问题的过程中，需要面临更加复杂的知识情境以及丰富的综合性知识，需要在头脑中储备大量的图式化的知识模块，而且需要在这些模块之间建立丰富的联系，从而灵活地对问题进行表征，就像专家那样深刻地分析问题并灵活地解决问题。

　　在作业的设计中，这三个阶段均可以在同一作业中采用不同类型的任务体现，也可以在专题学习时按照时间顺序以及学生学习的深入程度进行任务的设计。不管采用哪种方式，都需要把握学习的节奏，依据学生的水平、学习阶段的不同按照循序渐进的原则进行作业设计。

3. 基于显性知识与隐性知识分类的作业

　　根据知识能否进行清晰的表述和有效的迁移，波兰尼将知识划分为显性知识和隐性知识两种。他认为，人有两种类型的知识，通常称作知识的是以书面文字、图表和数学公式加以表达的知识，这只是其中的一种类型；没有被表达的知识是另一种知识，如我们在做某件事情的行动中所掌握的知识。他把前者称为显性知识，而将后者称为隐性知识。[1] 具体说来，显性知识是指那些可以用书面语言、图表或数学公式表达出来的知识，可以通过书籍等载体得以呈现，比较容易整理和编码，具有确定的含义和内容，是一种编码型知识。隐性知识是指那些存在于个人头脑中的、与某个特定环境相关的、难以正规化、难以沟通和言传、难以清晰地表达和直接传递而且不能被系统地阐述出来的知识。[2]

在显性知识与隐性知识的分类视角下，作业可以视为学生在一定的情境中应用显性知识解决问题的学习机会，也是学生隐性知识形成的重要契机。当前，学校的课堂教学活动由于教学时间与教学进度的限制，特别是班级授课制度，导致了学习主要体现为显性知识的学习，这在一定程度上造成了隐性知识难以在课堂上形成。而课后作业则是弥补这一不足的有效途径。教师可以通过课外作业的布置，为学生提供应用知识解决问题、形成隐性知识的机会。

体验活动

某教师在高三复习中布置了如下作业：从理想模型、运动过程、临界状态三种视角总结梳理它们中间包含的隐含条件(表 3-3)。请你从实现功能以及不同视角的作业分类中说明该作业实现了什么功能，以及属于哪一类作业。

表 3-3　三种视角总结梳理隐含条件

一、理想模型	隐含条件	同步卫星	隐含条件
质点		理想气体	
点电荷		理想变压器	
轻杆		理想电流表	
轻绳		理想电压表	
轻弹簧		理想电源	
单摆		静电平衡的导体	

[1] 周城雄：《隐性知识与显性知识的概念辨析》，载《情报理论与实践》，2004(2)。
[2] 余文森：《个体知识与公共知识——课程变革的知识基础研究》，重庆，西南大学博士学位论文，2007。

续表

二、运动过程	隐含条件	三、状态或者临界状态	隐含条件
自由落体运动		完全失重状态	
竖直上抛运动		物体恰能沿斜面下滑	
平抛运动		机动车在水平面上以额定功率行驶	
简谐运动		平行板电容器接上电源	
用轻绳系小球绕固定点在竖直平面内恰好能做完整的圆周运动		带电粒子能沿直线穿过速度选择器	
皮带传动装置		导体接地	

（三）案例分析

本节所给的作业案例是针对学生学习完核能之后的作业，该作业期望实现激发学生学习物理兴趣的同时，提升学生科学思维的功能。具体设计考虑如下。

物理作为一门与科技、社会、生活联系紧密的学科，充分挖掘现实中的 STSE 教育资源，使学生在应用所学知识处理实际问题的过程中科学思维能力得到发展。在情境复杂的实际问题中，搜集相关证据，进行科学推理、论证，提出自己的观点。在此过程中，要求学生能够辨别信息的正误、准确性、可适性，使学生的质疑能力、创新能力得到很好的训练。因此，在教学中将与实际生活、科技相关的资料作为作业进行合理布置，使课本学习延伸到实际应用，可以提高学生应用所学知识解决实际问题的意识，使学生科学思维能力得到训练，科学素养得到发展。

在学习核能之后，布置学生观看电视剧《切尔诺贝利》。设置如表 3-4 中的问题，表中同时分析了每个问题所涉及的知识及期望培养的学生素养。通过这样的问题引导学生了解核辐射对人类的危害，使学生意识到合理利用核能的重要性。同时切尔诺贝利核事故也激发学生主动探究核电站工作原理、自主探究事故原因。学生应用所学解决、解释实际问题的过程就是发展科学思维的过程。

表 3-4　问题设计及考查知识与素养的培养

序号	设计的问题	涉及知识	素养的培养
1	提到的"契伦科夫效应"是什么？列加索夫是如何判断出反应堆芯爆炸外漏的？	概念的学习	提高学生证据意识，使学生通过列加索夫的分析过程，了解科学家的严密思维过程，了解科学思维方法
2	核辐射预防中为什么要吃碘片？	跨学科知识，核辐射的预防	通过延伸学习培养学生思维的深刻性和发散性
3	不同核辐射强度对人体造成不同影响。请说一说：核辐射对人体有什么影响？	核辐射的危害	考查学生信息捕捉、获取证据的能力；提高学生分析综合的能力、比较分类的能力
4	为了防止核污染扩大影响采取了哪些措施？	核辐射的防治	考查学生信息捕捉、获取证据的能力
5	你觉得造成切尔诺贝利事故的原因到底是什么？	核电站基本原理	培养学生从多个视角审视检验结论，提高学生质疑创新意识和评价意识
6	电视剧与实际事件有哪些出入？	还原事实	培养学生实事求是的科学态度，还原事实；通过对所得资料的分析综合、比较分类，获得正确的结论并做出解释，提高学生科学思维能力
7	结合核能的利用与防护、事故处理及原因分析中"人"的作用，从科学、人文两个角度，说一说你观看《切尔诺贝利》的感想	综合知识	培养学生质疑创新的意识，激发学生创造性思维，提高学生的科学态度和社会责任感

二、如何设计课后作业

当前，新教师自主设计课后作业存在客观上的困难。首先，教师缺少自主设计作业的经验基础，特别是在设计作业上缺乏合适的方向和方法指导。其次，对于有利于辅助物理教学的相关交叉学科的内容及前沿科技热点等典型实例缺乏广泛涉猎。再次，在考试的压力、繁重的教学任务及成绩评价机制下，教师在作业设计上投入的精力较少。但即便存在这些客观原因，教师主观上仍然需要转变作业设计观念。作业的设计需要遵循一定的原则，既要着眼于知识的复习巩固，也要注重通过完成作业引导学生形成良好的品格和正确的观念，提升适应社会发展和自我发展所必需的关键能力。选取作业时避免仅仅局限于现有的试题材料，需要广泛涉猎，加强作业与生活、相关学科的关联性和渗透性，以更好地契合新课程改革中促进学生全面发展、素质教育的理念。

📎 | **案例 3-5** |

杠杆平衡作业设计——天地之间有杆秤①

学生居家学习期间，教师有针对性地进行了学习设计，在"杠杆"这个单元中，从课前、课中、课后三个阶段为学生设计作业来引导学生学习。

【课前作业】查阅资料，初识杆秤

要求：查阅关于杆秤的资料，认识杆秤的各个部分，并利用生活中的物品制作杆秤。

【课堂作业】课堂质疑，完善杆秤

要求：请动手操作杆秤成品进行测量，结合学习到的杠杆相关知识，在自制杆秤上确定零刻度线的位置，并在杆秤上标注出较为准确的刻度值。可以利用生活中或实验室中的相关物品。

【课后作业】回归生活，解析杆秤

要求：利用自己制作的杆秤，实际称量物体的质量，并结合杠杆平衡条件，说明为什么在以往的使用中，顾客看到商贩把秤杆翘得高高的便特别满意？在买卖交易的过程中会不会出现分量不足的现象，这是如何操作的？为什么杆秤慢慢地退出了历史的舞台？

问题聚焦

Q1：课后作业的设计应该遵循什么原则？作业设计有哪些理论基础？

Q2：案例 3-5 中的作业设计遵循了哪些设计原则？

（一）课后作业的设计原则

在新课程改革背景下，作业的设计应该基于学生的核心素养培养而展开，因此需要物理课后作业的规律，明晰作业设计的基本原则，遵循相应

---

① 案例来自北京教育学院附属丰台实验学校分校安珊珊老师。

的原则设计作业，以达到优化作业效果，有效提升学生素养的目的。在明确作业设计的原则时需要充分考虑以下三个维度：一是教学的维度，需要充分考虑课堂知识的整体性、连贯性、延伸性等特点；二是学生的维度，需要充分考虑学生的认知水平、能力水平、生活经验等因素；三是学习环境的维度，需要考虑学习资源、材料背景等问题。在综合考虑上述维度的基础上，基于相关理论，可以按照如下原则来进行作业的设计。

1. 差异化原则

加德纳的多元智能理论的研究表明，每个学生之间都会存在个体差异性。所以教师在给学生布置课后作业时要尊重学生之间的这种差异性，特别是在同一个科目、相同的内容上，不能以同一标准要求所有学生。因为统一的标准化的作业并不能满足全体学生的学习需求，反而会影响学生各自的学习发展，差异化原则是基于这一问题提出的，即根据学生自身的物理学习基础以及理解能力，设计差异化作业（如分层设计），实现因材施教的目的。

🔖 | 理论书签 |

多元智能理论

20 世纪 80 年代，美国心理学教授霍华德·加德纳在《智能的结构》中首次提出多元智能理论。该理论认为，智能的高低不再仅由单一的智力因素来衡量，它可以分为 8 种：音乐智能、身体—动觉智能、逻辑—数理智能、语言智能、空间智能、人际智能、自我认知智能、自然观察者智能。基于多元智能理论，可以导出如下结论：

◎我们大家都拥有以上所有的智能。从认知的角度上说，正是这些智能使我们成为人。

◎没有两个人——甚至同卵双胞胎都不会拥有一模一样的智能轮廓。因为即使基因物质来自同一个卵子，出生后的人类个体也会有不同的经历（同卵双胞胎对于将他们自己相互区别开来，常常有很高的积极性）。

◎拥有某方面很高的智能，并不意味着一个人的行为具有很高的智慧。

因此，从多元智能理论观点来看，智能都具有普遍性、差异性、可塑性、相对独立性和整合性，任何人均拥有以上 8 种智能，只是强弱有别。教师在有效教学中，应该充分了解不同学生的多元智能差异，在课堂上因材施教协调发展学生的多元智能。

2. 适宜性原则

最近发展区理论为教学及作业设计提供了有利的依据。作业设计是课堂教学的补充和延伸。教师在充分了解学生所处的最近发展区的基础上依据适宜性原则进行作业设计，发现每位学生的个性特点，有效地利用学生现有阶段的发展水平和可能达到的发展水平两个水平，在此基础上设置合适的目标以及对学生在完成作业过程中的方法给予指导。学生的兴趣可能被激发并超越其最近发展区，达到下一发展阶段的水平，进而实现教育的目标。

基于上述分析，为了有效实现作业的功能，课后作业的布置应该坚持适宜性原则。这里的适宜包含两个方面的含义。一是课后作业的量要适宜。布置过量的物理课后作业可能会让学生感到厌烦，学生觉得作业永远也做不完，最终可能会导致学生不做作业或者抄袭作业等。二是课后作业的难度要适宜。课后作业太简单则不能激发学生的兴趣，学生做完作业后不仅不会有成就感，反而会认为做作业是在浪费他们的时间。此外，过于简单的作业也不利于学生思维能力的培养。课后作业难度过大则会导致学生即便投入大量的精力也难以解决问题，会让学生产生挫败感，进而对物理作业产生畏惧情绪，对物理也失去兴趣。因此，难度适宜的课后作业不仅能让学生体会到成功的喜悦，保持其学习物理的动机，同时也能有效锻炼学生的思维，取得更好的教学效果。

⊘ | 理论书签 |

最近发展区

维果茨基理论的一个关键概念是最近发展区，它被定义为实际的发展水平与潜在的发展水平之间的差距，前者由独立解决题的能力而定，后者则是指在成人的指导下或是与更有能力的同伴合作时，能够解决问题的能力。

最近发展区是指在恰当的教学条件下学生可能达到的学习量。这在很大程度上是测验学生发展的准确度或在特定领域内的智力水平，也表明了学习和发展是如何联系的。在最近发展区，教师和学习者同时完成一个任务，这个任务的难度使学习者无法独立完成。最近发展区反映出了马克思主义的集体行动的观点，即主张那些有更多知识和更熟练技能的人，与那些懂得较少的人分享知识与技能，从而共同完成任务。

3. 多样化原则

大部分教师十分注重书面形式的作业，他们每天要求学生做大量的练习题，这不仅严重地限制了学生的视野，而且逐渐抹杀了学生的学习兴趣。物理课后作业的设计应该遵循新课程改革的要求，设计多样化的作业。比如，不仅可以给学生设计书面作业，而且可以设计阅读作业、观察作业、动手实践作业等。即便是书面作业，也能以不同的形式呈现，如绘制图标、设计方案等方式。通过形式多样的作业，学生既能开阔视野，也能对物理的学习充满兴趣，获得成就感，当然能力也能在这个过程中得到提升。

在本讲开始的案例中，教师选择在特殊的条件下，结合物理与实际生活紧密联系的特点，设计了查阅资料、动手操作、解释说明的作业来辅助杠杆的平衡内容的学习。该作业形式得到了学生的喜欢。

体验活动

请与同伴交流，写下曾经使用过哪些不同形式的作业，它们对学习物理有什么帮助。同时也写下你所知道的其他作业形式，说说如何使用它们。

曾经使用过的作业类型	
其他作业类型	

（二）课后作业的设计方法

当前，不少学校及教师对课后作业的研究处于空白，各种各样的教辅资料使教师和学生迷失方向。撒网式的作业，不仅增加了教师教与学生学的压力，而且容易导致学生产生厌学的情绪。因此，教师首先应该有作业设计的意识，通过合理的作业设计来实现其功能；其次应该避免以考题为标准来设计作业。那么，要合理进行课后作业的设计，该以什么为标准呢？

1. 课后作业设计的依据

课后作业的设计应该有两条重要依据。一是物理学科课程标准与教材。学科课程标准是教学的导向，在课程标准的基础上进行作业设计可以提高作业的科学性、有效性、针对性，可以减轻学生的学业负担，使学生获得成就感。物理学科课程标准在课程学习的目的、内容、过程和评价等方面有详细的阐述，不仅能够指引教师科学施教，而且可以引导教师有效设计规范的作业。物理教材依据课程标准的要求编写，不仅细化了课程标准中的要求，而且还设置了相应的习题或实践活动，这些习题或实践活动也可以作为教师设计课后作业的素材与依据。二是学生的学习情况。每个学生都是独一无二的个体，学生之间存在着各种各样的差异，教育的目的不是将差异抹去，将学生变成无差异的产品，而是正视不同学生存在的差异，提供不同的资源以满足不同学生的学习需求，让每个学生在现如今的教育环境下得到最好的教育，使每个学生在原有的知识基础上都得到最大程度的发展。这正是"以人为本"的教育理念的要求。

2. 课后作业设计的思路与方法

课后作业的设计应该遵循以终为始的原则。具体设计思路如图 3-3 所示。具体来说，首先要明确设计作业的目的：该作业是要实现复习巩固为主的目的，还是训练思维为主的目的，还是激发兴趣为主的目的，等等。明确了作业要实现的目的之后，需要确定作业的内容，即以什么内容为载体实现目的，究竟是正在学习的教材内容、习题，还是课外拓展内容。确定了作业的内容后，教师需要进一步选择作业的类型，比如，是查阅资料的作业、纸笔答题式作业，还是小组合作探究完成式的作业。同时也要规定作业的完成方式，比如，以书面答题的方式完成、以学生命制试题的方式完成、以 PPT 分享汇报的方式完成、以思维导图的方式完成，等等。当然，教师也可以设计多种形式供学生选择。确定了完成形式后，教师需要依据学生的情况进行分层设计，即针对不同学习能力的学生，应该完成哪些作业或者达到什么层次。或者以台阶式的设计，要求学生达到的最低要求是什么。学生根据自己的能力挑战不同的高度。最后教师要对作业的评价方式进行完善与细化。

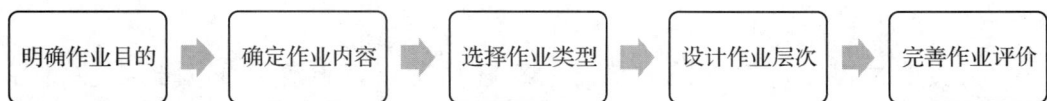

明确作业目的 ➡ 确定作业内容 ➡ 选择作业类型 ➡ 设计作业层次 ➡ 完善作业评价

图 3-3　课后作业设计的思路

3. 分层作业的设计

在上述的作业设计思路中，作业层次的设计往往是当前容易忽略，而且操作起来有难度的环节。分层作业的方式多种多样，但其目的都是让不同层次的学生在原有的学习水平上都得到进一步的提升。那么分层作业究竟该如何实施呢？

（1）隐性的主体分层与显性的知识分层。

如果仅仅按照学生的学习成绩进行分层，那么容易使学生产生抵触分层作业的情绪，因此作业的主体分层可以是隐性的，还应该是动态的、自主的。即教师不宜将学生按照学习能力分层显性化，同时也要设计让学生自主完成作业的层次，在选择中进行动态的调整。对学生的隐性分层应该在教师的心目中，这样可以有效指导学生认知自己的学习水平，在指导学生进行分层作业选择时可以准确建议。这样的方式可以有效避免给学生贴上等级标签，避免学生情绪上的负面影响。而在作业的设计上，要为不同层次的学生准备不同层次的作业内容，作业内容分层是显性的。通常可以采用作业内容的难度、作业量两个变量进行显性划分。比如，可以将布置的作业按照高难度、中难度、低难度来设计。

高难度——作业量较大，难度较高，这类作业面向学习能力较强的学生，通常是学有余力的学生，这些学生需要较为综合的问题来帮助其提升解决问题的综合能力。

中难度——作业量适中，难度适当，作业量与学生能力相符合，这一层次对于学生能力的要求也以培养学生科学探究和理性思维能力为主。

低难度——作业量适中，难度较小，主要以巩固基础为目的，面向基础知识比较薄弱、能力较差、做题较慢的学生，可以在趣味性上做些加强，让学生在巩固知识的同时，也能体验到生活的丰富多彩，逐渐培养学生对物理的学习兴趣，进而发展学生的能力，使其为后续选择其他层次作业打下坚实的基础。

（2）学生自主选择层次。

在实施过程中，学生根据自己的实际情况，按照作业的目标自主选择适合自己能力的作业进行完成。学生刚开始的选择往往会不符合自己的实际，即学生不能对自己学习情况进行准确定位，需要教师按照隐性的学生分层对学生进行选择上的指导，便于学生能够合理选择。在这样学生自主选择的情况下，其完成作业的积极性与主动性将会大幅度提高，作业的质量也会有效提升。

（3）作业评价的多元分层。

对于分层作业需要有对应的分层评价，教师能及时获得学生学习状态的情况，也让学生在完成作业后得到及时肯定。不同层次的评价标准、评价方式以及评价严厉程度都可以略有不同，如可以采用学生自评、学生互评、教师评价等多种方式，对不同层次的学生进行针对性评改。也可以对不同层次的学生采用不同的评改标准。比如，对选择高难度层次的学生评价要求可以趋于严格，可以用学生互评，激发其挑战意识；对于选择低难度层次的学生，可以教师评价，多用激励性评价，利于个性指导。

（三）案例分析

在本节开始的案例中，教师在特定的学习条件下，针对杠杆平衡进行了学习设计，设计了"初识杆秤""再识杆秤""制作杆秤""解析杆秤"的学习流程，从"课前作业""课堂作业""课后作业"三个角度进行设计。

课前作业要求学生自己查阅资料，收集杆秤的相关信息，进行自主学习。这样有利于锻炼学生收集信息、归纳总结的能力。

利用生活中的物品进行简单的制作，锻炼学生动手能力的同时，让学生在"动"中学习知识。从作业的反馈情况来看，学生做的杆秤相对来说较为简陋，基本上是为了完成任务，只涉及基本的组装。也有善于观察的学生会在认真观察杆秤的图片后标记刻度，还有的学生会发现"零刻度线与提纽不在一起""秤杆上有两个提纽，在秤杆相应的位置正反两面均会有刻度值""制作好的杆秤，不能够很好地称量物体的质量，有可能会出现秤杆不够长的情况"等很多问题。这些发现正好为后面课堂的学习做了很好的铺垫。学生在制作过程中发现的问题，多数能在后续的学习中得到解答，这是一种莫大的肯定与成就感，更能激发学生学习的动力。

在课堂教学中，教师以电视剧《宰相刘罗锅》的主题曲《清官谣》歌词："天地之间有杆秤，那秤砣是老百姓，秤杆子挑江山，你就是定盘的星……"引出杆秤，并对杆秤做一简单的介绍，即杆秤是我国古代人民独立发明的衡器，其中充满着古人的智慧，它更是 20 世纪重要的计量工具。

教师简单复习杠杆相关知识后，带领学生完成课堂作业。教师将学生自制的杆秤和杆秤成品的实物进行对比，找出不同点，并探寻原因。通过学生的观察与对比，将问题集中在以下两个，即"如何确定零刻度线的位置""如何在杆秤上标注出较为准确的刻度值"。

由于课堂时间有限，教师将讨论聚焦在以上两个问题上。第一个问题的提出可以帮助学生很好地复习杠杆调节平衡时自重的影响因素。学生在操作杆秤时不难发现零刻度线的意义，以及其并不与提纽重合的原因。回答自己在"初识杆秤"中所发现的问题。第二个问题的提出可以帮助学生能够很好地利用杠杆平衡条件来解决实际问题。学生需要找到已知质量的物品作为标准，并利用杠杆的平衡条件进行标注。

在实际操作与学习的过程中，学生的思维是发散的。比如，有的学生采取先找到零刻度线与总量程，进而平均分配的方法进行；有的学生则采取找到零刻度线后，等量叠加并标注的方法进行。这个环节设计是开放的，最后以称量书本的质量准确者获胜的游戏来予以评价。整个过程中，学生的积极性高，思维开放，提升了利用物理知识解决问题的能力。

在课后作业的设计中，教师有如下的设计意图：随着社会的进步和科技的发展，杆秤逐渐退出了历史舞台。但相对于精确度更高、携带更方便的电子秤来说，杆秤还是更具有人情味的。在买卖过程中，卖家高喊一句"秤高高的"，让买家满心欢喜。根据杠杆平衡条件来解释并不难。冷冰冰的知识和高傲的秤杆却带来了一片和谐的氛围，高高的秤杆让人与人之间有了情感的交流。这是一种人文情怀。买卖中"秤平斗满是好人"的说法，是杆秤文化中对人们"诚信""公平"的警示。

这样的课后作业设计，不仅让学生能够很好地复习相关知识，而且是进行德育的好机会。这样的作业形式对学生来说新颖、有趣，能在复习巩固知识的同时，有动手操作体验的机会，感受成功带来的乐趣。

三、如何讲评课后作业

合理设计的课后作业可以承载诸多功能，既是学生复习巩固的重要环节，又是思维训练的有效途径，还有利于学生深入理解和拓展知识。但是如果教师只是布置课后作业却不进行讲评，那么学生完成作业的效果就会大打折扣。因此，课后作业的评价与反馈是课后作业有效性的保障。

✑ | 案例 3-6 |

流体压强与流速的关系

在"流体压强与流速的关系"一课中，某老师在课后作业中设计了如下两道题：

1. 你是否有这样的经历：撑一把雨伞行走在雨中，如图所示，一阵大风吹来，伞面可能被"吸"，严重变形。下列有关这一现象及其解释，正确的是（　　）。

A. 伞面被向下"吸"

B. 伞上方的空气流速大于下方

C. 伞上方的空气流速等于下方

D. 伞上方的空气流速小于下方

2. 小明同学在倒置的漏斗里放一个乒乓球，用手指托住乒乓球。然后从漏斗口向下用力吹气，并将手指移开，如图所示，发现乒乓球并不掉下来，试分析其原因。

从批改作业的情况来看，两个班级的作业情况出现了以下情况：一个班级回答非常不理想，虽然在课上已经讲过类似的许多例子，但仍然有不少同学两道题都做得不理想；另一个班级的情况则是第 1 道题回答很好，可是第 2 道题回答非常不理想。那么，这种情况下老师该如何进行作业讲评呢？

问题聚焦

Q1：课后作业的讲评应该做哪些准备？课后作业讲评有哪些策略？

Q2：针对案例 3-6 应该采用什么样的讲评策略？

（一）课后作业讲评准备

作业讲评是检验教学效果、完善教学过程的重要手段。教师讲评作业，不仅仅是核对作业题目的答案，更重要的是给予学生作业的反馈，引领学生认识典型问题，指导学生学会抓住要点，以点带面，举一反三，使典型问题成为知识融会贯通的触发点，有针对性地培养学生的理解分析能力和思维能力。为了确保讲评的质量，在作业讲评之前，往往需要有相应的准备工作，那具体包括哪些呢？

1. 重视课后作业批改

课后作业的批改不仅可以有效及时地给学生反馈作业情况，而且是教师讲评作业的有效准备工作，可以让教师的作业讲评更具有针对性。在课后作业的评改过程中，教师可以了解分析学生课后作业的完成情况，梳理学生的易错点和对知识理解的缺陷，这样教师在作业讲评与后续教学中能及时调整教学手段，逐渐寻找到最适合学生的教学方法。学生也可以通过课后作业批改反馈的信息发现自己的不足，及时改进。因此，课后作业的批改是教师进行好作业讲评的前提条件。

在本节的案例中，正是教师进行了及时的课后作业批改，才能发现作业中存在的问题，才有作业讲评设计的前提与起点。

2. 课后作业批改的原则

既然课后作业批改是教师做好作业讲评的前提，那么课后作业批改应遵循哪些原则呢？

（1）体现鼓励性。

物理知识本身逻辑性强，部分内容较为抽象，难度相对较大，因此教师在批改学生的物理课后作业时要注重鼓励。在实施的过程中，哪怕学生只取得一点点的进步，教师也要鼓励他们，让学生体会到成功的喜悦，力争帮助学生逐渐喜欢做物理课后作业。

（2）注重发展性。

物理课后作业的评价应该让每一位学生看到自己的进步，同时了解自己的不足。教师应以发展的眼光看待每一位同学，避免仅仅以课后作业的正误来判断学生的学习情况。及时地给予学生指导，帮助学生更好地发展。

（3）注重多样化。

物理课后作业的批改要尊重学生的差异，可以采用不同的评价标准。教师应帮助学习有困难的学生达到较低的作业标准时也有可能取得优秀。教师也要鼓励那些学习比较优秀的学生，鼓励他们达到更好的水平，取得更大的进步。当学生达到高层次标准的时候，教师要及时给予表扬，这样有利于学生在你追我赶的氛围中不断取得进步。

3. 课后作业批改的方式

作业批改不仅是物理教学的重要环节，还是师生双方获得信息的重要方式。认真批改作业，能使师生双方及时获得正确的信息。在不少教师的心目中，批改作业就是教师挑灯夜战，勾勾叉叉。其实，批改作业的方式多种多样，除了常见的教师一人全批以外，还有其他的方式和方法。

（1）面批。

面批是指教师直接和学生一起当场批改和订正作业。通常可以通过以下形式操作：一种是教师先进行批改，学生现场订正错误并说明理由；另一种是学生根据自己的理解批改自己的作业，并在教师的点拨下批改、订正有疑问的题目。

面批对教师来说花费时间多，但往往效果显著。因为学生与教师面对面改错，特别容易对自己的错题与问题引起重视，并且对错误印象深刻。学生在订正的过程中，教师通过观察学生的解题方法和书写步骤，能更具体了解到学生对知识的掌握情况，从而改进自己的教学。此外，教师的面对面指导，有利于帮助学生形成良好的解题习惯。对有进步的学生，教师的当场表扬，可以让学生树立信心。在这整个过程中，师生之间的关系会变得更加亲近。

（2）学生小组长分组承包批改。

小组长分组批改，即将学生按学习小组划分，指定一名相对优秀的学生担任组长，组长先将自己的作业交给教师批改，批改后组长与教师解决其中的疑问。然后组员把作业交给组长，由组长负责批改。小组利用课外时间，采用组员和组长之间相互讨论的方式，解决题目中的疑问，并予以订正。最后每个小组挑选出有意义的和有代表性的作业交给教师复查，教师从中了解不同层次学生的作业情况，以便进行分类辅导。这种批改作业的方式不仅可以让学有余力的学生得到锻炼，同时也可以让许多平时课上不愿意发言的学生能够与同学交流，获得同学的指导。

（3）学生之间互批作业。

在教师明确答案的前提下，由同桌相互批改作业，指出双方存在的问题并订正错误，这样在大大提高批改效率的同时，让学生以批阅者的视角审视作业，可以让错误更明确具体，容易纠正错误。

（4）自批自改。

自批自改指的是教师在课堂上公布课堂作业的解题过程和标准答案，学生对照答案自己批改和订正作业。对于无法自己解决的问题，学生可以提问，教师给出个性化的辅导与讲解。学生自行批改和订正后，作业再交回教师检查核定。学生对作业的自行批改和订正的过程，能使学生更加主动地参与课堂，更容易集中注意力，产生一种紧迫感和成就感。教师也可以通过检查学生课堂中自批自纠的作业，了解学生的掌握情况，从而进一步改进教学。

4. 了解作业讲评课低效的原因

（1）作业讲评未重视迁移能力的培养，过于关注静态知识。

知识的迁移运用能力是学生应具备的重要能力。作业讲评设计应该关注知识的迁移运用。然而，很多作业及试题的设计只重视对学科静态知识的考查，并不重视对迁移运用能力的考查。教师的作业讲评也是静态知识的重复，没有关注学生迁移运用能力的训练，导致学生陷入大量低水平的重复训练之中，这样的作业与讲评过程当然是低效的。

（2）作业讲评重视结果，忽视解决问题的过程。

在许多作业讲评课中，多数情况是教师讲、学生听。不少教师进行作业讲评时，都是先讲方法，再讲例题，最后练习巩固。让学生套方法、套题型，却不讲这个方法的前因后果与思考过程，更不用说让学生去探究并发现问题的解决方法。这样的课堂下学生只是机械记忆解题方法，做题时只是仿照在课堂上学过的例题来"生搬硬套"，能力的培养变成空谈。

（3）重视作业数量，不重视讲评的质量和效率。

不少教师受制于教辅资料的限制，也功利于学生的眼前成绩，于是十分重视学生作业的数量，便布置大量作业，这样往往会使学生疲于应付。教师在课后作业讲评时又想面面俱到、题题都讲，导致的结果是部分学生对每一个问题都不能深入透彻理解。这样的作业讲评的方式看似内容很多，实则低效，不仅挤占了学生自主学习的时间，更让学生没有足够的思考时间，难以学会迁移。

（二）课后作业讲评策略

作业的讲评既要关注学生的层次性，还要关注学生的学习情感，更要重视学生良好学习习惯的培养及思维的锻炼。

1. 作业讲评要分层实现目标

在每一次作业讲评之前，教师需要充分了解学生的学习成绩和学习状况，心目中要有不同层次的学生应该实现的讲评目标，做到有的放矢。课堂集中讲评往往针对大多数中等学生，以作业中存在的共性问题为主要讲评内容，展开讲评活动，但同时也应该兼顾优秀学生和基础薄弱的学生，充分考虑到这两类学生的接受能力和学习情绪。要实现这样的目标并不容易，需要教师在讲评设计中有弹性，有层次。除讲解的内容有层次外，教师还可以组织学生进行互动，让不同层次的学生得到锻炼。比如，在案例3-6中，教师应该采取什么样的策略来进行作业讲评呢？在教师的心目中，应该有以下三个层次的学生。部分优秀的学生能够熟练利用流体压强与流速的关系，同时结合运动与力的知识进行分析，在作业中表现出来的是这类题都能较为完整解答。教师针对这部分学生，应该让他们能更规范、逻辑严谨地分析问题并解决问题。第二类学生则能判断流体中压强与流速的关系，但不会结合运动和力来严谨说明物体运动的背后原因，这类学生作业中表现出来的结果是第 1 道题能答对，但第 2 道题无法解答或者回答不完整。教师针对这类学生就需要引导他们尝试用此前学过的运动和力的关系来解决问题。第三类学生还没能掌握流体中压强与流速的关系，也不能在实际中应用。教师针对这类学生则需要让其熟悉流体中压强与流速的关系，尝试去解释现象。

2. 作业讲评课应该成为互动的舞台

兴趣是学生最好的老师。随着学生的自主权越来越大，如果学生对学习或者某一科的学习失去了兴趣，那么，教师再精彩的讲解也没有意义。不少教师的作业讲评课，往往是教师唱独角戏，或者对答案，或强调学习难点、考点，滔滔不绝。这样的课堂大部分学生往往心不在焉、无精打采、效率低下。因此，教师应该让作业讲评课也变得有趣味，富有人性化。这就需要教师创建和谐的互动舞台，营造师生对话、生生对话的课堂氛围。

在案例 3-6 中，教师如何营造分享讨论的氛围呢？由于是作业讲评，大多数学生在做作业时对相关内容已经思考过，有所认识。因此，教师可以相信学生，让学生充分展示自己。比如，让学生结成同伴进行互相解释，然后有针对性地选择学生向全班同学讲解，教师适时指出讲解中的问题。这样不仅让学有余力的学生在与同伴讲解的过程中找到成就感，同时也能让学习困难的学生获得一对一的指导与帮助。教师的点评与指导也拔高与规范了学生的理解。

3. 作业讲评课应该注重迁移能力的培养

学生在作业中暴露出来的问题可能多种多样，但总有一类是由于学生的迁移能力不足，所学知识不能灵活运用导致的错误。针对这类问题，教师应该适时采取策略锻炼学生的迁移应用能力。比如，在复习课作业讲评中，开展拓展讨论、多题归一、一题多解等方式的讲评可以有效提升学生的迁移能力。比如，在高中物理复习中，完全非弹性碰撞的模型中动量守恒，动能损失最大的特征就可以拓展在多种场合使用，包括板块、子弹打击木块、人船、滑块飞入曲面轨道等。教师在作业讲评中，应根据学生的情况灵活拓展，让学生实现知识的融会贯通。

（三）案例分析

在本节案例 3-6 中，教师对作业进行了细致的批阅，找出学生错误率较高的题，并且敏锐地发现不同班级的答题情况不同。在这种情况下，教师应该采用什么样的策略呢？

依据作业的批改情况来看，第一个班级情况相对糟糕，教师已经在课上讲解了多个例子，学生仍然没有掌握。在作业的讲评中，如果教师仍然按照此前课堂学习的方法再对作业进行讲解，可以预计效果仍然会不佳。这种情况下需要教师调动学生的积极性，比如采用如下办法：让作业正确的部分学生分别给作业不正确的学生讲解，然后请听讲解的学生起来向全班讲解。而对于第二个班，容易判断学生对流体压强与流速的关系已经能够掌握，主要问题在于主观题的回答能力上，即结合力与运动的关系来解

释现象的能力不足。在这种情况下，教师可以尝试采用如下策略：以作业
为例进行精讲示范，将问题按照严密的逻辑、清晰的层次讲解清楚，然后
提供一个拓展案例，让学生交流分析，锻炼其迁移应用能力。

体验活动

针对案例 3-6 中的情况，你有哪些更好的讲解策略？请与同伴分享
交流。

▶ 第十讲
如何进行阶段测试

阶段测试是教学的重要组成部分，它可以对当前的教学质量进行有效
评估，为下一阶段的教学计划提供指导。阶段测试中除了需要科学命制测
试题，教师还需要对阶段测试的结果进行合理的分析，进而了解学生的学
习情况，并合理应用于指导教学。那么，究竟该如何分析与应用呢？本节
围绕这些问题展开。

一、如何理解阶段测试的意义

阶段测试是学生学习过程中必不可少的阶段，对学生的学习有着重要
的作用。因为通过阶段测试，可以有效考查学生对知识的掌握情况，以便
及时发现教学过程中存在的问题，及时调整教学。

（一）阶段测试对学生具有重要意义

阶段对测试对学生的学习及发展有重要意义。首先，阶段测试可以有
效促进学生做好复习，因为一旦有了测试，学生学习会相对紧张，学习效
率也会提高，能有效促进学生在这一阶段的全面复习。其次，阶段测试是
对最近一个阶段学习状态的一次反馈，也是学习过程中最好的查漏补缺。

通过阶段测试，教师不仅可以了解学生最近的学习状态，还可以发现学生学习中的问题。在阶段测试后将暴露的问题予以解决，为对学生后续的学习奠定良好的基础。最后，阶段测试是对学生心理状态的磨炼。学生只有多次经历阶段测试的历练，在关键的测试中才能发挥出自己的水平。

（二）阶段测试对教师教学改进具有指导意义

阶段测试对教师教学改进具有指导意义。首先，通过阶段测试教师可以全面而准确地了解学生的学习情况。在课堂教学的过程中，教师往往并不能全面了解学生的学习情况。通过阶段测试，教师可发现学生学习的真实情况，学生的能力提高到何种程度，哪些学生的学习情况已经达标，哪些学生还需要进一步提高。其次，通过对阶段测试结果的分析，教师可以反思自己的教学效果，不断改进教学。不少教师总是这样抱怨：这个问题我讲过多少遍了，学生考试还总是不会。如果讲过多遍还有不少学生不会，应该反思的可能是教师自己。因此，教师可以从阶段测试结果的分析中及时、全面地获得反馈信息，调整教学，促进学生有效发展。

二、如何分析阶段测试结果

阶段测试是在课堂上对过去一个阶段学生所学的内容进行检查测试，包括单元测试、期中测试、期末测试等多种形式，是实施课堂优化教学的重要手段，是提高课堂教学质量的有效方法。

✎ | 案例 3-7 |

在一次期末考试中，某教师认为自己所带的两个班级的物理考试成绩并不理想，他希望通过对考试结果的分析，找到成绩不理想的根源，并制定改进教学的措施。面对学生阶段测试成绩的数据，他该如何分析呢？

问题聚焦

Q1：阶段测试结果的分析应该从哪些方面着手？如何分析？

Q2：案例 3-7 中的教师应该如何为利用分析结果指导教学做准备？

（一）阶段测试分析的内容

测试试卷的科学命制是一个值得深入研究的课题。阶段测试的试卷也会因为测试时间、测试内容、测试对象、测试目的的不同导致试卷形式、试题难度、试题类型会有较大差异。因此，测试试题质量的评价本身是一个相对概念，也应基于学生的情况来具体分析评价。鉴于本书的读者情况，本书中不介绍测试试卷命制，重点介绍阶段测试的分析。

阶段测试分析通常包含三个维度，即对阶段测试的试卷质量分析、测试成绩分析及学生情况分析。

1. 试卷质量分析

随着教育测量学的发展、教育理论的进步，物理教学评价的要求越来越客观，对教学结果的分析也越来越依赖于统计理论和方法。比如，在理论上利用布鲁姆目标分类学、SOLO 分类评价理论寻找考试结果背后的原因。在工具上，利用 Excel、统计学软件 SPSS 等对测试试卷的难度、区分度、信度及效度进行分析，以此来评价试卷的命制质量。

2. 测试成绩分析

对一次测试的成绩分析，通常需要根据考生人数，将考试成绩划分为若干分数段，然后编绘学生成绩的分布曲线图或者直方图，以此来了解学生考试成绩的分布情况。如图 3-4 是某一次阶

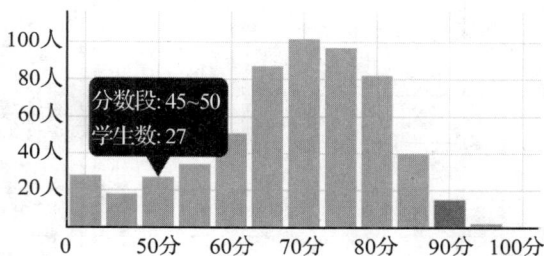

图 3-4　学生成绩分布直方图

段测试的学生成绩分布直方图。曲线峰值中间高，两头低，除去未参加考试的学生，左右大体对称，表示分布呈正态或近似正态分布。如果曲线峰值向右偏，则呈负偏态分布，说明试题总体难度偏低；如果曲线峰值向左偏，则呈正偏态分布，说明试题偏难。

当然，除全体学生分数分布外，对不同班级学生的平均分、最高分、最低分、及格率、优秀率等参数也需要统计，方便进行横向或者纵向对比。

3. 学生情况分析

对测试结果进行整体分析有利于了解试卷的整体情况，了解学生整体答题情况，但具体到对每个班级，甚至每位学生的教学指导上，还需要对阶段测试结果中的学生答题情况进行分析。这里的分析可以有两个维度。

第一个维度是以题为序进行答题情况分析，表 3-5 为某一次考试中以题为单位分析统计的试题题型、分值、难度、区分度、年级均分和得分率、本班的均分和得分率。[①]

表 3-5　某次考试小题得分情况

序号	题号	题型	分值	难度	区分度	年级		高三年级 104 班	
						均分	得分率/%	均分	得分率/%
14	14	单选题	6	0.82	0.65	4.95	82.45	5.72	95.31
15	15	单选题	6	0.26	0.95	1.53	25.57	1.78	29.69
16	16	单选题	6	0.86	0.52	5.16	86.03	5.91	98.44
17	17	单选题	6	0.55	1	3.28	54.73	4.03	67.19
18	18	单选题	6	0.48	1	2.86	47.71	3.47	57.81
19	19	多选题	6	0.76	0.75	4.56	75.97	5.48	91.41
20	20	多选题	6	0.62	0.95	3.74	62.29	4.83	80.47
21	21	多选题	6	0.51	0.93	3.03	50.54	3.56	59.38
22	22	主观题	15	0.69	0.49	10.28	68.53	11.73	78.23
23	23	主观题	12	0.81	0.67	9.68	80.68	11	91.67
24	24	主观题	15	0.71	0.8	10.68	71.21	13.02	86.77
25	25	主观题	20	0.33	0.54	6.68	33.39	8.63	43.13

通过表 3-5 可以看出，班级相对全年级的情况。104 班每一道试题的答题情况均好于全年级的平均水平，但第 15 题、17 题、18 题、21 题、25 题得分率低于 70%，其中一些试题的得分率相对于全年级的平均水平没有显示出足够的优势，说明这些试题需要重点讲评并在后续教学中给予充分重视。

---

① 陈华强、王安民、张绍兵：《例谈基于考试数据分析的试卷讲评课》，载《物理教师》，2018(11)。

第二个维度是以学生为序，分析每一位学生的答题情况，了解学生在每一道题上的得分情况，表 3-6 即为某次考试中每一位学生的得分明细。教师通过这样的得分明细可以清晰地了解每一位学生的答题情况。

表 3-6　某次考试学生得分明细

姓名	题1	题2	题3	题4	题5	题6	题7	题8	题9	题10	题11	题12	题13	题14	题15	题16	题17	题18
A	2	6	4	3	3	2	4	0	3	2	2	2	2	2	2	2	2	3
B	2	6	4	3	3	2	4	3	3	2	2	2	2	2	2	2	2	3
C	2	2	4	3	3	2	4	3	3	2	2	2	2	2	2	2	2	3
D	2	6	4	3	3	2	4	3	3	2	2	2	2	2	2	2	1	3
E	0	6	4	2	3	2	1	3	3	2	2	2	2	2	2	2	1	3
F	2	4	4	3	3	2	4	3	3	2	2	2	2	2	2	2	2	3
G	2	4	4	3	3	2	4	3	3	2	2	2	2	2	2	2	2	3
H	2	6	4	0	3	2	4	3	3	2	2	2	2	2	2	2	2	3
I	2	6	4	3	3	2	0	2	3	2	2	2	2	2	2	2	2	3
J	2	4	4	3	3	2	1	3	3	2	2	2	2	2	2	2	2	3

（二）案例分析

在本小节的案例 3-7 中，教师应该如何分析阶段测试结果呢？通过前面的分析不难判断，教师可从以下几点进行阶段测试分析。

首先，教师应该对学生的成绩进行整体分析，对阶段测试的试卷是否适合自己的学生做一个大致判断，包括阶段测试试卷整体难度是否适合其学生。在小型的阶段测试中，部分年轻教师喜欢采用名校试题，或者组题过难，导致测试结果不理想。因此，教师首先要对测试的合理性做一个判断。

其次，教师应该对试卷中试题或者知识点得分情况进行梳理，找出失分较多的试题或者知识点，归纳并寻找失分原因，判断是由于前期学习这一部分不够扎实，还是试题难度本身过大或者是其他原因，依据原因进行后续试卷讲评和教学的准备。

最后，教师需要对成绩异常的学生试卷进行分析，必要时需要与学生面对面进行交流，了解其异常的原因，便于进行个性化的指导与帮助。

三、如何在教学中应用阶段测试

阶段测试对学生的学习与教师的教学有着不可替代的作用。但也有调查结果显示，在对阶段性测试的态度上，有 39.13％的学生喜欢阶段测试，他们认为阶段测试可以复习巩固自己的知识，对知识掌握情况进行检测，可以查漏补缺，了解自己的学习状况。但是有 60.87％的学生不喜欢阶段测试。其原因包括有的因为有排名，感觉压力很大；有的认为阶段测试仅仅增加了考试次数，对自己没有太大作用；有的就是因为不喜欢物理，学不会，就不喜欢阶段测试。[①] 由此可见，阶段测试不是越多越好，而应适度应用，一旦应用，就需要充分发挥其作用。那么如何充分发挥阶段测试的作用呢？

案例 3-8

在一次阶段测试中，某教师进行了详细的试卷分析，获取了较多的数据。但是要面向学生进行试卷讲评，他似乎除了逐题讲解答案，没有其他更好的设计。特别是一道得分率只有 21.7％的计算题，该教师不知道如何进行有效讲解。试题如下：

如图，水平地面上有一个质量为 $m=6$ kg 的木板 A，板长 $L=1$ m，在 A 的右端放置一个质量也为 $m=1$ kg，体积可忽略的物块 B，A 与地面之间动摩擦因数 $\mu_1=0.5$，A、B 间动摩擦因数 $\mu_2=0.5$，开始 A、B 均静止，现对 A 施加一个水平向右的拉力 F，重力加速度 g 取 10 m/s²，最大静摩擦力等于滑动摩擦力。

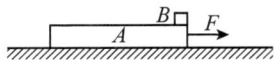

(1)若 $F=14$ N 且一直作用在 A 上，试问经过多久 B 从 A 上落下来；

(2)若 A 板足够长，当 F 大小合适时，会出现一个有趣的现象，无论 F 作用多久撤去，B 在 A 上滑动一段时间后总是恰好回到 A 的最右端，试

---

① 王斐、熊祖阁、韩运侠：《阶段性达标测试对中学生物理学习的影响及对策》，载《时代教育》，2016(21)。

问这个合适的力 F 的大小。（F 作用在 A 上时大小恒定）[1]

问题聚焦

Q1：阶段测试该如何发挥其作用？分析结果应该如何用于指导课堂教学？

Q2：案例 3-8 中的教师应该如何基于学生考试结果进行试题讲解呢？

（一）利用阶段测试引导学生改进自我

1. 引导学生树立良好的对待阶段测试的态度

毫无疑问，学生对阶段测试的态度将会极大地影响阶段测试的应用效果。因此，教师需要引导学生正确认识阶段测试，不能认为它是可有可无的测试。只有端正了对阶段测试的态度，认真去对待阶段测试，才能更好地进行反思，总结自己的失误之处，并对知识点进行查漏补缺。

2. 引导学生进行自我诊断分析

（1）寻找薄弱知识点。

为了让学生诊断出学习中的薄弱环节，以便及时查漏补缺，明确下一个阶段的努力方向，可以给学生提供如表 3-7 所示知识点统计得分表，引导学生找出自己阶段测试中薄弱的知识点，要求学生在考试结束后抽时间有针对性地进行强化复习。

表 3-7　知识点统计得分表

知识点	题号	分值	实际得分	得分率
重力				
弹力				
摩擦力				
力的合成与分解				
共点力的平衡				

---

[1]　陈华强、王安民、张绍兵：《例谈基于考试数据分析的试卷讲评课》，载《物理教师》，2018(11)。

（2）加强错因分析。

引导学生分析应得分与实得分之间的差距，加强答题错因分析，通过自我评价来端正学习态度、改进学习方法、提高学习效率，达到自我教育的效果。同时自我反思考试过程中可能存在的心理焦虑，纠正解题时的粗心等不良习惯。

（3）进行自我归因分析。

韦纳的归因理论表明，通常可以将失败的原因归为三个维度：内归因和外归因、稳定的归因和不稳定的归因、可控制归因和不可控制归因[①]。同时将个体成功和失败的原因归结为四个要素：努力、难度、运气和能力。在每一次阶段测试之后，可以引导考试不理想的学生对失败的原因进行全面的归因分析，这样能帮助他们发现问题的根源，最终找到解决问题的办法。

（二）基于阶段测试分析结果改进教学

基于阶段测试分析结果改进教学是教师教学能力提升的重要途径。试卷讲评即为最直接的需要基于结果分析的课堂教学。当前许多教师的试卷讲评课存在一些问题。比如，教师忽略学生的主体地位。表现在课堂上没有给学生足够的时间进行自主改错和反思，也没有给予一些启发和指导，引导学生进行自主反思，课上也很难出现学生主动积极向教师质疑、请教和互相探讨。部分教师在利用数据分析进行试卷讲评课时，仅仅利用数据，找出共性进行试卷讲评，讲评课堂仍然呈现一言堂的形态，学生收获不大。此外，学生对错题的分析与利用不够，经常会出现"屡错屡改，屡改屡错"的现象。因此，在阶段测试后基于数据分析与结果，充分发挥学生主体作用进行试卷讲评与教学改进十分必要。

1. 基于数据分析进行课前准备

基于数据分析进行试卷讲评应该有什么样的流程呢？通常应该包含课

---

① 林钟敏：《韦纳"归因理论"的原则和原因的结构》，载《心理科学进展》，1989(1)。

前准备、课堂讲评、课后巩固三个环节，每个环节又包含若干步骤，如图
3-5 所示。[①]

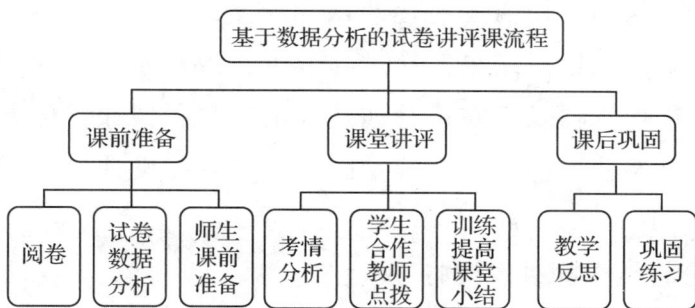

图 3-5　基于数据分析的试卷讲评流程

　　比如在某次考试中，通过数据统计得出如下试题得分率只有 0.297，教师初步判断该题应该为重点讲评的试题。[②] 试题如下：

　　如图，质量为 m 的物体用轻绳悬挂于天花板上，绳上套有一个轻质的光滑小圆环。用力 F 拉着小环水平向左缓慢移动，物体与环不接触。用 T 表示绳中张力的大小，在环移动的过程中（　　）

（A）F 逐渐变小，T 逐渐变大。　　（B）F 逐渐变小，T 保持不变。

（C）F 逐渐变大，T 逐渐变大。　　（D）F 逐渐变大，T 保持不变。

　　通过查看答题统计，发现全部 64 名学生参加考试，只有 19 名学生选择了正确答案（D），没有学生错选（A）和（B），但有 45 名学生错选了（C）选项。通过学生得分明细可以了解本题是哪些学生错选，错了哪些选项。当然教师也可以通过与学生交流来了解学生答错题的原因，这样可以更细致地了解到学生除知识掌握情况外的错误原因，如心理因素、时间因素等。比如，针对上一题有 45 位学生错选了（C）选项，教师通过选择几位同学了解其错误原因：部分学生对题干中"用力 F 拉着小环水平向左缓慢移动"这句话理解上出现了偏差，导致后面一系列错误，从而求解得出错误选项

　　① 刘雯斐：《基于数据分析的高中试卷讲评课研究》，济南，山东师范大学硕士学位论文，2019。
　　② 陈华强、王安民、张绍兵：《例谈基于考试数据分析的试卷讲评课》，载《物理教师》，2018(11)。

（C）。根据后来更广泛的了解，这两位学生的做法代表了大多数错选（C）的学生的想法。另一位学生则没有理解轻环在本题中的作用，直接当成用力 F 水平拉绳子，认为作用点固定，即认为环上方和下方为两段绳，张力不一样，同样也导致了错误结果。通过与学生交流，教师发现了学生虽然都选择了相同的错误选项，都在审题和建模上出现了错误，但原因却有所不同。可见，只有充分了解了学生的错因，才有可能设计出具有针对性的讲评方案。

2. 基于分析结果的讲评策略

（1）充分发挥学生的主体性，积极展开合作。

学生是学习的主体。在试卷讲评课中，教师应充分发挥学生的主体作用与教师的主导作用，调动学生积极参与讲评的过程。教学效果要体现在学生身上，唯有通过学生的自身操作和实践才是最有效的。教师可以依据前期的数据统计，在课堂上有目的地提问那些答题错误的学生，给予学生正确表达的机会，同时也能督促学生自主纠错并分析错误的原因。教师也应该积极鼓励和表扬在小组合作中为其他同学提供帮助的学生。

（2）充分利用学生的错题。

将错题当作资源予以充分利用，引导学生参与分析、评价、反思自己的错题，对学生的成长十分有益。因此，可以将典型的错题作为例题，通过师生、生生之间的质疑互动，纠正学生认知上的错误，完善学生的认知结构和认知体系，实现学生解决问题能力的提升。比如，如下试题：[①]

小金为了提高身体素质，积极参加体育锻炼。

（1）图甲所示为小金初学俯卧撑时的姿势，图乙所示为他经练习后的俯卧撑姿势。图乙中小金双手所受的支持力_____（填"＞""＝"或"＜"）图甲的情况。

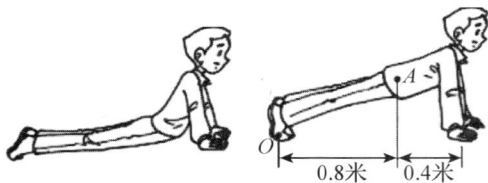

图甲　　图乙

---

① 王轶铭：《九年级科学试卷有效讲评的策略》，载《科教文汇（上旬刊）》，2020(19)。

（2）图乙中，小金的身体可作为一个杠杆，O 点是支点。他的质量为 50 千克，所受重力可视为集中在 A 点。将身体撑起时，地面对双手的支持力至少多大？若撑起时肩部上升 0.4 米，他至少克服重力做多少功？（取 $g=10$ 牛/千克）

据统计，此题学生错误率高达 85%，大部分学生求解克服重力做功，只会利用功的定义式求解重力与重心移动的距离，少数做对的同学也只是将重心移动的距离与肩部上升的距离做了区分。只有少数同学想到了利用能量守恒的思想来求解：人的上肢对人体产生的向上的推力做功即等于人克服重力所做的功。同时，根据杠杆平衡条件可以求得地面的人上肢产生的支持力，进而可求解克服重力所做的功。这种应用功能关系以及能量守恒的解法思路清晰，角度对学生来说有新意，应该在试卷讲评课上让学生体会。

（三）案例分析

教师对于试卷分析通常体现出三个层次：第一个层次是就题论题式的分析，这种分析课往往普遍存在，但课堂效果不一定好；第二个层次是教师精讲、简讲结合，有经验的教师经常采取这种试卷分析的方式；第三个层次是在试卷分析中以学生的视角思考问题，对思维进行有效启发，结合变式等教学手段进行，从而获得高效的试卷分析效果，这通常是有丰富教学经验的教师采用的方法。在本讲的案例 3-8 中，教师该如何基于试卷分析结果进行讲解，努力提升自己进行试卷分析的层次呢？

教师首先需要了解不同层次的计算题的讲解策略。通常在试卷讲评中所需讲解的计算题分为三类：第一类是基础试题，学生在个别知识点或过程分析中犯错，这类计算题需要针对这些点去点拨提醒即可。第二类是过程较复杂的试题，这类试题在讲评时需要带领学生分析每一个过程，明确物理过程之间物理量的关联关系。往往需要设计一些师生互动、生生互动的教学环节。比如，让做错的学生讲考试中是如何思考的，现在又是如何思考的，与同伴分享，让每一位学生都清晰试题所涉及的物理过程。第三类是思维要求较高的试题，这类试题往往得分率较低，讲评时需要给学生搭建思维的台阶，做好知识、技能和方法上的铺垫，关键环节一定要留出思考的时间，设问要细致，强调思维过程中的逻辑推理，注重学生在关键环节处思维参与和行为参与的程度。

在案例 3-8 中第（2）问满分 12 分，班级均分只有 2.14 分，通过了解错因和对试题的分析，教师将讲评过程设计分成 5 步进行。

第 1 步，分析题干中关键语句的物理含义。例如，"A 板足够长""F 大小合适""无论 F 作用多久""总是恰好回到 A 的最右端"等，特别是对"恰好"二字的理解。提升学生将生活语言翻译成物理问题的能力。第 2 步，对问题所涉及的 3 个过程进行详细分析，控制课堂节奏，注意与学生以多种方式进行交流。第 3 步，呈现学生的错误答卷，由犯错学生讲犯错原因，讲现在对问题的认识，其他学生补充。第 4 步，请在该题上出错的全体学生在答卷的空白处列出针对 3 个过程的物理方程。第 5 步，针对难点"总是恰好回到 A 的最右端"的物理意义的分析及方程的建立重点突破，请做对该题的学生给大家讲解，学生自己列出方程，教师最后呈现完整的解答和优秀答卷。

单元小结 ......▶

教学评价是教学的重要环节，评价也是教师教与学生学的一个部分。本单元根据教学的不同阶段——课堂即时评价、课后作业、阶段测试，来阐述新教师如何从教学实际出发更好地进行教学评价。第八讲从如何设计课堂学习评价、如何组织课堂学习评价、如何反馈课堂学习评价结果三个方面帮助新教师更好地开展课堂即时评价。第九讲从如何选择和设计课后作业、如何布置课后作业、如何批改讲评课后作业三个方面帮助新教师更好地利用物理课后作业评价促进物理教学。第十讲首先希望新教师理解阶段测试的重要性，然后从如何设计阶段测试、如何进行阶段测试讲评两个方面指导新教师通过阶段测试提高物理教学效果的有效性。

单元练习 ······▶

　　请结合本单元所学内容，选择中学物理某一单元的教学内容，完成一份包含课堂即时评价、课后作业评价、阶段测试评价的物理教学评价报告。在教学评价的每个环节中都力求至少体现所学的一条设计原则或设计策略。

第四单元　教学反思

1. 描述说课的内容和操作要点，并基于此进行说课。
2. 描述观课时观察点的选择和记录，并基于此进行课堂观察。
3. 阐述反思的结构，运用常见的反思方法对教学进行反思。

单元导读 ……▶

　　教学反思是教师除教学设计、教学实施、教学评价以外的另一项重要内容，是教师教学的一个重要组成部分，也是促进教师专业成长的重要途径。它可指向教学过程的各个环节，旨在使教师思考教学设计、教学实施和教学评价中存在的问题，找到相应的解决方法，以逐渐提升教育教学质量，促进学生的学习效果。教学反思可通过不同形式的活动、在不同场合下进行，本单元将介绍说课、观课和反思三种教学反思方法，期望助力新教师的专业成长。

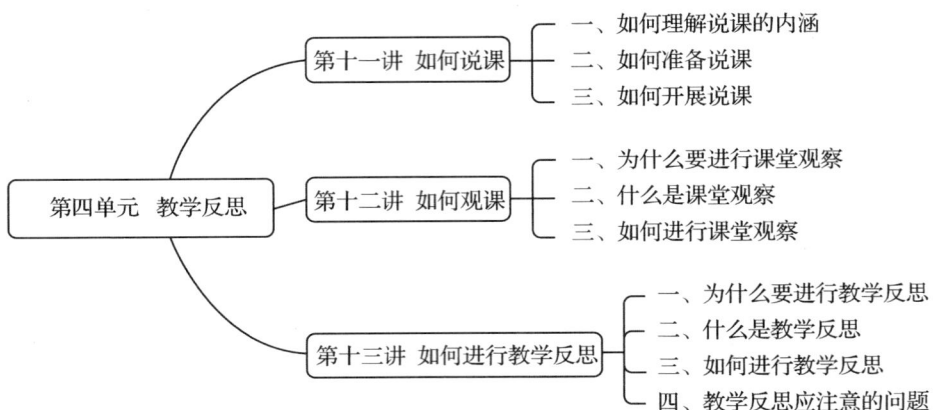

没有反思的经验是狭隘的经验，至多只能形成肤浅的知识。如果教师仅仅满足于获得经验而不对经验进行深入思考，那么 20 年的教学经验，也许只是一年工作的 20 次重复；除非善于从经验反思中吸取教益，否则就不可能有什么改进。

——［澳］斯坦托姆

▶第十一讲
如何说课

说课是可实现教学反思的一种教学活动。作为新教师，具备说课能力，对提升教学能力格外重要。本讲将通过说课的内涵、内容和操作要点等几个维度介绍说课。

📎 | 案例 4-1 |

"游标卡尺和螺旋测微器"说课①

1. 教学背景

1.1 教学内容

游标卡尺和螺旋测微器是比刻度尺精度更高的两种常用精密测量工具。这两种测量工具中都蕴含了放大的思想，它们既是实验测量工具又是科学思想方法凝聚的结晶，是发展科学思维、培养科学实验能力的重要教学素材。

1.2 学生学情

学生会熟练使用刻度尺，但是绝大多数在生活中没接触过游标卡尺和螺旋测微器，这部分内容对学生而言既陌生又困难。从教学经验来看，学生很难理解游标卡尺和螺旋测微器的原理。

2. 教学重难点及策略

本节课的教学重点在于理解原理、学会读数、了解重要的物理方法；难点在于两个工具的测量原理和精度。突破策略有问题情境设计、学生探究、实物演示、讨论交流、动画视频呈现等。

3. 教学目标

通过实验演示和设计任务探究游标卡尺的原理，发展科学思维和科学探究的能力，能正确使用游标卡尺测量长度，养成自主学习的习惯。

---

① 案例来自中国人民大学附属中学刘娜老师。

通过动画视频理解螺旋测微器的原理，丰富物理思想方法，能正确使用螺旋测微器测量长度。

4. 教学流程

教学流程按以下内容展开。

问题引入：一张纸的宽度和一张纸的厚度，请问刻度尺能完成哪个测量？精度能达到多少？如果要精确到 0.1 mm 需要怎么做？（引出游标卡尺）

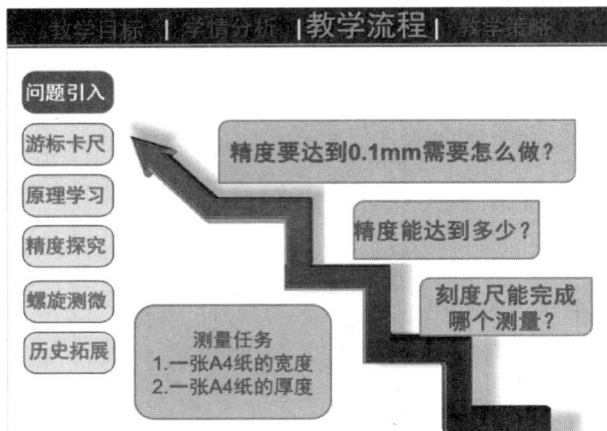

介绍游标卡尺的构造。这里采取的教学方式是自主学习，让学生结合结构图和动态示意图以及说明书自己学习，从而培养学生自主学习的能力。

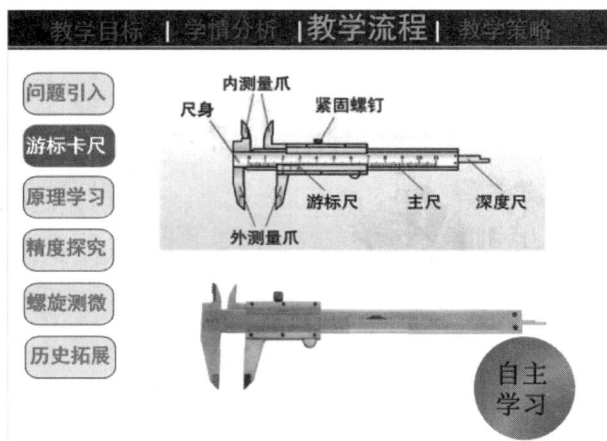

讲解游标卡尺的读数原理，这是教学的重点和难点。教师把主尺和游标尺抽取出来自制以下教具。主尺和游标尺的分度值分别是 1 mm 和 0.9 mm，同时等比例缩印给学生。

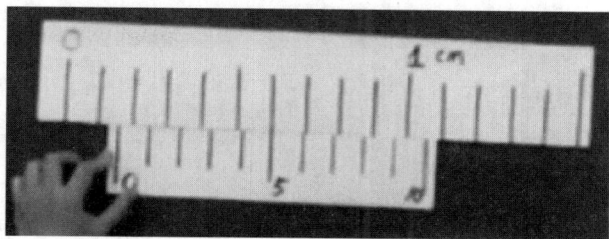

提问四个问题：1. 游标尺第五条刻度线不对齐，想要跟主尺上某一条刻度线对齐怎么办？2.（取一种做法）这样做需要向右移动多长？3. 是否只有这一种做法？4. 取其他某一做法看两零刻度间的距离是多少？

这样的问题引导能够帮助学生搭建思维台阶，使其对原理认识得更加深刻，同时也可以让学生自己总结出读数原则。

再问：单独看主尺精度是多少？主尺和游标尺结合在一起精度能到多少？这一问把重要的物理方法——差值放大法渗透给学生，让学生自己体会通过游标卡尺的差值把主尺毫米以下的位数精确地读取出来。

接着是游标卡尺精度的学习，这部分将以探究的形式呈现。探究任务：设计精度为 0.05 mm 的游标尺。这里学生通常会出现两个问题：一是在十分度游标尺的基础上直接倍增格数；二是虽然想到了游标尺每小格为 0.95 mm，但是只取了十个格。这两个问题都会在探究和讨论中解决。伴随着问题的解决，学生对于精度的认识就会进一步加深。这个环节锻炼了学生的动手能力、分析问题的能力和探究能力，同时伴随着交流讨论可以把对精度的理解提升到更高的层次。然后，让学生思考 0.02 mm 的游标尺应该怎样做？再让他们仔细观察 50 分度的游标卡尺。接着示范给他们具体的测量操作过程，学生们进行实物测量，进行读数练习，强调容易出现的几个错误。

通过一个问题进行过渡：如果精度要更高，如 0.01 mm，要怎么做？让学生放开讨论，最后引回到螺旋测微器。

首先介绍螺旋测微器的构造。这里选择两张图，一张外部结构图，让学生熟悉各部分的名称；一张螺丝螺母旋进的动图，来模拟螺旋测微器内部测微螺杆和旋钮，这样更加直观地展示了旋进的关系，帮助学生建立更清晰的物理图景。

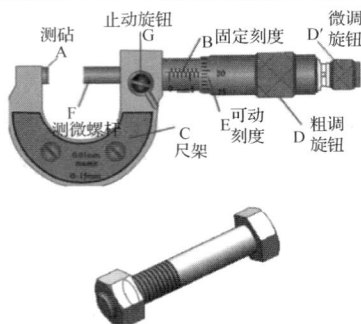

通过视频动画介绍螺旋测微器的读数原理。旋钮边转动边沿着螺杆移动，每转动一圈，前进一个螺距，每转半圈前进半个螺距。如果现在要前进 0.3 螺距应该怎么做？学生会想到将旋钮等分成 10 格，只转动 3 格。讨论为什么这么做？在讨论中逐渐明白：其实旋钮十等分就等效为把螺距十等分，但实际情况螺距可以做到非常小，而旋钮足够大，这样就达到了通过旋钮放大螺距的目的，从而介绍螺旋放大的物理方法。然后观察螺旋测微器的划分，总结螺旋测微器的精度以及读数规则。这里要强调估读位，正是这一位到了千分之毫米位，所以也称为千分尺。

教师进行操作演示。接着让学生测量实物，并强调读数易错点。最后展示一张图，这是一件青铜制品，上部有刻槽，下部可沿着槽来回移动，这是什么？什么人发明的？教师讲解：这是"新莽铜卡尺"，世界上最早的游标卡尺，出现在汉朝。可以让学生自主讨论，体会古人的智慧和设计的精妙，提升学生的民族自豪感和科学责任。

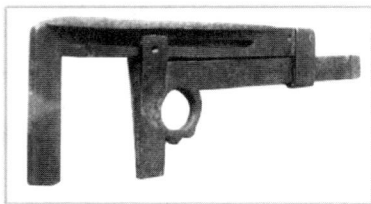

世界上最早的卡尺：
新莽铜卡尺，公元9年

5. 教学评价

本节课共采用了以下教学策略：通过问题引导，挖掘思维深度，从而培养学生的科学思维；把难点层层分解，搭建思维台阶，提升认知能力；通过自主探究锻炼动手能力和探究能力；利用动图演示激发学生兴趣；自制教具促进学生物理图景的建立；通过历史溯源增强民族自豪感，树立科学责任。值得改进的地方是螺旋测微器的动画制作可以更加精细。

问题聚焦

Q1：什么是说课？

Q2：说课有哪些特点？

Q3：说课时应该"说"些什么？

Q4：应该如何说课？

一、如何理解说课的内涵

（一）说课的界定

说课发源于 20 世纪 80 年代的河南省，经过 30 余年的积累与发展，已被全国各地的教育机构所熟悉、接受并应用，是进行教学交流与研究的一种常见的形式。说课是教师在备课的基础上，在规定的时间内，针对具体课题，采用讲述为主的方式，对同行、专家或领导系统地分析教材和学生等情况，并阐述自己的教学设想及理论依据，然后由同行评议，最终达到互相交流、共同提高目的的一种教研活动。[①] 可见，说课前的细致思考、说课过程中的准确表达和说课过程后的思维碰撞，能够使教师将对课题的思考展现出来，并多角度、多层次地反思自己的教学，促进自身对教学理论与实践的理解，发展教师的教育教学能力。

根据说课的定义，可知说课由若干要素构成，包括主体、客体、受众、媒介、方式和依据（表 4-1）。[②]

---

① 丁昌田：《核心素养导向的说课》，2 页，天津，天津教育出版社，2018。

② 方贤忠：《如何说课》，1 页，上海，华东师范大学出版社，2008。

表 4-1　说课的构成要素

要素	含义
主体	教师
客体	授课内容、方法、价值
受众	教师、教研人员、领导等
媒介	语言、文字、图片、形体、实物等
方式	个人阐述、研讨
依据	课程标准、教育理论

（二）说课的类型

在教学实践中，说课这类活动可用于不同的目的，因而可将说课分为如下几个类型。

1. 调研型说课

当教研员、校领导等专业人士需要了解教师的备课情况、教学状态以及对教学的反思成效时，会请教师通过说课的形式进行展示。通过说课，领导可以快速掌握教师对教材的熟悉程度、对学生的了解情况、对教学方法和过程的思考等方面，并做出相应的判断。

2. 示范型说课

示范课是学校、行政区教研部门面向全体教师开展的一项教学研究活动。其目的是展示教学榜样，供教师学习。示范课的一种形态就是说课。通过说课，观摩教师可以快速了解说课教师对该课题的设计依据、实施过程等方面的信息，说课教师也会在说课过程中及听众的反馈中对课程进行更加深入的反思。另外，示范课也可以是课堂教学与说课相结合的形式。在这种模式下，观摩教师和授课教师都会对所讲授的课进行思考。

3. 研究型说课

研究型说课是为了探究某一个教学问题，以某课时的课为载体，通过一位教师的说课展示解决方法，多位教师共同参与讨论，以对解决方案达成共识的活动。

4. 评价型说课

说课可作为评判教师教学能力的一种手段，通过对一个课题的说课，展示教师对该课的理解和设计思路。另外，说课目前也常用在教学比赛中，如北京教育学院从 2017 年开始举办新教师教学比赛。该赛事中，说课与授课为两个环节，授课在说课后进行。

（三）说课的特征

1. 反思性

说课以教学设计为基础，即先有教学设计，再生成说课。而且，说课是对教学设计的审视。说课的关键是说出"为什么要这样教"[①]，而不仅仅是"教什么"和"怎样教"，即通过说课过程深化教学设计，厘清教学方法与教学内容的关系及必要性。因此，说课是对教学设计的思考过程。

2. 交流性

从说课的构成要素看，除说课教师外，还有包括教师、教研人员和领导等人员参与，这导致说课活动具有交流的属性。当说课教师说课完毕后，听众往往会就说课过程中的一些环节与说课教师进行交流，如讨论教学背景、教学过程等环节。

3. 研究性

华东师范大学的钟启泉教授认为："说课是应用研究的中国模式。"这种思想体现了说课具有研究性的特点。通过说课，教师不得不对教学设计进行深入的思考与打磨，对其中每一个环节内的逻辑关系进行琢磨，也对各环节之间的进阶进行推敲。另外，通过说课，教师与听众之间的思想碰撞也会促使其对教学的审视。

4. 灵活性

说课活动不受时间、地点等因素的限制，可在参加人员有空余的时间随时随地开始。这使得说课活动的开展易于操作且方便。另外，对于参加人数来说，只要多余 1 人即可，即包含至少 1 名听众，活动就可进行。

5. 局限性

说课是教学设计与课堂教学之间的思考，将书面的设计通过语言表达，

---

① 方贤忠：《教师专业发展的 4 项基本技能：备课、说课、观课、评课》，75 页，上海，华东师范大学出版社，2013。

一定程度上使教学设计"活"了起来。然而,将课"说"出来,说出的仅仅是思路、想法,与实际教学的方式并不对应。因此,通过说课,不能判断教师在课堂上的表现。

6. 丰富性

说课的构成要素中包括媒介与客体。媒介包含语言、文字、图片、形体、实物等,所以说课过程的表现形式较为丰富。说课是要说出教学内容,以及教学内容的价值等信息。因此,说课的内容也十分丰富。

(四)说课的意义

1. 有利于教师核心能力的提升

教师的核心能力指教师在接受和参与教师教育、从事教育教学以及投身教研等活动中形成和发展的,能够适应社会发展、教师职业要求和促进自身专业发展带有统率作用的能力,包括教育教学能力、学习创新能力和沟通合作能力三个方面。[1] 根据说课的内涵与特征,说课无疑是教师提升这几项能力的一个有效渠道。

首先,通过说课,教师能够对自己的教学设计进行反思,审视其中内容、方法等方面的内在联系,有利于教师教育教学能力的提升。其次,在准备说课的过程中,教师需要回答"为什么这样教"等一系列深层次的问题,会使教师发现自身的不足,促使教师查阅资料填补空白,充实自身知识储备。最后,说课后,听众会就说课内容与教师交换意见,听众的想法促进教师的思考,在提问—理答—追问—理答的过程中,加强了沟通,促进了思想碰撞,提升教师合作能力。

2. 有利于对教师的评价

由于说课具有灵活性的特点,所以可以使对教师的评价过程不受时间和空间的制约,更加简便地进行。又由于说课具有丰富性的特点,所以在说课过程中,教师可以从姿态、语言、表情等多方面展示自身对教学的理解、对所教教材的理解、对学生情况的理解、对教学方法的理解、对教学

---

[1] 王光明、张永健、吴立宝:《教师核心能力的内涵、构成要素及其培养》,载《教育科学》,2018(4)。

过程各个环节之间逻辑关系的理解等。这使得参与评价者能够生动鲜活地捕捉教师的特点，掌握教师的思路和理念，体验教师的表达和交流技能等。

二、如何准备说课

（一）说课的内容

1. 说教材

教材是以课程标准中的核心概念为主干，符合课程标准中的教材编写建议的教学用书。教材不但是学生进行课程学习的主要参考资料，也是教师教育教学的重要载体。可见，教材也是联结教师的教与学生的学的桥梁。

教师在说课时说教材，是要说出教师对教材中对应章节内容等方面的理解，即说出教材的地位、使用和处理几个方面。

（1）教材的地位。

教材的地位即待讲单元、课时的内容在整个知识结构中的位置。换言之，在这部分内容之前学生已经学习了什么内容，之后又将学什么内容？与之前和之后的内容之间的关系是什么？可见，说教材的地位时，要说清待讲内容与相关内容的延伸、铺垫等关系，表明其知识结构。另一方面，通过待讲内容在知识体系中的位置和功能，确定本节课的重点。

（2）教材的使用。

"用教材教，而不是教教材"是教学领域经常提及的一句话，也是新课改的理念之一。这句话表明，教材是供教师教学使用的材料，提供的是教学素材。因此，教师需要认真思考如何合理使用教材中提供的内容，如何使教材中的素材为本节课或本单元教学内容服务。这也正是在说课时需要说清楚的环节。

（3）教材的处理。

教材的处理即将教材中的内容与学生的实际情况结合起来，对教材进行分析。根据学生已有的知识结构和心理认知特点，找到学生不容易理解的内容，确定本节课的教学难点。在说课过程中，需从学生的角度出发，说清怎样根据学情和教材来确定教学难点。

2. 说教学目标

教学目标是一节课中要使学生达到的结果。课程标准中，每个核心概念下都列出了其下位的概念，对这些概念再进行拆解即能得到更加下位的概念，姑且称之为一般概念。在这些一般概念前加上适当的动词，即可成为课时教学目标。诚然，教学目标具体如何分配在每节课中，需由教师以及备课组商量后决定。

说课时，需说清教学目标的由来。当然，这也是与上一部分的教材分析息息相关的，即教学目标的确定不但与核心概念有关，也与教材地位有关。

3. 说学情

学情即学生情况。分析学情是确定教学难点的基础。因此，在说课过程中，要说清学生的基础状态。

(1)学生的生活经验。

学生的生活经验即学生在日常生活中积累的对现实世界的感性认识。学生的生活经验某种程度上是进行教学的出发点，由生活出发，发现生活中的问题，并通过课堂上的学习，解决该问题，从而提高学生解决问题的能力。可见，在说课时应说清学生的生活经验，并阐述如何根据学生的生活经验设计教学。

(2)学生的知识基础。

学生的知识基础是学生已有的知识储备。学习应是有意义的，因此，应该在学生原有的知识基础上建构新的概念，使新输入的内容与原有基础有机整合，形成更加完整的知识结构。因此，在说课时，应说清学生的原有知识基础，并说清如何根据原有基础，设计教学环节，发展学生的核心素养。

(3)学生的认知特点。

每个年级的学生的心理发展程度不尽相同，因而对知识的接受能力存在差异。因此，在说课时，应分析学生的认知特点，并说明如何相应地采用合适的教学过程来适应学生，促进他们的学习。

4. 说教学方法

教学方法是教师为了达到教学目的而采用的方法，对达成教学目标举足轻重。在说课时，教师应介绍采用什么教学方法，以及选择这种（些）教学方法的原因。

(1)突出重点与突破难点的方法。

突出重点与突破难点是一节课的关键，而选择正确的方法是关键中的关键。因此，在说课时，应首先介绍选择了什么方法，以及方法对重点和难点的作用。上述案例中用到的方法——实验法就是突出重点与突破难点的一种方法。

(2)教学方法的选择依据。

选择教学方法要以学生的情况为出发点，以帮助学生建构概念为宗旨，突出启发性和思维训练。

5. 说教学程序

教学程序又称为教学过程，是教学活动的展开过程，是教师的教与学生的学的集合。说教学程序是说课的重点内容。

(1)教学环节结构。

教学过程分为若干个环节，每个环节之间的逻辑关系关系着整个教学过程是否紧凑，学生的认知是否能够发展。因此，在说教学过程时，应说清教学环节的结构。

(2)教学活动安排。

教学活动体现了"学生为主体"的理念。对于学生而言，教学活动使其主动思考，能够促进思维的发展，利于概念的建构。因此，在说教学过程时，教师应介绍活动的起因、组织、学生参与、预期效果等方面。

(3)归纳与总结。

教师应准确区分归纳与总结的差异。在说课时，要说清归纳形成的概念是什么，形成的概念与本课的教学目标之间的关系是怎样的等问题。

(4)板书设计。

板书是一堂课中留给学生的文字性资料，其设计应具有层次，而非单纯地罗列知识点。所以，在说课时，要说清板书的结构。

（二）说课的准备过程

1. 课题选择

说课的课题有时可由教师自选，有时是指定的课题。另外，说课的时间也在 5～30 分钟不等。根据说课课题的由来和时间，教师可在内容上有所侧重，也可有机整合。

2. 准备工作

如前所述，说课的基础是教学设计。所以，在准备说课前，应先按照本书前文的介绍，撰写教学设计。

3. 撰写说课稿

依据教学设计，根据说课的内容，准备说课稿。说课稿可以以提纲的方式书写，也可细致地撰写。不论采用哪种形式，说课稿中要重点突出过程设计的依据，即为什么这样进行教学。切忌在说课时讲解过细，甚至将说课变为上课。

三、如何开展说课

（一）明确指导思想和理论依据

自 2016 年中国学生发展核心素养，以及 2017 版普通高中课程标准颁布以来，教育教学工作的目标指向十分明确，即发展学生的核心素养。对物理学科而言，学生的核心素养包括四个方面，即物理观念、科学思维、科学探究、科学态度与责任。因此，物理教学中各个环节的设计与实施均为培养这四个方面的核心素养服务，继而体现物理学科的育人价值。可见，如何通过物理学科的日常教学工作使学生逐渐形成核心素养，发挥学科育人价值是教师应回答的首要问题。对这个问题的思考、想法、尝试等也应体现在与教学有关的各个方面。这其中当然包括说课这一教学活动。在说课中，应说清本节课的育人价值体现在何处，如何发挥本节课的育人价值。

教学中应以建构概念为核心，彰显教学内容的层级关系。这其中涉及多个理论，如建构主义、有意义的学习以及科学内容知识结构等。在说课过程中，应根据相应理论的内涵，说出教学设计的依据，体现理论与实践相结合的理念。

（二）凸显设计意图

说课的过程所着重要体现的是采用某种教学方法的原因，即设计的意图。"为什么这样教"是一个看似简单，但是值得深思的问题。只有教师在思考清楚该问题时，才能避免机械地教学，从而避免学生被动地学。可使用下列模板[①]：

本节课包含"创设情境，引入新课"等七个教学环节。下面将从每个环节所教授的内容、方法和这样教的原因三个方面加以说明：①创设情境，引入新课。设计意图是/这样设计是因为/这样设计的原因是……；②……；③……。

（三）明确各环节间的逻辑

教学过程包含多个环节，如"创设情境，引入新课""讨论交流，探索新知""归纳概括""深入探究，理解新知""应用知识，解决问题""随堂练习，巩固知识""小结反思，布置作业"等。这些环节之间都应有逻辑关系。例如，导入的内容与之后的内容是否存在关系等。在说课时，应体现各环节之间的逻辑关系。

四、案例分析

说课需要说清楚"怎么上"和"为什么"这两件事，"怎么上"呈现在教学环节中，而"为什么"通常有两条线索，一是知识线索，二是学生学情。在案例4-1中，学生没有在日常生活中接触过游标卡尺和螺旋测微器，对其使用和原理可以说是全然陌生的，又因为游标卡尺和螺旋测微器的结构本身十分复杂，凸显重要原理的结构不能一目了然地被学生看到，进而增大了教学的难度。

为此，本节课首先把游标卡尺和螺旋测微器的结构简化，通过自制的

---

① 丁昌田：《核心素养导向的说课》，82 页，天津，天津教育出版社，2018。

教具把游标卡尺中的核心结构单独分离出来，从而便于学生理解。但即便把结构剥离出来，放大的原理也是一个教学难点，需要在教学环节中逐步突破。案例中设计的问题串巧妙地使学生在思考和分析中深刻认识并理解游标卡尺的原理。再进一步，给学生一个任务设计精度为 0.05 mm 和 0.02 mm 游标卡尺，发展其创新意识和能力。

本案例在螺旋测微器上也采用了相似的教学策略进行突破，教学环节的设计与学生思维的特点彼此暗合，更有利于学生认知的发展。

案例 4-2

"运动电荷在磁场中受到的力"说课[①]

1. 教学内容分析

本节课是人教版选修 3-1 第三章磁场第五节的第一课时，这是高中物理教学中一节重要的规律课。

从教学内容上看，本节课有两个主线，一是基础知识主线，二是整体结构主线。知识主线上，本节课的核心内容是洛伦兹力的方向和大小。其中洛伦兹力的方向所涉及的空间立体关系比较抽象，适合让学生在亲手操作的实践过程中逐步建立起空间关系；洛伦兹力的大小与已有安培力之间有密切关联，教学中可以通过引导让学生自主建立起两者之间的关联，而后进行推导。结构主线上，本节课的主要内容是洛伦兹力与安培力之间微观与宏观的关系，这一点可在方向和大小的研究过程中进行渗透。本节课的次要内容是洛伦兹力的基本地位、洛伦兹力与电场力之间的关联、磁场与电场的关联。洛伦兹力与电场力一同揭示了自然界四种基本相互作用中第二种长程力——电磁相互作用的基本规律，从物理观的角度看，可以帮助学生深入理解电磁相互作用是自然界的基本相互作用，宏观上的弹力、摩擦力等本质上都是电磁相互作用。在此之前，学生们已经学习过第一种长程力——万有引力，学习洛伦兹力之后，学生将能够认识到宏观上一切

---

① 案例来自中国人民大学附属中学刘娜老师。

力的本源，知识体系将得以完善。以上这部分内容在教学上只做提点，留给学生充分广阔的想象和拓展空间。

此外，洛伦兹力在生活中和科研中的应用等也是教学的一个结合点，可以为学生提供丰富的知识应用和实践环节，也能打开学生的视野，激发学生的创造力。本节课又与即将学习的带电粒子在磁场中的运动相联系，是本章乃至本册书中承上启下的一节课。教学中可以通过一定的教学设计为下节课埋下伏笔，让学生的整个学习过程成为一个有机整体。

从科学史的角度来看，洛伦兹是经典物理和近代物理间的一位承上启下式的科学巨擘，是第一代理论物理学家的领袖。他不仅在科研中取得了令人瞩目的成就，更是在做人方面为世人树立了典范。教学中可以让学生感受科学家的崇高品质。

课堂上将根据上述内容结合课堂活动鼓励学生多实践多动手、多观察多思考、多提问多交流、多回顾多迁移、多关联多整合，从而在科学思维能力、科学探究能力、团队合作意识、科学态度与责任等方面对学生进行培养。

2. 学生学习情况分析

从知识层面看，学生知道安培力的大小和方向，会判断安培力的方向。学生认识磁场，学习过磁感应强度的定义式 $B = \dfrac{F}{IL}$。学生学习过电流的微观本质，知道其微观表达式。

从能力层面看，学生具备一定的空间想象能力，可以通过观察电子束的偏转来判断受力方向。此外，学生具备一定的数学推理能力，能进行理论推导和科学预测。学生有知识应用的能力，能够用安培力的知识来解决洛伦兹力的问题，也具有模糊的宏观与微观间的认识。

在本节课的知识教学过程中，学生的思维会经历以下几个阶段：

①观看视频，猜想是什么改变了电荷的轨迹，进而把它们约束在一个指定的区域。

②试一下自己能否改变电荷的轨迹，控制它们。

③磁铁怎么摆放才能让电子向指定的方向偏转呢？

④磁场方向、电子运动方向、受力方向之间应该是有规律的，这种规律可以用什么方法来描述呢？

⑤这种方法是不是适用于所有情况？

⑥这个力 f 的大小与哪些因素有关？

⑦已有的知识里哪个会与这个力 f 有关？又有什么样的关系？

⑧安培力与洛伦兹力有什么关联？

⑨洛伦兹力有什么用？

本节课的结构教学中，学生的思维可能受到激发的点有：

①电场和磁场都可以改变电荷的运动轨迹，这两者有什么区别？

②电场和磁场都与电荷有关，这两者有什么联系？

③电视机为什么用磁偏转不用电偏转？

④安培力与洛伦兹力有什么相同点？有什么不同点？有什么关联？

⑤安培力给出的磁感应强度的定义式为 $B=\dfrac{F}{IL}$，洛伦兹力给出的磁感应强度的定义式为 $B=\dfrac{f}{qv}$，这两者有什么区别？

⑥电和磁之间有什么关联？

3. 教学目标

经历实验研究洛伦兹力方向的过程，知道洛伦兹力的方向与电荷运动方向和磁感应强度的方向三者之间的空间关系，会用左手定则判断洛伦兹力的方向。

经历由安培力公式推导出洛伦兹力公式的过程，知道运动电荷所受洛伦兹力的矢量和在宏观上表现为安培力，体会宏观与微观之间的联系。

通过与安培力以及磁场和电场整合教学，在学生头脑中建立结构化、一体化的知识体系，并在此基础上提高学生对前后知识关联和迁移的应用能力。

通过电视机的介绍，加深学生对科学转化为技术进而造福人类的认识。

通过历史追溯，加深学生对伟大科学家洛伦兹的认识。

4. 教学重难点及策略

洛伦兹力的方向是本节课第一个重难点，其空间方向比较抽象，对多数学生而言难以想象。突破策略是实践出真知，让学生在实践中运用知识、归纳知识、提炼方法。调动学生的眼手脑一起协作、全面配合，从而加深学生对洛伦兹力方向的认识。

洛伦兹力的大小是本节课第二个重难点，需要学生有从宏观到微观、从安培力到洛伦兹力过渡的想象力，更需要学生对电流微观含义有充分的认识。突破策略是采用理论预测、知识迁移相结合的方法，将这一难点逐一突破。

5. 教学流程

引课：通过最近的科技热点，引出研究运动电荷在磁场中受力的课题

↓

通过实验探索洛伦兹力的方向与磁场以及电荷速度方向之间的关系

↓

通过理论猜测推导出洛伦兹力的大小，进一步揣摩宏观与微观之间的关联

↓

了解洛伦兹，培养科学态度与责任，建立电、磁场的物理观念

↓

通过电视的介绍，体会科学技术在实际生活中的应用

↓

介绍电子束偏转管，设计实验定量验证 $f=qvB$ 的大小，为后续的学习留下接口

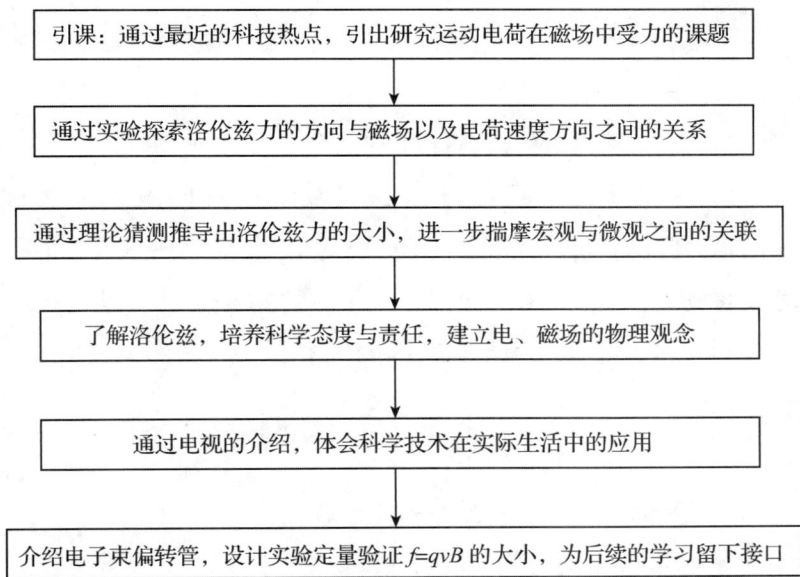

案例 4-2 充分说明了"为什么要这么教"，围绕着以学生为中心的教学理念，从教学内容、学生学情、教学目标、教学重难点突破和教学流程展开说课。其中，对教学内容和学生学情进行了多维度、多层面的分析，充分体现了以学生认知和学生思维发展特点为基础设计教学活动的教学意识。针对学生现有的知识储备、思维发展的特点，预测学生潜在的思维发展点，找出教学的重难点，从而在教学环节中逐级实现思维能力和品质的提升。

📎 | **实践操练** |

　　请按照本讲所介绍的说课的内容和操作要点，选择中学物理某一课时的教学内容进行说课。

　　在完成上述任务的过程中，请同步思考以下问题：

　　1. 说课与教学设计之间的关系？

　　2. 说课与上课的区别？

▶ 第二讲
如何观课

　　我们比较熟悉的"观课议课""听课评课"，有一个共同特点，就是观察课堂。通过对教师课堂的观察，可以发现教学中的问题；通过课堂评议，可以对发现的问题进行分析讨论，引发思考，从而改进教学。观课又称课堂观察，对于促进教师的专业发展具有重要的意义。下面从一个课堂观察记录的案例入手，来讨论有关课堂观察的问题。

📎 | **案例 4-3** |

两位老师对"压强"一节课的观察记录片段

一、本节课的部分教学实录

　　在新课导入阶段，教师播放了一段风光片来创设情境，最后画面定格在一幅图片：雪地里的人双脚深陷，几乎寸步难行，而站在雪橇上的人却能轻快滑行……

　　师：两个人对雪地有压力吗？压力产生了怎样的作用效果？

　　生：两个人对雪地有压力，压力的作用效果是使雪地发生形变。

　　师：在雪地上，两个小朋友体重接近，对雪地的压力差不多，为什么一个人陷了下去，而另一个人没陷下去？

生：这是由于他们与雪地的接触面积不同导致的。

师：两人压力的作用效果不同，你觉得压力的作用效果与什么因素有关呢？

生：应该与接触面积有关。

师：我们可以通过实验感受一下。请大家取出铅笔，用两手食指压住铅笔两端，再用力挤压铅笔。

师：这里压力的作用效果是什么？两个手指受到的压力相同吗？

生：压力的作用效果是使手指发生形变。两个手指受到的压力相同，但两个手指形变的程度不相同，与笔尖接触的手指形变更大些。当压力增大时，接触笔尖的手指感觉更痛。

师：你觉得压力的作用效果与什么因素有关呢？

生：压力的作用效果应该与接触面积和压力都有关系。

二、两位老师的观课记录片段

1. 张老师的观课记录

教师以轻松愉悦的视频导入新课，带着学生进入和压强有关的情境中，激发了学生的学习兴趣。视频中定格的图片清晰直观，突出了本节课要讲授的内容。随后教师提出了一系列问题，每个问题都非常清楚，逻辑性强，且有很强的指向性，最终引导学生非常顺利地得出猜想，即影响压力作用效果的因素是压力和受力面积。学生回答问题非常积极，在动手实验时每个人都参与，热情很高。可见让学生动起来，是调动学生积极性的很好的方法。

2. 王老师的观课记录

在新课导入时，教师播放了一段视频，优美的海滨沙滩、林海雪原、广袤沙漠，伴随着优美的背景音乐展现在学生面前。当视频结束，教师提出问题时，我感到有些学生还沉浸在前面的视频画面和音乐中，这个推断可以从几个学生的表情中看出来，而且他们对老师的问题也没有反应。我认为这段视频非常漂亮，也能够把学生带入一个和学习内容有关的情境，但是视频播放的时长、内容还需要再斟酌。

教师充分发挥了主导作用，清晰的教学思路、准确的语言表达、适切的逻辑结构，都展现出教师具有优秀的教学基本功。在课上有很多师生互动，本段教学过程中提出了 6 个问题，但是回答问题的只有 3 名学生，我觉得教师还可以再开放一些，让更多的学生参与进来。

在学生小实验中，我看到有几个学生拿的是签字笔，结果把手弄脏了，有两个学生就忙着找纸巾擦手，另外有几个学生拿着笔比画，并没有做实验。也许这几个学生对这个实验并不感兴趣，可以在课下问一问这几个学生的想法。

问题聚焦

Q1：两位老师观察了同一个课堂，为何却有如此不同的看法？

Q2：如果你当时在教学现场，你认为需要观察什么？会做出怎样的判断？

课堂是一个复杂的大系统，教师、学生、学习资料、学习手段等不同要素在教学过程中相互作用，信息数量巨大。在课堂观察中，看什么或不看什么，给观察者带来了很大的挑战。由于每个人的经验不同，关注的对象不同，即使经历了同样的事件，每个人感知到的事实也不尽相同。正如案例中所展示的，虽然两位老师观察的是同一节课，但两人观察到的信息、心理感受、对现象的解释和判断也不同。在教学实践中，如果观察者更多关注教师的"教"，往往会认为讲授清楚、逻辑顺畅、秩序井然的课堂是好的课堂；如果观察者关注课堂上的知识传递效率，则那些更多学生参与试错、活动的课堂，容易被认为组织松散无序、学习效率低下。因此，仅靠直觉和经验进行课堂观察是不够的。那么为什么需要进行课堂观察，需要观察什么，如何观察，如何分析等，就是本讲要讨论的主要问题。

一、为什么要进行课堂观察

课堂观察旨在改进教师的课堂教学行为，提升教师教育教学水平。新手教师在课堂上注意力都集中在学生和学科内容的讲授上，常常有自己意识不到的行为或可能存在的问题。在课堂观察中，教师作为被观察者，可以借助旁观者视角，发现并纠正存在的问题；教师作为观察者，通过观察别人的课堂，可以借鉴他人的优点，改进自己的教学，也可以提出建议，共同商讨。通过课堂观察，教师能够认识、理解、把握课堂教学的关键事件，澄清教学实践的焦点问题，并在观察信息的基础上反思教学行为，寻求教学改进策略。

另一方面，课堂观察作为一种教育科学的研究方法，需要进行精细设计和严密组织，是一种科学化的方法，可以使观察者从深度和广度上获得对课堂现象和规律的认识，这是一般观察无法达到的。课堂观察不仅需要通过观察收集数据，还要借助理论对收集到的信息、现象、事实进行分析，探索解决问题的办法，这本身就是一个系统化的研究过程，有助于教师教育研究水平的提高。

课堂观察的起点和归宿最终指向学生课堂学习情况的改善。课堂观察要关注学生在课堂上的学习状态，学生会不会学习，如何学习，以及是否得到了充分的学习机会等。即使所确定的观察点不是学生，教学改进的结果还是需要通过学生的学习来检验。

二、什么是课堂观察

课堂观察是有目的、有计划地观察课堂教学的实施状况，并进行记录、分析和研究的过程。课堂观察包括观察他人、自我观察和被观察。与传统的听评课相比，课堂观察更强调活动的专业化和科学化，常常需要有聚焦的问题，借助一定的技术手段，以学生学习的改善和教师的专业发展为目的。课堂观察是进行教学反思和重新规划教学设计的基础。

（一）课堂观察的特点

课堂观察具有目的性、理论性和情境性等特点。课堂观察应该是基于某种目的来进行的：或是为了进行教学质量评估，或是为了发现教育现象和教育问题。对于新教师而言，课堂观察的主要目的是发现自己的教学问题，学习他人的优秀经验，从而提高教育教学水平。观察的目的性还体现

在观察者需要围绕特定目的来开展活动，观察的目的决定了观察内容的选择、观察点的确定、观察工具的准备等。课堂观察离不开理论指导。观察常常要借助一定的方法工具，工具的研制、开发、使用等需要有理论支撑；另一方面，对观察结果的整理、分析、解释，以及教学建议等也需要教育理论做基础。课堂观察是在教学现场进行的活动，教学又是在一定情境中展开的，重视观察过程中的情境因素，才能对结果进行准确解释，而现场生成的问题和发生的现象，也往往成为影响教学的关键事件。

（二）课堂观察的分类

根据不同的标准，课堂观察可以分为不同的类型。

按照是否对观察对象和情境进行严格控制的角度，可以分为自然观察和实验观察。教师平时的观课活动一般都是在自然教学状态下进行的，属于自然观察。

按照观察者是否借助观察设备，可分为直接观察和间接观察，前者指亲临现场观察；后者是观察者不进入课堂，而是借助录音、摄像设备，或者在设有单向玻璃的观察室进行观察。现场观察往往会对被观察者产生一定的影响，因此观察者要注意选择合适的观课位置，避免穿戴过于花哨的衣饰，举止庄重，尽量减少对学生和教师的影响。

根据资料收集的方式以及资料本身的属性来划分，课堂观察可分为定量观察和定性观察。前者指观察者运用一套定量的、结构化的记录方式进行观察；一般有一定的分类体系或具体的观察工具，对预先设置的分类下的行为进行记录，这种观察记录的结果一般是一些规范的数据。后者指以质性方式收集信息，这些信息常常是描述性的，资料收集也不是规定性的，会基于需要在观察的过程中灵活处理。

英国学者霍普金斯在《课堂观察指南》提出，根据观察的范围和观察的系统化程度，课堂观察可以分为开放式观察、聚焦式观察、结构化观察、系统化观察。在开放式观察中，观察者一般会持一种开放的心态，对课堂进行全方位的观察和记录。记录的内容多是课堂教学的整体情况，如教学的主要内容、教学流程、教学方法、师生互动等，记录的方式也因人而异。

聚焦式观察，通过开放式观察对课堂有了整体印象后，有时需要对一些具体问题进行更深入的研究考察，比如，对教师的提问情况，就要在观察前确定观察记录的内容与形式，如提问数量、问题类型等。结构化观察是用记号或画图等形式进行信息记录，最终记录的是事实而不是判断。这种方法与前两种方法结合起来使用，能够呈现更加详细的信息。系统化观察是利用编码量表等系统分析工具对课堂进行观察，这种方法更加复杂和系统。

（三）课堂观察的程序

课堂观察是一个明确问题、收集资料、解决问题的过程，一般包括观察准备、课中观察与课后讨论三个阶段。

观察准备，是指观察者在课堂观察之前，需要根据观察目的，了解被观察者的教学内容、教学思想、学生学习情况等，以便确定观察主题，明确观察点，准备观察记录工具或观察量表。如果重点观察学生，则需要请被观察者介绍本班学生的情况，并提供一张座位表，标出需要重点观察的学生所在的座位方位。

课中观察，是指在课堂中依照既定的计划和所选择的记录方式，收集相关信息的过程。课中观察是整个课堂观察活动的主体部分，所采集到的信息资料是课后分析的基础。课中观察是否科学、客观，关系到结论的信度、效度问题，因此观察者进入现场后，要遵循一定的观察技术要求，通过不同的记录方式（如录音、摄像、笔录等技术手段）将定量方法与定性方法结合起来，记录所观察到的课堂关键行为和自己的思考。

课后讨论，是指在课堂观察结束之后，观察者和被观察者针对课堂教学的情况进行探讨、分析和总结，在平等对话的基础上达成共识，并制订后续行动跟进方案的过程。一般由上课教师介绍上课的基本情况，如目标是否达成，是否偏离了教学设计，教学过程中自己的感受，各种主要教学行为的有效性，等等；再由观察者从不同的角度交流课堂观察的结果，发现问题，探寻问题的原因，形成行为改进的具体建议。

三、如何进行课堂观察

（一）如何确定观察点

观课要有明确的观察目标。不同目标下可观察的内容也不同。一节课承载的信息非常多，我们不可能记录下所有发生的现象和具体细节，因此要根据观察目标筛选出与观察目标相关的信息，并进一步确定观察点。如果没有明确的观察任务，观课就只会对课堂教学留下模糊的一般印象，或对某个问题的认识停留在现象和表面，没法在课后基于观察数据记录进行深入的研讨分析。

1. 选择观察内容

课堂观察要观察什么内容？一般来说可以从以下几个方面思考：学生在课堂中是怎样学习的？教师是如何教的？这堂课的学科性表现在哪里？对课堂的整体感受如何？这四个问题构成了课堂观察内容的框架，分别表示了课堂观察框架的四个维度：学生学习、教师教学、课程性质、课堂文化（LICC课堂观察模式）。每个维度又可以梳理出不同的视角，为课堂观察提供具体的方向。例如，如果观察内容确定为学生的学习，就可以从学生的准备、倾听、互动、自主、达成这几个方面来观察。在粗略的研究中，这几点也可以作为观察点。当然，这些问题还可以进一步细化，从"准备"这一观察角度，可以细化的问题如学生课前准备了什么？有多少学生做了准备？学生是怎样准备的？学优生、学困生的准备习惯怎样？任务完成得怎样？观察点属于观察内容，在一次课堂观察中，最具体的部分就可以认为是观察点，见表4-2。

表4-2 课堂观察的内容维度[1]

维度	视角一	视角二	视角三	视角四	视角五
学生学习	准备	倾听	互动	自主	达成
教师教学	环节	呈现	对话	指导	机智

---

[1] 沈毅、崔允漷：《课堂观察：走向专业的听评课》，84页，上海，华东师范大学出版社，2008。

续表

维度	视角一	视角二	视角三	视角四	视角五
课程性质	目标	内容	实施	评价	资源
课堂文化	思考	民主	创新	关爱	特质

观察内容的选择不是唯一的，有学者根据学科特点提出其他的课堂观察维度。例如，CCPN课堂观察模式认为课堂观察应聚焦于教学知识、学科知识、能力和理科属性四个维度。[①]

教学知识（pedagogical knowledge，P），即课堂教学的方法、原则与策略、对学生及其特征的认识。该维度强调学习机会的获得。学习机会是指"在一定教学情境下，教师为学生呈现的内容学习或实践练习的机会"。在以人为本的教育理念下，学生的学习机会应该成为分析课堂教学质量的重要指标之一。

学科知识（content knowledge，C），即教师所具有的学科内容方面的知识，特别是对学科核心概念相关理论的认识和理解。教学中能否帮助学生深入理解核心概念是科学教学活动的重要目标，也是有效教学能否实现的关键。

能力（capacity，C），具体包括智能和技能。智能主要包括批判性思维、科学推理和论证能力、问题解决能力和应用能力。技能主要指的是科学探究过程中所需要的各项技能以及实验操作常规技能。

理科属性（nature of science and inquiry，N），指科学本质和科学探究。科学本质和科学探究是突出科学课程理科属性的核心特征。在科学教育教学中，科学探究既是一种有效的教学策略，也是重要的学习内容。学生通过经历科学探究的过程，体验科学探究的方法，领悟科学探究的实质内涵，从而进一步深入理解科学的本质和主要特征，自觉内化科学的情感态度与价值观。

---

① 周丏晓、刘恩山：《核心素养视阈下的科学课堂教学质量评估新范式：CCPN课堂观察模式》，载《生物学通报》，2018(8)。

2. 确定观察点

观察点的确定是进行课堂观察的关键。根据研究目标不同，课堂观察可以分为不同的观察内容维度，再按照观察目标和内容来确定观察点。作为新教师，课堂观察的重要目的是通过观察优秀教师的课堂，汲取营养，提升自身的教育教学能力。观课时可以着重观察以下个几方面：①观察教学目标的落实；②观察重难点的突破；③观察教学方法的运用；④观察教师对学生的学习指导；⑤观察学生在课堂上的反应。当然，可观察的内容还包括教师的教学语言、板书、媒体使用、课堂管理等教学技能。新教师可以进行全方位观察，也可以根据需要重点观察某些方面。对新教师提升帮助更大的课堂观察内容是重难点的突破。重点内容通常容易把握，而难点是指大部分学生难于理解、掌握或运用的部分，这些难点有的是学习内容本身造成的，也有的则是学生的经验不足或错误认识造成的。新教师往往难以准确确定学生学习的难点，也不容易找到突破难点的办法，所以在听课时聚焦在重难点突破上，是积累关键教学经验，快速站稳课堂的捷径。

当观察内容确定以后，就需要细化观察点。在选择观察点时，应注意选择那些可观察、可记录、可解释的内容。新教师在课堂观察时可以参考表 4-3、表 4-4 和表 4-5 的观察点。

表 4-3　LICC 课堂观察的维度框架[①]

维度	观察角度	观察点示例
学生学习	准备	课前准备了什么？有多少学生做了准备？ 学生是怎样准备的？ 学优生、学困生的准备习惯怎么样？ 任务完成得怎么样？
	倾听	有多少学生倾听教师的讲课？倾听多长时间？ 有多少学生倾听同学的发言？能复述或用自己的话表达同学的发言吗？ 倾听时，学生有哪些辅助行为？有多少学生发生这些行为？

[①] 沈毅、崔允漷：《课堂观察：走向专业的听评课》，104 页，上海，华东师范大学出版社，2008。

续表

维度	观察角度	观察点示例
学生学习	互动	有哪些互动行为？有哪些行为直接针对目标的达成？ 参与提问、回答的人数、时间、对象、过程、结果怎么样？ 参与小组讨论的人数、时间、对象、过程、结果怎么样？ 参与课堂活动的人数、时间、对象、过程、结果怎么样？ 互动、合作习惯怎么样？出现了怎样的情感行为？
	自主	自主学习的时间有多长？有多少人参与？学困生的参与情况怎么样？ 自主学习形式有哪些？各有多少人？ 自主学习有序吗？学优生、学困生情况怎么样？
	达成	学生清楚这节课的学习目标吗？多少人清楚？ 课中哪些证据证明目标的达成？ 课后抽测有多少人达成目标？发现了哪些问题？
教师教学	环节	教学环节怎样构成？ 教学环节是怎样围绕目标展开的？怎样促进学生的学习？ 哪些证据证明该教学设计是有特色的？
	呈现	讲解效度怎么样？有哪些辅助行为？ 板书呈现了什么？怎样促进学生的学习？ 媒体呈现了什么？怎样呈现的？是否合适？ 动作呈现了什么？怎样呈现的？体现了哪些规范？
	对话	提问的时机、对象、次数和问题的类型、结构、认知难度怎么样？ 候答时间多长？理答方式、内容怎么样？有哪些辅助方式？ 有哪些话题？话题与学习目标的关系怎么样？
	指导	怎样指导学生自主学习？结果怎么样？ 怎样指导学生合作学习？结果怎么样？ 怎样指导学生探究学习？结果怎么样？
	机智	教学设计有哪些调整？结果怎么样？ 如何处理来自学生或情境的突发事件？结果怎么样？ 呈现哪些非语言行为？结果怎么样？
课程性质	目标	预设的学习目标是什么？学习目标的表达是否规范和清晰？ 目标是根据什么预设的？是否符合该班学生学情？ 在课堂中是否生成新的学习目标？是否合理？
	内容	教材是如何处理的？是否合理？ 课堂中生成了哪些内容？怎样处理？ 是否凸显了本学科特点、思想、核心技能及逻辑关系？ 容量是否适合该班学生？如何满足不同学生的需求？

续表

维度	观察角度	观察点示例
课程性质	实施	预设哪些方法？与学习目标是否适度？ 是否体现了本学科特点？有没有关注学习方法的指导？ 创设了什么样的情境？是否有效？
	评价	检测学习目标所采用的主要评价方式是什么？是否有效？ 是否关注在教学过程中获取相关的评价信息？ 如何利用所获得的评价信息？
	资源	预设了哪些资源？ 预设资源的利用是否有助于学习目标的达成？ 生成了哪些资源？与学习目标达成是什么关系？ 向学生推了哪些课外资源？可得到的程度如何？
课堂文化	思考	学习目标是否关注高级认知技能？ 教学是否由问题驱动？ 问题链与学生认知水平、知识结构的关系如何？ 怎样指导学生开展独立思考？怎样处理学生思考中的错误？ 学生思考的人数、时间、水平怎么样？思考氛围怎么样？
	民主	课堂话语是怎么样的？ 学生参与课堂教学活动的人数、时间怎么样？课堂气氛怎么样？ 师生行为如何？学生之间的关系如何？
	创新	教学设计、情境创设与资源利用有何新意？ 教学设计、课堂气氛是否有助于学生表达自己的奇思妙想？ 课堂生成了哪些目标、教师是如何处理资源的？
	关爱	学习目标是否面向全体学生？ 是否关注不同学生的需求？特殊学生的学习是否得到关注？座位安排是否得当？ 课堂话语、行为如何？
	特质	该课体现了教师的哪些优势？ 课堂设计是否有特色？ 学生对该教师教学特色的评价如何？

LICC 模式将课堂分解为四个维度，每个维度分解成五个视角，每个视角分解成 3~5 个可供选择的观察点。这些观察点一方面说明课堂是非常复杂的，充满着丰富的信息，同时也提示我们不能仅仅根据个别现象做出简单化的论断。LICC 模式为观察者开展课堂观察提出了一个可供参考的框架，不同观察视角获得的信息能够相互印证，便于发现问题，选择解决问题的切入点。课堂观察可以根据需要，综合考虑，选择借鉴使用。

表 4-4　科学课堂观察的内容维度①

维度	理论基础	指标及其内涵	课堂观察要点
教学知识	PCK理论：学习机会	(1)学生认知：学生的认知水平和特点	适应性：教学应符合学生年龄特征、思维水平，针对学生的认知和思维水平编排适合其学习的内容
		(2)教学策略：教师根据教学内容和学生特点选择相应合适的教学策略	教学策略的有效性：教师能否用有效的策略和方法呈现教学内容，如用图表、文字、数据等帮助学生理解概念及概念间的联系
		(3)学习机会：教师为学生创设的关于概念学习和能力发展的学习机会	①学习机会的类型：知识、能力、态度等 ②各类型学习机会的数量 ③各类型学习机会的质量
学科知识	PCK理论：核心概念；学习进阶	(1)核心概念：位于科学学科中心的概念性知识，包括重要概念、原理、理论等的基本理解和解释，是教学的重、难点	核心概念：教学内容是否围绕核心概念展开，是否使用不必要的脱离核心内容的术语和细节
		(2)广度和深度：科学概念教学的广度和深度	①知识的广度：是否超出课程标准的要求 ②知识的深度：在课程标准要求范围内，教师是否帮助学生深入理解科学概念
		(3)连贯性：各知识间的逻辑关系和连贯性，评估面向有一定复杂性的主题，主题内的概念有一定层级结构和内部联系，即核心概念、关联概念和前概念的层级结构及内部关系	连贯性：需关注课程内容之间的联系，构建良好的前概念—关联概念—核心概念三级概念体系，并完善三者之间的内部联系；评价主要是从概念之间有无联系、联系强弱方面进行
能力	学习机会；学习进阶	(1)智能：强调理性思维和思维品质的提高	①科学推理和论证能力：教学能否为学生提供机会利用知识和经验进行推理和论证 ②问题解决和应用能力：教学是否能提供机会让学生解决真实生活中的问题，并阐释相关概念在其中的应用 ③批判性思维：教学中教师是否能有意识培养学生的批判性思维，为其创设情境和学习机会，提高思维品质
		(2)技能：逐渐熟练应用探究过程中提出问题，作出假设等各项技能，以及实验操作常规技能	①探究技能：教学是否关注学生探究技能的学习和逐步精熟化 ②实验技能：实验技能：实验操作常规技能

---

① 周丐晓、刘恩山：《核心素养视阈下的科学课堂教学质量评估新范式：CCPN课堂观察模式》，载《生物学通报》，2018(8)。

续表

维度	理论基础	指标及其内涵	课堂观察要点
理科属性	科学本质和科学探究	(1)科学本质：科学的主要特征	①教学中否能体现科学的主要特征 ②教学中能否合理渗透科学情感、态度和价值观
		(2)科学探究：领悟科学探究的实质内涵	教学中能否体现科学探究的实质内涵，探究精神和循证属性

不同类型的课堂有不同的观察内容，在探究式教学中，探究主体(subject)、探究互动(interaction)、探究资源(resource)、探究能力(ability)四个维度构建的 SIRA 课堂观察模式，可用于不同学校、不同类型的探究式教学实践中，见表 4-5。

表 4-5　探究式教学 SIRA 课堂观察维度①

观察维度	观察点
探究主体	谁是课堂的主体？ 不同探究主体在探究式教学各个环节的总体变化情况； 不同课例类型不同探究主体的总体变化情况； 不同学校探究主体总体变化情况
探究互动	师生互动情况； 不同师生互动情况怎么样？ 不同教学环节师生互动情况怎么样？ 不同学校师生互动情况怎么样？
探究资源	不同教学进程、教学环节上的探究资源开发情况； 不同课例类型中探究资源开发情况； 不同学校探究资源开发程度？
探究能力	提出问题能力的培养情况； 认知和解释问题能力的培养情况； 想象创造能力的培养情况； 制作与设计能力的培养情况； 协调、操作、测量能力的培养情况； 归纳演绎、推理论证能力的培养情况； 沟通、交流、表达能力的培养情况； 观察、比较、分析能力的培养情况； 不同课例中探究能力培养情况如何？ 不同教学环境中探究能力培养状况如何？ 不同学校探究能力培养侧重点如何？

---

① 黄鹤、马云鹏：《探究式教学实施程度评价的一种探索：SIRA 课堂观察模式》，载《教育发展研究》，2012(6)。

即使对于同样的观察内容，不同观察者也会根据不同的研究目的、研究对象、研究者的经验等情况，选择不同的观察点。比如，同样是选定课堂上学生的学习作为观察内容，可以学习目标达成情况作为切入点，可供选择的观察点可以有：学生知道这节课的学习目标吗？教师设计的学习目标是否能达成？有什么样的评价工具来证明学习目标的达成？班里有多少学生能够达成？达成到什么程度？等等。这些观察点都是围绕学生学习来开展的，可见，围绕不同的观察目标和研究问题可有不同的观察点。

（二）如何开发和使用课堂观察工具

观察工具可分为核心工具和辅助工具两类。核心工具是观课教师自身的多个感官，而辅助工具有录像、录音设备和观课量表等。课堂现场复杂多样，充满各种丰富的信息。课堂观察受观察者的经验、观察能力、教育观念、关注点等的影响。因此，为了提高课堂观察的科学化程度，观察也常常需要借助辅助观察工具，才能保证准确完整的观察记录，才能收集到基于观察目标的观察数据供分析研究。观察记录工具可以选择已有的，也可以结合需要开发新的观察工具，关键在于与观察点是否匹配，是否能够反映出观察目标的取向。

1. 课堂观察的记录工具

无论哪种观察方法，最终都要落实到记录信息的具体方式上。观察记录工具需要根据不同的观察目的和观察对象来选择，包括定量观察记录工具与定性观察记录工具。

定量观察记录工具一般包括编码系统、记号体系（也叫项目清单或列举法）、等级量表，其中后两者使用较多。记号体系是预先列出一些需要观察并且可能发生的行为，观察者在每一种要观察的事件或行为发生时做个记号，其作用就是核查所要观察的行为有无发生。[①]

表 4-6 即是采用了记号体系设计的。表格采用每半分钟记录一次的方式，总共记录了 8 分钟课堂上的教师活动，可以很直观地了解教师在课堂

---

① 陈瑶：《课堂观察指导》，47 页，北京，教育科学出版社，2002。

教学中的不同活动的时间分配及频次。比如在 8 分钟里，教师提问了一次，在开始观察的 2 分钟后开始做实验，后面 4 分钟的时间教师一直在结合课件演示进行讲解。这种记录表比较简单，容易设计。但是问题也比较明显，表格只是显示了时间和行为，却无法记录更多的信息，因此实际课堂观察中往往需要定性记录和定量记录相结合。

表 4-6　教师活动记录

时间/min	0.5	1	1.5	2	2.5	3	3.5	4	4.5	5	5.5	6	6.5	7	7.5	8
讲解				√		√		√	√	√	√	√	√	√	√	√
提问			√													
演示	√	√						√	√	√	√	√	√	√	√	√
实验					√	√										
板书							√									

等级量表是观察者按照预先设置的分类对观察点进行观察并对课堂上发生的目标行为进行评级，以数字等级作为描述观察对象的形式。表 4-7 是基于深度学习的教学设计观察量表，采用的就是等级量表的形式，来判断教学设计各个组成要素的程度。

表 4-7　基于深度学习的教学设计评分系统[①]

教学内容题目	关键指标的评分 1 2 3 4 5 6 7
课的设计包含了与探究式的科学相适应的任务、角色和互动	
课的设计体现了精心的设计和组织	
在课堂中所运用的教学策略和所开展的活动更体现了对学生经验、准备、前期知识和学习风格的关注	
课堂中的可用资源对达成教学目标是充分而丰富的	
教学策略和活动反映了对学生的公平、多样性材料的易获得性的关注	
课的设计鼓励学生采用合作性的方法进行学习	
课上有充分的时间进行"意义的理解"	
课上有充分的时间专注于学习	

---

① 夏雪梅：《以学习为中心的课堂观察》，124 页，北京，教育科学出版社，2012。

定性观察的记录方式是以非数字的形式记录下观察的内容，包括书面语言、用录音设备记录内容、用录像或照片记录观察内容等。定性观察工具主要有四种：描述体系、叙述体系、图示记录、技术记录等。

（1）描述体系。

在一定的观察框架下对观察目标进行除数字外的各种形式的描述，是一种准结构的定性观察的记录方法。例如，在对教师的演示实验情况进行观察时，分别从实验准备、实验仪器摆放、实验操作、实验观察指导、实验解释等方面进行记录。

（2）叙述体系。

没有预先设置的分类和框架，对观察到的事件和行为做详细真实的文字记录，如用教育日志、轶事记录、样本描述、田野笔记等方式进行观察记录，也可以进行现场的主观评价。例如，运用教师的教案作为观察和记录的工具，记录教案中没有呈现的教师和学生在课堂上的语言、行为、情境、生成，以及可能发生的预设之外的事件等。例如，案例 4-3 中的教师听课记录就属于这类记录方式。

（3）图示记录。

用位置、环境图等形式直接呈现相关信息，如图 4-1 是用图示记录下教师提问的过程和范围。

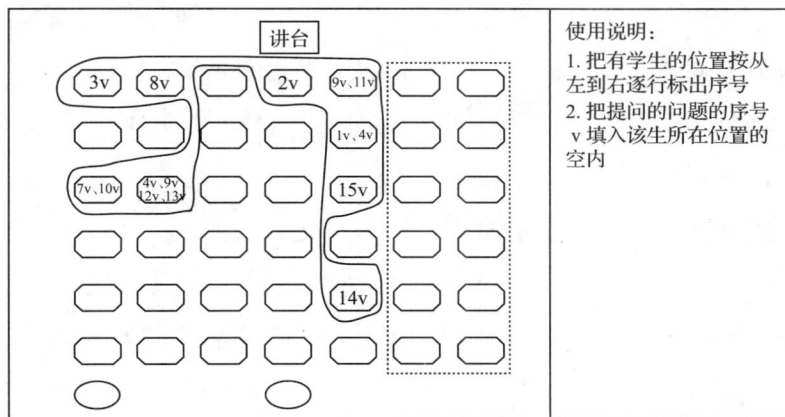

图 4-1　对教学提问观察的图示记录[1]

---

[1]　王漫：《转益多师：听课评课的要领》，45 页，北京，北京师范大学出版社，2016。

（4）技术记录。

用录音、录像、照片等电子形式对所需研究的行为事件做现场的永久性记录。

2. 课堂观察工具的开发与使用

课堂观察工具的开发与使用要考虑观察内容和观察者两个方面的因素。

一方面，观察工具要由观察内容和观察点来确定。例如，如果是对教师的教态、语言进行观察，就需要采用一些音像记录设备来进行观察。对课堂情境的记录一般可以选用定性描述的观察记录工具。对课堂提问进行的观察，观察点不同，观察记录的工具也不同。如果观察"提问的数量"需要采用定量观察记录工具；如果观察"问题的认知层次"，则需要采用定性和定量相结合的工具。

另一方面，要考虑观察者自身的特征，由于观察者的研究兴趣、关注点不同，快速记录的能力等都有差异，所以要尽量选择便于操作的观察记录工具。

当前，研究者开发了很多针对不同内容的课堂观察记录工具，这些大都可以从文献中查到，教师可以根据自己的需要直接使用或改造后使用。例如，在课堂教学中，教师提问是一个有效推进课堂进程的教学活动。恰当的提问能够激发学生的学习动机，引起学生的深度思考，因此有必要对教师提问这个内容进行深入研究，以提升教师的提问技能。观察者可以借鉴 LICC 模式中教师教学的对话视角下的观察点进行课堂观察，但是"对话"和"提问"又有不同，教师就要根据学科特点，重新设计合适的"教师提问与理答"观察记录工具。

开发观察记录工具主要分为三个阶段。

一是设计阶段。根据观察目标进行观察规划。首先，应具体分析观察的内容要素和课堂特征，依据观察目标筛选观察点来进行开发，如观察教师提问，就可以从提问的次数、类型、方式、结构、认知层次等方面进行分析，再根据课堂的具体情境设计观察记录工具。其次，要确定观察记录工具的使用方式，如时间、次数、规模、范围等。最后，要确定选择的使用原则与技巧，才能确保能收集到所需要的信息。

二是试用修正阶段。观察记录工具必须经过检验，通过试用修正才能用于采集信息，在这一阶段可以通过试用来不断地进行调整。

三是工具的正式使用阶段。在课堂教学中进行观察，用观察工具收集记录信息，用于研究和分析。

案例 4-4

课堂观察框架与工具的开发[①]

2005 年 3 月，浙江省余杭高级中学成为华东师范大学课程与教学研究所的实验学校。我们在合作探讨"基于合作的教师专业发展"过程中，深深地感受到听评课作为一种合作研究方式，对于学生课堂学习的改善与教师专业发展的促进起着非常重要的作用。然而，我校教师在听评课过程中存在一些问题，最关键的原因有两个：一是缺少听评课的框架，即我"依据什么"听评课；二是听评课的活动很不规范，即"如何"听评课。

我们决定以重新构建听评课的框架作为突破口。于是，我们查阅了大量国内外的文献，参考了大量课堂评价量表，历时半年，研制出第一个听评课框架，并命名为《余杭高级中学课堂观摩框架》。首先，我们按照课堂活动发生的要素，将课堂分解为教师、学生、学习媒介、课堂文化四个部分。这样，我们建立了"教师技艺、有效学习、学习内容、课堂文化"四个维度的课堂观摩框架。每个维度下设置了一些观摩指标，每个视角下再设置一些观摩，如"教师技艺·引起并能保持注意力"设置了四个观摩点，即告诉学生学习目标；适当地保持上课的进度，监控注意力的保持情况，定时激发注意力；保持学生的责任感（提问的技巧）。框架研制出来后，生物组进行了小范围的试验。我们发现，这个框架为教师理解课堂提供了一个支架，为教师观摩课堂提供了一些可操作的观摩点，出现了课后评课中大家都能说的好现象。但是，以下的问题依然存在：一是观摩之后，教师们

---

① 改编自沈毅等：《课堂观察框架与工具》，载《当代教育科学》，2007(24)。

的发言还是重在评价；二是我们到底需要关注哪些课堂现象，各个维度下的观摩指标罗列得不完整，为教师理解课堂带来困难；三是各个观摩点的设置不够聚焦。

2006 年 4 月，我们对课堂观摩框架进行了全面的修订。修订的内容集中体现在下列四个方面。①观察维度。将课堂四个观察维度修订为课程、教师、学生和课堂文化。②观察指标。分析每个维度，我们找出了其中核心的、又可观察的属性，并将这些属性确立为观察指标，这样每个维度下有 5 个一级指标，合计 20 个。③观察点。课堂是极其复杂的，要将每个指标下的具体行为都罗列出来是不现实的，也没必要。于是，我们以举例的形式列出了每个一级指标下的 3～5 个二级指标，这样就有了 83 个观察点。④观察点的呈现形式。观察点的呈现不再用评语的形式，而是用问题的形式，旨在引领教师去思考，而不是评价课堂。此外，我们对听评课的程序进行了严格的规定，确立了课前会议—课中观察—课后会议的观察程序，并探讨了它们的时间、程序与内容。在此基础上，我们综合各方意见，制定了《余杭高级中学课堂观察手册(试用版)》。

随后，我校的课堂观察试点工作在生物和化学组全面铺开。一年多来，开展大型课堂观察(对外展示)5 次，小型课堂观察(组内开展)20 余次。在试验过程中，我们又发现了一些新的问题。归纳起来，主要有下列五个方面：①关于课堂观察的培训(理论与框架)，即如何理解与利用课堂观察框架？②关于观察点的选择与观察目标的适切性，即如何选择与开发观察工具？③关于课堂观察程序三个步骤的时间与内容，特别是课前会议的时间与内容如何确定？④关于观察结果的解释、类推问题。⑤关于课堂观察的适用范围问题。伴随着这些问题的逐步澄清，2007 年 9 月，学校决定，将课堂观察作为一种有效的校本教研方式，在全校各教研组进行广泛而深入的宣传，并鼓励各教研组或合作体继续深化课堂观察的探索，积累各个学科的经验。在这样的背景下，我们考虑修订《余杭高级中学课堂观察手册(试用版)》。

2007 年 11 月，在回顾一年多来课堂观察的实践基础上，进一步探讨了课堂观察的知识基础问题。这次修订主要体现在以下四个方面。①观察框架。对课堂观察的四个维度进行了重新定位：学生学习、教师教学、课程性质和课堂文化。这样的维度表述使课堂观察更有方向感，使观察者更明白观察什么，并按照新课程的理念，重新确定了四个维度的顺序，突出了学生的学习。②观察视角。一是以观察视角代替了一级观察指标；二是对教师教学和课程性质两个维度的观察视角进行了重新设计，以避免原来这两个维度中各观察点之间存在的一些交叉、重叠现象；三是对课堂文化的四个视角做了全新的设计；四是将学生学习维度中的"自学"视角改为"自主"视角。③观察点。一是观察点的数量由原来的83个缩减为68个，使观察的内容更加聚焦；二是逐个审视观察点，为教师理解课堂、开发观察工具提供具体明确的支持。④观察程序。明确界定课前会议的内容，放弃磨课和教学内容的研讨部分。因此，新的课堂观察框架可以归结为"4个维度，20个视角，68个观察点"，同时形成的还有观察工具。

观察工具举例：

例1. 学生对知识、技能的理解和运用观察表(理科)

量表设计：吴江林(生物教师)

观察维度：学生学习·达成·学生对核心知识、概念、技能、方法的掌握

研究问题：一个学习阶段后，学生的达成情况如何(表4-8)？

表4-8 学生学习达成情况记录表

观察指标	观察(记录)内容					
	教学环节一		……		教学环节 N	
	教师	学生	教师	学生	教师	学生
1. 用自己的话去解释、表达所学的知识						
2. 基于这一知识做出推论和预测，从而解释相关的现象、解决有关的问题						
3. 运用这一知识解决变式问题						
4. 综合几方面的知识解决比较复杂的问题						
5. 将所学的知识迁移到实际问题中去						

说明：观察指标是按照认定层次递进的，记录的内容是教师和学生的一些具有典型性的学习行为和教学行为。

例 2. 教师在课堂上的目光观察表

量表设计：郑超（生物教师）

观察维度：教师教学·机智·目光

研究问题：教师的教学行为是否面向全体学生（表 4-9）？

表 4-9　学生学习达成情况记录表

教师目光停留位置	频次	比例
1. 回答问题的学生		
2. 黑板板演的学生		
3. 注意力不集中的学生（走神、做与学习任务无关的事、瞌睡）		
4. 全班学生		
5. 教室前排学生		
6. 教室中间学生		
7. 教室后排学生		
8. 黑板、投影屏幕、电脑、学习资料		
9. 与学习无关的事物（天花板、窗外）		

注：采用时间抽样的办法，每隔 5～6 秒观察者就观察感受教师目光停留的位置，并记在一个统计表中。

在本案例中，余杭高级中学在专家指导下，先后花了近三年时间开发了一份课堂观察框架和一系列课堂观察工具。过程中经历了框架构建、试用、修订，推广使用和再修订的过程。目前，这些成果被广大教师认可并借鉴和使用，为教师进一步研究和开发课堂观察工具提供了很有价值的参考资料。

（三）如何整理与分析观察信息

课堂观察收集的信息需要进行整理、分析和解释，以便发现现象背后的问题，找到教学改进的方法；亦可以归纳总结出成功的经验和做法，以便学习、借鉴和推广。观察信息的整理与分析是对观察记录的信息进行统计、归类、编码等的过程。在处理观察信息时可以将定量和定性的方法结合起来。定量分析方法通常是运用统计方法将观察数据进行整理，从数据中归纳观察结果。定性分析着眼于综合观察教学设计、教学过程等，能够提供全面的改进建议。两者相互补充，能够对课堂观察结果进行整体的分析和把握。下面以一个"教师提问与理答"的观察记录（表 4-10[①]）为例，说明如何整理收集到这些信息，并对其做出解释。

"教师提问与理答"观察记录量表，是参考了 LICC 课堂观察模式中教师维度的"对话"视角进行修改的，主要是对课堂教学中教师提问的观察。由于原框架中的观察点都是以问题形式呈现的，观察者需要花费较多时间去想、去写，收集的信息有限且零散。为了节省时间，捕捉到课堂上更多的信息，改进成为表 4-10 的观察量表，此量表在课堂观察中使用并记录了详细的数据。

简单的观察量表所记录的定量数据，可以直接将结果进行统计并呈现出来。例如，表 4-11 是对表 4-10"教师提问与理答观察量表"按数据频次进行统计后得出的统计表格，这个表格能够把教师的提问情况清晰地刻画出来。在这段内容中，总共提了 18 个问题，其中以教师口述方式提出的是 12 个，多媒体展示 6 个。从候答时间来看，教师等候时间 3～5 秒的问题有 14 个，超过 5 秒的问题有 4 个。根据这些信息可以做出一定的推断。例如，教师提出了 8 个一般性问题，10 个高层次和探究性问题，从数量上看问题层次分配是合理的，如果在课堂上提出的问题大多是简单的、事实性的问题，这样的课堂很难将学生的思维引向深入，提问也就变成了一种形式上的互动。

---

① 康安福、崔雪梅：《基于"课堂观察量表"的初中物理课堂教师提问技能的研究》，载《物理教学探讨》，2016(1)。

表 4-10　教师提问与理答观察量表

提出问题	指向		呈现			层次			候答时间	提问对象			学生回答				教师理答			
	明确	模糊	教师口述	教师板书	多媒体展示	一般性	高层次	探究性		个别同学	小组同学	全班同学	无应答	集体回答	个别回答	讨论汇报	打断或代答	重复作答	鼓励或表扬	追问
松开老师手中的气球会怎样？	✓		✓			✓			无			✓		✓						✓
通过观察视频观察到哪些现象？	✓				✓	✓			4s			✓		✓				✓		
生活中哪些现象可以感受到物体与物体间存在力的作用？	✓		✓						2s			✓			✓					✓
只有一个物体可以产生力吗？	✓		✓					✓	8s			✓			✓					
手对桌子施力，手为什么会疼？	✓		✓						2s			✓			✓					✓
通过视频观察到什么现象？（磁铁吸引小球）	✓		✓						1s			✓			✓					
什么现象可以感受到物体之间的力是相互的？	✓		✓						7s			✓			✓			✓		
在游泳时想要往前进需要怎么办呢？	✓		✓			✓			2s			✓			✓				✓	
观察视频中一名学生推另一名学生出现的现象，说明了什么？	✓		✓		✓				2s			✓			✓				✓	
力作用下物体会产生什么作用效果？	✓		✓				3s			✓			✓							
生活中有这样的感受吗（力可以改变物体的形状）？	✓		✓			✓			5s			✓			✓					✓
墙对人的力的作用效果？	✓		✓						2s			✓			✓					✓
人对墙的力的作用效果？	✓		✓		✓				5s			✓			✓					✓

续表

提出问题	教师提问									提问对象			学生回答				教师理答			
	指向		呈现			层次			候答时间	个别同学	小组同学	全班同学	无应答	集体回答	个别回答	讨论汇报	打断或代答	重复作答	鼓励或表扬	追问
	明确	模糊	教师口述	教师板书	多媒体展示	一般性	高层次	探究性												
影响力的作用效果的因素？	√		√					√			2s			√						
生活中你能感受到力的三要素影响力的作用效果吗？	√		√			√			2s			√			√		√		√	
怎样才能踢出精彩的香蕉球？	√				√			√	4s			√		√	√				√	
用扳手把螺母拧紧，力应该作用在哪？	√				√			√	2s			√			√			√		
气球为什么会飞上天呢？	√		√				√		3s			√			√					√
火箭为什么能上天？	√		√				√		3s			√			√			√		

表 4-11　"教师提问技能课堂观察量表"数据频次统计表

环节		观察点	次数(个)	比率(%)
教师提问	指向	明确	18	100
		模糊	0	0
	呈现	教师口述	12	66.7
		教师板书	0	0
		多媒体展示	6	33.3
	层次	一般性	8	44.4
		高层次	5	27.8
		探究性	5	27.8
候答		3~5s	14	77.8
		5s 以上	4	22.2
提问对象		个别同学	0	0
		小组同学	0	0
		全班同学	18	100
学生回答		无应答	0	0
		集体回答	2	11.1
		个别回答	16	88.9
		讨论汇报	0	0
教师理答		打断或代答	0	0
		重复作答	3	16.7
		鼓励或表扬	6	33.3
		追问	9	50

通过观察量表和数据统计，可以得到很多有价值的信息，也能反映出教师在提问教学组织方面的基本情况。但是我们也能发现，在表 4-10 中有"追问"这一列数据，但是从量表中无法看出，到底是在什么情境下、教师做了哪些追问？这些问题是什么？与"提出问题"是什么关系？如果仅从"追问"的统计数据看，教师追问了 8 次，由此只能做出"教师有追问意识、在提问过程中经常会追问"这样的推断。

可见，在课堂观察实践中，定量记录为分析课堂提供了有说服力的证据。但是，要想做出对教师专业发展更有价值的建议，则需要对这些数据中反映出来的问题做进一步追踪，补充定性记录的资料，最后才能形成对教师提问这个问题的立体化认识。为此，可以采取多人合作观察，分别用定量和定性两种观察记录的方式，这样收集所获得的信息会更加生动真实。

定性观察记录收集的材料主要以文字的形式呈现，资料分析主要是对这些原始材料进行归纳、概括和推论。一般地，定性观察的资料收集和分析过程常常是同时进行的。从案例 4-3 教师的观察记录就可以看出来，观察者在记录资料的同时，已经在做出自己的分析和判断了，特别是第二位观察者，从一开始就将观察视角定位于学生，还提出了进一步收集资料的想法，如打算访谈一下那几位学生。这种聚焦式的观察，能够使观察者快速、全面地把握某个方面的课堂信息，也更容易发现问题，提出适切的发展建议。

最后需要指出的是，课堂观察是一个连续追踪的过程，仅靠一节课的观察，常常并不能够得出客观的结论，持续观察所获得的结果更有说服力。另一方面，课堂是一个复杂的大系统，不同视角下的观察能够为教师发展提供多样化的认识方式，新教师的课堂观察宜采取有点有面的方式，开放与聚焦相结合，有助于丰富教学经验。课堂观察的结果应为研讨和反思之用，并非是对教师的终结性评价。因此，观察者在进行判断或推论时，应与上课教师进行充分沟通，在共同认可的事实基础上开展讨论，真诚地从专业发展的角度去解释数据背后的意义。

✎ | 实践操练 |

任务一：请使用表 4-10 的观察量表，观察自己的一节课（录像），对"课堂提问与理答"进行记录，尝试分析自己教学中的问题。

任务二：再次观察同一节课的录像，采用定性方式记录"课堂提问与理答"，比较两种方式所获得的信息。完成一份对自己提问与理答的改进计划。

▶第十三讲
如何进行教学反思

教学反思是教师应该具备的一项重要的专业能力，是国家对合格中学教师的基本专业要求之一。教学反思可以帮助教师梳理教学中遇到的问题，深入理解教育教学的基本原理和规律，促进实践性知识的积累和教育教学水平的提升，助力教师专业发展。那么，什么是教学反思？新教师该如何进行教学反思呢？

案例 4-5

教学反思精彩无限——一次意外事件[①]

今天，我的课堂上发生了一个意外事件，让人始料未及，猝不及防。

当我板书时，感觉学生一阵骚动，回过头来一看，也没有发现什么异常，只觉得有几个学生注意力不够集中，似乎被一个男同学给吸引住了。当我看向该同学时，他还无所谓地摇头晃脑。不仅如此，他的手还伸在桌肚里，好像在拨弄着什么，一点顾忌也没有，还有愈演愈烈之势。我暗示大家静心来听课，但效果并不理想。

不得已，我只好停下课来，故作轻松地问这位男同学："你在干什么呀？"

这时他更来劲了，满不在乎地说道："没干什么！"

这是在挑战老师的底线，全班同学都在等着看好戏呢！

怎么办？如果处理不当，必将影响课堂教学的继续进行，甚至还会影响以后的师生关系，真的让我有点骑虎难下。

面对这样的情况，我很生气，但只能强压怒火，不动声色，寻找机会来解决难题。

---

① 本案例改编自王兴桥：《教学反思精彩无限——以一个中学物理课堂教学拓展探究为例》，载《物理教学探讨》，2020(2)。

这位同学很有个性，平时话不多，比较犟，在班上学习成绩还算可以，并且有一定的影响力。很显然，虽然同学们都知道他在干什么，但如果我没有确凿的理由和证据，是"拿不下"这位同学的，也就打破不了僵局。

我搜肠刮肚地想办法，突然灵机一动，计上心来。刚才回头时，不是看到他眼镜片上有个小亮点吗？

于是，我冷静地说："你可不要小看我的眼睛，虽然我没有直接看到你在下面干什么，但你眼镜片上的一个小亮点已经告诉了我一切。"

同学们都笑了起来。

大家可能心想：这下可撞到枪口上了，因为我是物理老师。

有的同学还抢答道："光能成像！"

就这样，该同学不好意思地拿出了一个时髦的打火机。

问题聚焦

Q1：可能每一位老师都遇到过案例中的类似问题，你是怎么解决问题的？

Q2：如果你就是那位老师，这节课之后，你会有什么想法？

一、为什么要进行教学反思

在我国的《中学教师专业标准》中，"反思与发展"与"教学设计""教学实施""教学评价"等都是合格教师必备的专业能力。

联合国教科文组织曾对"教师的教育经验和教育效果的关系"做过调查，结果发现：教师在刚走上教学岗位的 5 年内，教学效果和教龄成正比关系。5～8 年普遍出现了一个平稳发展的"高原期"。8 年后，教师群体逐渐开始分化，大部分人的教学水平和教学效果出现徘徊甚至逐渐下降，只有小部分经过不断反思，教学水平得到升华，教学质量不断提高。"教师的成长＝经验＋反思"，这也说明了教学反思在教师专业成长中具有重要的作用。

教师在教学活动中逐渐积累和掌握了很多实践性知识，包括一些难以表达的如处理各种突发事件的技巧，教学过程中的直觉、灵感、内隐的价

值观，等等。这些知识大多是缄默性知识，教师常常意识不到它们的存在，但是这些知识又常常在教学过程中起着非常重要的作用。教学反思可以将这些知识显性化，帮助教师去发现、认识、检验和发展它们，以便更好地指导教学实践。在案例 4-5 中，学生在课堂上做小动作是非常常见的行为，教师如何应对需要教学机智。教师的"灵机一动"看似偶然，实则是教师长期教学积累、不断反思总结的结果。

教师的教学反思以教学活动过程为思考对象，对自己的教学行为、决策以及由此产生的结果进行审视和分析的过程，是一种通过提高参与者的自我觉察水平来促进能力发展的重要途径。通过教学反思，教师能解决实际教育教学过程中遇到的问题，消除实践中的困惑，提升教育理论水平，实现专业成长。

二、什么是教学反思

教学反思是教师为了实现有效的教育教学，在反思倾向的支持下，对已经发生或正在发生的教育教学活动以及这些活动背后的理论、假设，进行积极、持续、周密、深入、自我调节性的思考，并且在思考过程中，能够发现、清晰表征所遇到的教育教学问题，并积极寻求多种方法来解决问题的过程。[①]

（一）教学反思的类型

教学反思有许多类型，不同类型的教学反思有不同的目的和特点。

按照教学反思的时间，可以分为教学前反思、教学中反思和教学后反思。教学前反思聚焦教师的备课，主要反思如何更好地做好教学设计，因此教学前反思具有前瞻性。教学中反思是上课过程中的反思，在课堂教学中考察学生、教师、教学环境和教学内容等影响教学效果的诸因素，调整优化课堂教学行为，以确保教学的顺利实施。教学后反思是最为常见的形式，是在教学后思考教学目标是否达成、教学过程和学生学习过程中出现

---

① 申继亮、刘加霞：《论教师的教学反思》，载《华东师范大学学报（教育科学版）》，2004（3）。

哪些问题，等等。教学后反思是对教师教学的批判性思考，聚焦如何进一步改进教学。本书主要讨论教学后反思。

按照反思的对象，教学反思又可分为自我指向型反思和任务指向型反思。自我指向型反思，是教师以自己的教学观念、教学兴趣、动机水平、情绪状态等心理操作因素为反思内容，以实现调节自我教学实践行为目标的反思。任务指向型教学反思，是教师以教学目标、教学任务、教学材料、教学方法等任务操作因素为反思的内容，以实现教学实践行为改进为目标的反思。可见，按照不同的反思对象，教学反思的内容会有所区别。

按反思者群体分，又可分为自我反思和集体反思。自我反思是反思者以自我内部对话为基本形式的反思活动，是教师反思自身教育教学活动的过程。集体反思是教师与外部（如同事）进行持续而系统的专业对话，共同就某一个话题进行集体反思，从而寻求解决方案，并逐渐形成反思共同体的反思活动。

（二）教学反思的结构

为了构建对教学反思的整体认识，可以从反思的内容、反思的层次和反思的过程几个维度来讨论。

1. 教学反思的内容

教学反思的内容可以涵盖日常教学工作的方方面面。一般来说，可以将教学反思的内容划分为五个指向[①]：一是课堂教学指向，包括反思教学内容、教学方法、教学策略等，如分析、评价教学内容的重难点是否得当、教学方法运用是否有效等；二是学生发展指向，分析与学生发展、素养培育相关的因素，如学生的学习成绩和各种能力的培养，学生的学习兴趣和学习方法的培养，学生健全的心理、人格发展等方面；三是教师发展指向，针对教师自身的专业成长来进行反思，如关注教师专业知识和专业能力是否提高，教学艺术等方面；四是教育改革指向，如关注核心素养的培养、考试制度的改革、课程改革的实效性等；五是人际关系指向，包括教师如

---

① 申继亮、刘加霞：《论教师的教学反思》，载《华东师范大学学报（教育科学版）》，2004(3)。

何与学生互动、如何与学生家长相处、如何与同事协同合作等。

在这些指向中，有的已经超出了教学反思的范畴，属于教师反思，对这些内容进行深入思考，对教师的发展具有重要的意义。

📎 | 案例 4-6 |

教学反思精彩无限——一次意外事件之后的反思[①]

上完课之后，课堂上的这一幕让我心情复杂，一直难以释怀。我庆幸自己的"灵光一闪"，成功化解了尴尬的气氛。但是，如果没有那个亮点，我又该如何处理随时可能发生的类似问题呢？还有，那个"救了我"的亮点显然是凹透镜成像的问题，虽然中学不学习这个内容，但是既然课堂上碰到这个现象了，这不正好是一个拓展学习和教育学生的机会吗？我要抓住这个契机。

当天我就买来了不同度数的近视镜，做了一系列的探究实验，发现了很多没有想到的现象和问题。我又回顾了普通物理光学的部分内容，经过学习和研究，对这个问题基本上做到心中有数了。

第二天，我把这位男同学叫到办公室，他的表情透着些许焦虑，又有些许不耐烦。我说："昨天你课上不好好听课，还影响其他同学学习，作为'惩罚'，我给你布置一个任务。你去研究一下，看看自己的近视镜是怎样'出卖'你的，有问题可以问我。"这个同学听到我的话愣了一下，随后非常高兴地说："保证完成任务！"几天后，这位男同学拿出了他的研究结果。后来我又发动全班同学都来探究。最后，汇集大家的探究情况，在班上展示了同学们所发现的神奇现象，共享探究的成果和喜悦。

通过这次事件，我还有几点感悟。

一是如何处理课堂上做小动作的学生。

学生在课堂上做小动作、不好好听课的情况时常发生，教师需要首先从自己身上找原因。学生为什么不认真听课呢？是不是我只顾自己讲课，

---

① 本案例改编自王兴桥：《教学反思精彩无限——以一个中学物理课堂教学拓展探究为例》，载《物理教学探讨》，2020(2)。

忽视了学生的感受？或者是我没有讲清楚，让学生感觉内容太难跟不上？还是因为教学活动节奏安排不当，超过了学生维持注意力的时间？至少从这堂课看来，我的课堂教学的吸引力还不够。虽然我完美化解了师生对峙状态，但实际上还可以处理得更好。例如，通过提问、示意等不伤学生面子的方式转移学生的注意力，避免在全班同学面前造成尖锐的矛盾对立。

二是教师要注意把握机遇。

任何课堂都有可能发生一些教师事先预料不到的问题。因为学生是活的，教学过程是变的。教师预设得再好，准备得再细致，都有可能出现一些问题。对于这些新情况、新问题或新事件，教师只要灵活把握，巧妙处理，就会收到意想不到的效果。为此，教师必须要有教育灵感和教育机智，要做到这一点并不容易。教师需要重视课堂教学中出现的教学机遇，绝不能熟视无睹、不闻不问；同时还要阅读教育类书籍，了解相关问题的处理策略，积累解决问题的经验。一旦课堂上出现问题，就可以从容应对。

三是教师需要有问题意识。

我们对待教育教学中的问题，不能"麻木不仁"，要会"触景生情"。因为问题是教学之源，是探究之母、研究之根。要培养学生的创新精神、实践能力和核心素养，教师就必须要善于发现问题和研究问题。不断反思自己的教学行为，努力从一个"教学型"教师向"研究型"教师转变，这样才能适应社会发展的需要，促进学生更好的发展。

问题聚焦

Q1：这位教师的教学反思包括哪些内容？属于哪种类型的反思？

Q2：通过讨论，梳理案例中教学反思的过程。

2. 教学反思的层次

范梅南（Van Manen）对教学反思的水平进行了划分，把教学反思分为技术性反思、理解性反思和批判性反思三种水平。

技术性反思以经济、效能和效率为原则，反思何种手段最为合适，而不质疑既定目标、教学脉络和已有的理论。因此处于这个层次的反思关注更多的是程序性、技术性的问题，关心达到目标的手段。

理解性反思则检讨目的、手段及假设，对于教育教学过程中的关键事件，能主动诠释背后的意义，尝试对教学行为做出解释，并依据理论分析问题产生的原因，强调教师对自己实践的深入理解。

批判性反思是指能够从广泛的社会、政治、文化、经济背景下来审视问题，以公正、平等这些道德的、伦理的标准来判断专业活动，认为课程实践不仅负载着价值，而且这些价值与一定时期的政治、经济、文化、历史等有着密切的联系。

不同层次的反思，体现出教师不同程度的主体意识。从技术性到理解性再到批判性反思，层次越来越高，也是教师主体性逐步提升的过程。不同层次的反思对于教学改进和教师的专业发展都是重要的，技术性水平的反思可以让教师获得更加灵活、多样、有效的教学技能；而批判性水平的反思往往能够帮助教师跳出教学的细节，获得更广阔的教育视野，可以从课程、育人等角度考察教育教学及实践（表 4-12）。

表 4-12　不同层次教学反思的优势与局限性①

类型	反思的内容	反思的质量	优势	局限性
技术性反思	在教学效能研究基础上，对一般教学行为和课题管理的反思	使自己的表现与外部的标准一致	对于教师而言，通过技术性的反思，可以用国家的标准衡量是否达到教学目标；使教学有步骤、有序地进行，给予学生有效的反馈	是占有支配性地位的反思类型，是造成理论与实践分离，研究知识与生活世界脱离的原因之一；使教师关注技术而忽视目的；潜在的以内容的传授为主；反思的内容有限，把教学简化为教导和管理性活动
理解性反思	教师价值观、信念、课堂背景；不仅关注学生学业成就，而且关注学生心理，全人发展	教学中的决策基于所处的独特情境	重视吸收研究、个人和他人经验，理论与实践的联系；重视教师实践性知识，帮助教师仔细思考教学事件	在外在环境的制约下进行反思，与技术性的反思一样，使用理论不能突破原有价值观的束缚
批判性反思	社会的、道德的和政治的角度	根据伦理道德和机会均等思想做判断	与社会和政治生活的宏大叙述关联，以理想的社会为终极关怀审视教学	反思的内容有限，忽视了教学质量和教学技能

---

① 赵明仁：《教学反思与教师专业发展》，51 页，北京，北京师范大学出版社，2009。

3. 教学反思的过程

当教师面对困惑或者感兴趣的现象时，会有不同的反应——回避或者面对。当教师开始认真面对这些现象，并试图解释、解决问题时，反思就开始了。教学反思大致可以分为识别问题、描述情境、诠释分析和付诸行动四个环节。

第一个环节是识别问题，问题是教师反思的起点。教师关注并思考自己的教学实践，对看似平常的现象进行审视和追问，从中发现问题，能发现什么样的问题，取决于教师的关注点。

第二个环节是描述情境，问题不可能脱离特定的情境存在。对问题的情境进行描述实际是把问题聚焦的过程。

第三个环节是诠释分析，诠释分析是教学反思的关键环节，此阶段需要借助理论、从多个角度来分析解释问题的原因所在。

第四个环节是付诸行动，经过诠释分析，教师对自己的教学行为和教学观念有了更深入的认识，提出了行动改进方案，而方案的可行性与实际效果需要实践检验，展开新一轮的反思。

需要说明的是，这里对教学反思过程的划分，只是为了找出其关键要素，并不是说存在一个线性的、割裂的、明显区分的阶段，如在分析过程中也在运用情境、重新描述问题。

综上，教学反思的内容、层次、过程构成了教学反思的立体结构。教学反思的内容中包含学生、教师、教学目标、教学方法等，对每一方面的内容而言，反思可能是技术性的，也可能是理解性或批判性的，其基本过程则是一个问题解决的过程，见图 4-2。

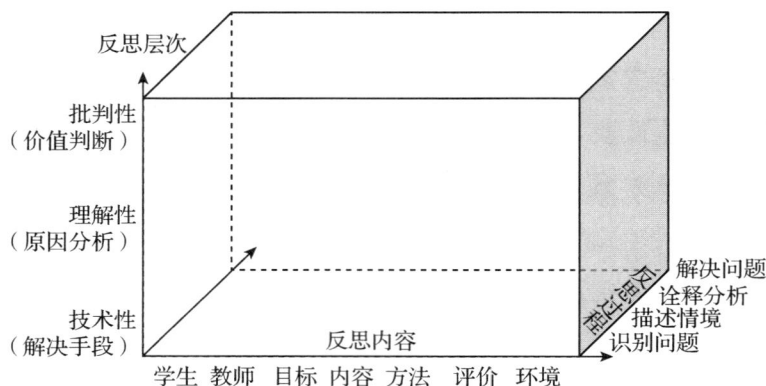

图 4-2　教学反思的结构模型[①]

案例 4-7

"自由落体运动"教学的两次反思[②]

一、第一次教学实践

1. 设计思路

"自由落体运动"是匀变速直线运动的一个重要实例，人教版高中物理必修一把这节内容放在第二章第五节，既是对落体运动的介绍，也加深了对匀变速直线运动规律的理解和应用。我设计了这样的教学流程：①教师演示落体实验(有阻力、无阻力)，学生观察；②得到自由落体运动的条件和特点；③引导学生用打点计时器测量重锤下落的加速度；④得出自由落体运动的规律；⑤利用自由落体运动规律测量同学的反应时间。

2. 教学反思

按照这样的思路进行教学，学生顺利完成了实验探究和分组实验，特别是测量反应时间的活动，看得出学生非常兴奋。但整个教学过程中学生被教师"牵着鼻子走"，也并不符合人类认识客观事物的一般过程。

对落体运动的研究成为物理学产生和发展的源头之一并不是偶然的。虽然现在看来，什么是自由落体运动，自由落体运动的规律是什么，以及

---

① 赵明仁：《教学反思与教师专业发展》，60页，北京，北京师范大学出版社，2009。

② 本案例改编自居津：《遵循认知规律 发展物理观念——"自由落体运动"的教学反思与改进》，载《物理之友》，2020(1)。

自由落体运动加速度的测量等都已经不再是什么难题了，但是智慧博学的亚里士多德何以铸成大错？为什么伽利略的工作对于物理学的进步具有极其重要的作用？对我们有何教益？这些疑问都自然地呈现在学生的头脑之中，这是物理教学应当回答的问题，也是需要让学生形成的重要观念。

我认为，在本次教学中，学生对物理概念和规律缺少提炼和升华。即使学完了这个内容，大部分学生对于"为什么要研究落体运动""怎样研究自由落体运动"以及"为什么必须这样研究自由落体运动"这几个问题依然会心存困惑。看来，教师有必要适度放手，让学生亲身经历认识"自由落体运动"的过程。

二、教学改进

1. 设计思路

第二次教学设计从学生的认知规律入手，关注学生的自主生成。

(1)展示生活中落体运动的例子，让学生知道落体运动是一种常见的运动，研究其运动规律有重要意义。

(2)引导学生自己发现影响落体运动的关键因素。

师：物体下落快慢可能与哪些因素有关？

生：质量、体积、面积、阻力……

教师演示实验：重的物体比轻的物体下落快。进而提问：质量大的物体一定比质量小的物体下落得快吗？

• 你能利用手边的物体设计实验，说明一样重的物体下落快慢不同吗？

• 你能利用手边的物体设计实验，说明重的物体和轻的物体下落得一样快吗？

• 你能利用手边的物体设计实验，说明重的物体比轻的物体下落得慢吗？

学生讨论，利用手边的纸或纸团设计了符合上述要求的小实验。并通过思考得出结论：物体下落快慢与质量无关。

……

(3)让学生设计研究自由落体运动规律的方法。

师：大家都猜想自由落体运动是匀变速直线运动，那么我们怎么用实验去验证自己的猜想呢？

生1：用打点计时器，画出速度—时间图像，看斜率是否发生改变。

生2：拍摄频闪照片，测量物体下落的加速度，看是不是定值。

生3：利用光电门，测量小球下落的速度和位移。画出速度平方—位移图像，看斜率是否为定值。

师：……大家一起来测量一下物体做自由落体运动时的加速度，判断其是否有变化。

这里有三种不同的物体：泡沫小球、木球、小铁球。用哪个做实验比较好？为什么？

2. 教学反思

此次教学是基于学生认知规律进行设计的，让学生完全参与物理概念的建构与规律的得出过程，强调了知识的自主构建，发展了学生的物理观念。在教学过程中并没有将自由落体的概念、特点和规律强加给学生，而是让学生自行设计一系列实验，挖掘出影响落体运动的"隐形"因素，并按照学生认知逻辑逐步得到自由落体的条件及运动规律，帮助他们突破了认知障碍，从而更好地建立运动观念，提升了学生的物理学科核心素养。

课堂教学是一门艺术，教师课堂设计不同，教学效果就会有差异，学生得到的锻炼和能力的培养效果自然也不同。在中学物理教学中，如何让学生在物理课堂教学中既学到知识又提高核心素养，是当前值得我们研究的一大课题。

问题聚焦

Q1：你如何评价这位老师的教学反思？

Q2：在反思案例中，"教师课堂设计不同，教学效果就会有差异，学生得到的锻炼和能力的培养效果自然也不同"。你对此怎样理解？请举例说明。

三、如何进行教学反思

（一）自我反思

自我反思是教师以自我对话为基本形式的反思活动。教师在整个反思活动中独立发现问题、分析问题和解决问题。自我反思需要教师具备自我反思的意识，愿意批评和审视自己的教学实践，认可教学反思对个人专业成长的重要价值。在此基础上，还需要了解自我反思的方法。教师自我反思常用的方法是教学反思日记法、教育叙事法、角色模型法等。

1. 教学反思日记法

教学反思日记法是通过撰写日记的方式，对教育教学工作进行分析与总结。反思日记重视日常观察与及时记录，既要描述事实也要有对问题的深入分析及解释，要做到总结经验与检讨失误相结合。教学反思日记不要求固定模式，讲究有感而发，言之有物。

初学教学反思日记写作，可以从详细描述教学事件、说出感受体会、提出问题、尝试运用理论进行分析、提出行动改进等几个方面来撰写，也可以参考表 4-13。表 4-13 中提供了自我指向型反思和任务型反思两种反思日记的写作框架，可以用作教学反思时的思维工具。

表 4-13　教学反思日记框架[①]

反思日记类型	供思考的问题	描述与分析
自我指向型反思日记	我感到最自豪的教学活动是什么？为什么？	
	如果给我一个重试的机会，我最有可能改变哪些教学？为什么？	
	作为一名教师，最让我感到沮丧或焦虑的事情是什么？为什么？	
	在这周/次教学中，我最有收获的是什么？	
任务指向型反思日记	本节课教学目标达成情况如何？成功之处是什么？为什么？不足之处是什么？为什么？再教设计怎么做？	
	本节课各种教学行为的有效性如何？教学程序、教学策略、教学内容等与预设相比有何不同？为什么？	
	教学之前的计划或期望是什么？实际的教学情况如何？两者之间是否存在差距？为什么？对我以后的教学有什么启示？	

---

① 王陆、张敏霞：《教学反思方法与技术》，70 页，北京，北京师范大学出版社，2012。

反思日记写完之后还需要经常进行总结。教学审计（表 4-14）可以认为是对反思的反思，一般以一学期或一学年为单位，在反思日记的基础上来审视教师一段时间内的教学反思，帮助教师梳理所得，进行及时总结。

表 4-14　教学审计反思框架与示例[①]

教学审计框架	描述与分析(示例)
参照过去的一个学期，现在我知道……	反思能够帮助我有效改进教学行为，获得专业成长
参照过去的一个学期，现在我能够……	习惯性每周六撰写一份本周的教学日志，能够通过自我对话"质疑"自己以往的经验与观念
参照过去的一个学期，现在我能够教给同事如何去……	做计划性的课堂观察与课后反思
参照过去的一个学期，我从学生那里学到的最重要的事情……	他们的学习需要是我开展教学的起点及最重要的教学设计依据
参照过去的一个学期，我学到关于教学最重要的事情是……	反思性实践与反思性教学，尽管我还不能十分全面地解释与阐述，但我认为这是我今后努力和践行的方向
在过去的一个学期里，我学到的关于自己的最重要的事情是……	我能够通过反思，实现自己改变自己
在过去的一个学期里，我原有的教学假定和学习假定中，最能得到确证的是……	合作学习是可以实现高质高效学习的
在过去的一个学期里，我原有的教学假定和学习假定中，受到最严重的挑战是……	学生不会认真对待小组间的相互评价

2. 教育叙事法

教育叙事法是一种研究方法，也是教学反思的重要方式。教育叙事是通过讲故事的方式将客观的过程、真实的体验、主观的阐释有机融为一体，是一种教育经验的发现和揭示的过程。叙事中将教育道理隐含在有情节的故事中，让读者通过教育事件感悟其中蕴含的教育意义。

运用教育叙事进行教学反思的核心在反思，叙事只是载体或手段，反思才是目的。只有具有反思的教育叙事才能使教师从叙述中寻找问题，从行为反思中获取经验，从实践的追述中总结教学规律，发现隐藏于日常教

[①]　王陆、张敏霞：《教学反思方法与技术》，73 页，北京，北京师范大学出版社，2012。

学事件背后的本质和规律。

　　教育叙事是对真实发生的事件的叙述，不能虚构；教育叙事特别关注叙述者的亲身经历，包含叙事者的所感所想；叙事的内容具有一定的情节性，是相对完整的故事；通过归纳的方式获得教育理论或教育信念。

　　以教育叙事的方式进行教学反思，可以通过夹叙夹议的方式陈述事件的全过程，也可分两部分，一部分为教学叙事，即课堂教学现场描述与细节实录；另一部分为教学反思，即分析、阐释、寻找意义和得出结论。

　　3. 角色模型法

　　角色模型法是教师将自己认可的同事或师长作为榜样，将自己的教学过程与他们进行比较和分析，力求改进教学的反思方法。通过细致的观察，教师记录下对于这位教师的全面认识，提炼出值得借鉴的方面并能够用于改进自身的教学(表 4-15)。

表 4-15　角色模型法的反思框架[①]

角色模型分析要点	分析结果
以你的观点，你认为你的老师或周围哪位同事是你真正好教师的代表？	
以你的观点，你在这些人身上所观察到的什么特征让你如此敬佩他们？	
当你考虑这些人如何工作时，他们的哪些行为造成和代表着你认为应该如此地敬佩他们的那些特征？	
当你思考这些人哪些方面比较突出时，哪种能力你最愿意借用和整合进自己的教学之中？	

（二）协作反思

　　教师开展教学反思时，仅有自我反思常常是不够的。在实践中能够看到，有不少教师虽然写了很多教学反思日记，但依然没有获得很好的发展。有些原因就在于自己的理论知识缺乏，反思难以深入，找不到事件背后的原因及理论假设，或者受到自身思维的局限，有时即使发现了问题，也难以找到更好的解决办法。因此就需要自我反思与协作反思相结合，与作为旁观者的他人保持持续而系统的对话，借助同伴以及集体的智慧，通过交

---

　　① 王陆、张敏霞：《教学反思方法与技术》，75 页，北京，北京师范大学出版社，2012。

流碰撞，实现个人理念的转变与经验的升华。

1. 交流对话反思

教师通过与他人交流对话来反思自己的教学观念和行为。交流的对象包括其他教师、教研员、专家、学生等，通过交流，可以帮助教师发现行为背后的观念与问题。

教师可以先描述自己教学实践的经历，提出自己的困惑和问题，作为交流对话的起点，分享经验，向他人寻求解决问题的方法，突破原有的局限，获取新的认识，使反思达到一种新的境界。如果与不同学科的教师进行交流，常常也能获得不同视野、领域的启发，有意外的收获。

学生是学习主体。与学生进行交流对话，教师可以收集学生的反馈信息，发现学生的真实想法，这些信息能反映教师教学上的优点和不足。教师可以此为基础，不断反思，使自己的教学适应学生发展的需求。

2. 同伴合作反思

同伴合作反思是教师组成学习共同体，通过集体备课、说课、课堂观察、研讨等手段进行相互观察、相互指导和相互帮助的一种反思方法。对于新手教师来说，与同事结成同伴，相互合作来进行研讨交流，是促进教师专业成长的有效方式之一。

作为一种集体反思，参与者针对某些问题进行多方面、多角度的思考，提出不同观点，能够为教师的反思提供多个视角。反思可以运用深度会谈、焦点讨论、头脑风暴等方法来开展。无论采取哪种方法，均需要聚焦某个明确的主题或问题，才能够深度研讨分析并制订有效的行动方案。

为了促进深入反思，小组成员可分别承担不同角色，如"信息搜集者"，负责及时记录讨论过程，提供相关信息；"批判者"负责质疑，当交流过程中出现趋同倾向时，提出相反观点，将对话引向深入；"裁判员"需要依据对话交流的基本准则，监督讨论的全过程，及时指出并纠正违规行为；"分析总结者"，每隔一定时间，对大家共同关注的问题、观点进行梳理总结等。

同伴组成可以是有共同话题的同行、一个教研组的教师，或者某个研修团队成员，前提是需要有平等、民主、和谐的氛围，才能开诚布公地开展讨论、质疑或者批评。

（三）教学反思的操作方法

为了指导教师进行教学反思，衣新发提出了"教学反思六步法"[①]，具有很强的可操作性，便于新手教师借鉴使用。

第一步是发现问题。在听课或自己上课之后，对课堂上发生的现象或问题进行回顾，可以在听课笔记中记录课堂中印象深刻的教学行为、学生反应、教师对突发事件的处理等，并对这些点进行精细化描述，有感触的地方就可以作为反思点。

第二步是归结原因。确定了反思点，就需要解释为何会有这样的教学行为。对于教学中出现的问题或成功之处，教师可能会有不同的归因方式，如何归因取决于教师的自我效能感。自我效能感高的教师，当遇到问题时，更倾向于归因为内部可控的因素，如自己不够投入或准备不足；而自我效能感低的教师可能会归因于自己的教学能力如"我不适合做教师"，或者是外在因素如"学生基础差"等。只有恰当归因，才能找到解决问题的方法。这是反思的重要一步。

第三步是找到解决方案。解决方案可以是思想层面的，也可以是操作层面的。在这个过程中，需要调动已有的知识经验，查阅相关资料，观摩类似课例，进行反复衡量与对比。如果教师经常思考某个问题，当遇到类似情境时，更容易激活记忆，获得更好的设计。

第四步是为解决方案找到科学依据。科学依据包括教育心理学有关原理和规律性的论述、国家教育政策文件、教育理念、名师论述或著名教育家的教育总结等。在获得自己满意的设计后，此时对"好的设计"的认识常常处在感性经验阶段，因此还需要理论上说明该设计为什么是好的，这是一个将理论和实践相对照的过程，也是提升理论认识的过程。

第五步是实践检验。将优选的方案纳入自己的教学，通过具体操作来

[①]　衣新发：《教学反思能力实训》，102～135 页，北京，高等教育出版社，2019。

检验方案的科学性和可行性。

第六步是优化调节。分析新的设计在实际教学中的运用情况：效果如何，产生了什么影响，出现什么问题，原因是什么，如何解决产生的新问题，等等，在更高层次上循环到前面几步。通过不断反思，不断优化调节，不断寻求理论依据和事实证据，教师的教学实践和理论认识水平都会得到很大提升。

案例 4-7 中，教师从一堂很顺畅的课入手展开反思。这种"顺畅"的课非常典型，很多教师都是这样上课的。运用宣称理论审视司空见惯的课堂和各种教学行为，有助于教师发现值得研究的问题。案例中的教师在发现问题以后，对问题进行了正确归因——认为问题出在教师主导的教学设计策略上：虽然学生顺利完成了学习，但学习过程是被教师"牵着鼻子走"的，学生在课堂上更多是知识的接受者，而不是知识的发现者和生成者，这样的学习就会遗留很多困惑。在从认识角度以及知识形成角度进行分析的基础上，教师提出了新的设计方案并进行实施。

应该说，运用新方案进行了实践，如果效果满意，那么发现的问题也就解决了。但是，如果能够超越就事论事的反思，从单个反思中找到解决全局问题或某个领域问题的策略，那么，教学反思就更有普遍意义。在案例 4-6 中，教师不仅通过反思解决了问题，教育了学生，还指出教师应具有问题意识，要能抓住课堂上的机遇，并要以此为基础展开研究。这些思考为教师的持续发展指明了道路，这也正是教学反思的意义所在。

案例 4-8

"匀变速直线运动"教学反思[①]

一、本节课的教学设计过程

1. 回顾寻找自由落体运动规律的过程，引入新课教学。

2. 了解伽利略用斜面实验探究自由落体运动规律的过程。

---

① 本案例选自《自由落体教学反思》，2022-02-19。

3. 分组进行斜面实验，体验探究匀变速直线运动的全过程。

4. 了解伽利略的逻辑推理过程，全面体验。

5. 分别运用数学逻辑推导和图像方法得出匀变速直线运动的规律，体会数学对于物理学研究的重要性。

6. 规律应用。

二、本节课的成功之处

1. 学生经历了斜面实验探究活动和运动规律的数学推演过程。课堂上学生非常兴奋，表现出了对知识探索的极大热情；他们亲身体验活动，留下了深刻的印象，为以后的学习奠定了良好的基础。

2. 完成了实验和数学方法的教学目标，分组实验为每一位学生提供了动手操作的机会。

三、本节课存在的问题

1. 课时太少，且一节课只有 40 分钟，很难放手让学生自主探究。本来设计的实验探究时间为 10 分钟，实际过程用了 12 分钟，结果导致教学的最后阶段显得很匆忙。这是始料不及的，这让我体会到，时间的掌控在以后的教学中是十分重要的。

2. 学生的讨论与交流很难控制，不但要控制讨论题目的数量和难度，还要实时控制讨论的深度和广度，更要控制好讨论的时间。一旦控制不到位或疏于控制，教学内容将难以完成，会出现课后再花时间去补救的尴尬局面。

3. 由于时间的限制，在教学过程中，语言的精练度还有语言的速度都需要重点控制。

总之，新课标对我们提出了新的要求、新的挑战，同时也给我们指明了新的方向。探索的路才刚刚起步，我们相信只要用新的课程理念去武装我们的思想，不断思考、不断实践、不断总结、不断提高，最终一定能达成课程的总目标。

问题聚焦

Q1：你认为这位老师的教学反思存在哪些问题？

Q2：从本案例的描述看，教师的教育理念是怎样的？

Q3：你的教学反思中是否存在类似的问题？请修改自己的反思。

四、教学反思应注意的问题

教师在做教学反思时需要注意如下问题。

第一，教师要主动学习教育教学理论知识。丰富的理论知识能提高教师对教育问题认识的敏感性，在看似司空见惯的教学现象中抓住真问题；教学反思需要理论支持，在分析问题、寻找解决方案、检验实践效果时，都需要明确的理论依据。

第二，教师要养成反思的习惯。凭借一两次的反思，可能可以帮助我们找到解决某些问题的具体策略，若没有长期的积累，则很难真正提升教育教学的水平，也难以获得持续的专业成长。如果将教学反思变成职业习惯，变成教学生活的一个不可分割的部分，教师将会受用终身。事实上，很多专家型教师教学的教学具有简洁、灵活以及充分的预见性，这得益于他们多年养成的反思习惯。

第三，教师要坚持写反思日记。不断积累反思材料，在整理中提升教学反思水平。坚持记录教育日志，定期开展教学审计和自我教学审视，选取关键事件进行重点剖析做好案例式教学反思，并在不同的时间和环境下不断找寻问题解决的最优方案，能够促使我们形成对某个问题的深刻思考，帮助我们提升教学反思水平。

第四，将反思与教育研究结合起来。苏霍姆林斯基曾说："如果你想让教师的劳动能够给教师带来乐趣，使天天上课不至于变成一种单调乏味的义务，那你就应当引导每一位教师走上从事研究这条幸福的道路上来。"事实上，反思就是一种教育研究，是发现问题、解决问题的过程。教育研究是针对教育教学实践中的某些难题，运用科学研究的方法，设计方案、实施方案，以获得问题解决的过程。研究可以使教学反思走向系统化和理论化。一般来说，教学反思常常依赖个别观察，不够系统，也难以获得教育教学的普遍规律，当教师运用系统的方法设计并实施方案、收集数据、得出结论时，教学反思就成了教育研究。

此外，教师也要寻求学校与教研部门的支持，培育自我反思的学校文化，为教师定期做好自我反思提供平台和机会，为教师的专业成长创造空间。

✎ | **实践操练** |

请按照本讲介绍的教学反思的方法，选择中学物理中某一课时的教学进行教学反思。

在完成上述任务的过程中，请同步思考以下问题：

1. 问题所处的情境如何影响问题本身？

2. 如何应对教学改进后产生的新问题？

3. 如何通过教学实现学科育人价值？

单元小结 ······▶

本单元所介绍的教学反思是与教学设计、教学实施和教学评价同等重要的教师教育内容。对新教师而言，教育反思的作用不言而喻。它能够帮助新教师在较短时间内熟悉教材，熟悉课程标准，熟悉学生的基本情况，熟悉课程结构，熟悉课堂教学环境，等等，而不单单是完成了每班每周2～3节的课时任务，批改了数以百计的作业。对上述各方面的熟悉和掌握程度越高，越有助于新教师教育教学能力的提升，也越有助于学生学习成效的提升。

本单元包括说课、观课和反思三部分，分别介绍了说课的内涵、内容和操作要点；观课的内涵、观察内容和信息记录以及反思的内涵、方法和过程等内容。新教师通过对这些内容的学习可以了解有关教学反思的基础知识，为自身的专业成长添砖加瓦。

单元练习 ……▶

结合本单元所学，针对物理教学过程中遇到的某一问题撰写一份教学反思，制订出包含原因剖析和解决措施的行动方案。